Über den Autor:
Hartwig Hausdorf gehört zu den profiliertesten deutschen Autoren im Bereich der ungeklärten Phänomene und des Spekulativen. Mit seinem Buch über die Weißen Pyramiden, das in zehn Sprachen übersetzt wurde, schaffte er den internationalen Durchbruch – einen Erfolg, den vor ihm wohl nur Erich von Däniken in diesem Maß verzeichnen konnte!

Hartwig Hausdorf

Das Jahrhundert
der Rätsel und Phänomene

100 spektakuläre Fälle, geheime Ereignisse
und mysteriöse Begebenheiten
von 1900 bis 2000

Knaur

Besuchen Sie uns im Internet:
www.droemer-knaur.de

Originalausgabe Oktober 1999
Copyright © 1999 bei Droemersche Verlagsanstalt
Th. Knaur Nachf., München
Redaktion: Ilse Wagner
Umschlaggestaltung: Agentur Zero, München
Umschlagabbildung: Phonica, Hamburg/Kamil Vojnar
Satz: Ventura Publisher im Verlag
Druck und Bindung: Clausen und Bosse, Leck
Printed in Germany
ISBN 3-426-77450-X

5 4 3 2 1

Inhaltsverzeichnis

Ein Jahrhundert voller faszinierender Rätsel

Sehr verehrte Leserinnen,
sehr verehrter Leser,
ein Jahrhundert, welches unbestritten das bewegteste und ereignis-
reichste unserer Menschheitsgeschichte ist, neigt sich seinem Ende
zu. Es ist dies ein Jahrhundert, in dem all die Gegensätze in unserer
menschlichen Gesellschaft kaum deutlicher und folgenreicher hätten zutage treten können: Krieg und Frieden, Armut und Reichtum,
Fortschritt und Rückfall in mittelalterliche Barbarei, Konflikte und
Katastrophen.
Als Zeitzeugen konnten wir zwei weltumspannende und ungezählte weitere Kriege erleben, aber gleichfalls den ungeheuren technischen Fortschritt, der sich zwischen dem ersten, unbeholfen wirkenden Motorflug der Gebrüder Wright am 17. Dezember 1903
und der ersten bemannten Mondlandung am 20. Juli 1969 zu manifestieren wußte. Es besteht kein Zweifel: In keinem Jahrhundert
zuvor waren die Veränderungen für jeden Einzelnen von uns so
tiefgreifend.
In diesem Buch jedoch wird eine ganz andere, nichtsdestotrotz
ebenfalls authentische Geschichte des zwanzigsten Jahrhunderts
aufgerollt. Gleichfalls wie nie vorher in unserer Vergangenheit of-
fenbarten sich verschiedenartigste Phänomene, deren einzige Ge-
meinsamkeit zu sein scheint, uns nachdrücklich darauf aufmerksam zu machen, daß unser tradiertes Weltbild zu eng geworden ist!
Wo beispielsweise ist Platz für die Vorstellung, daß wir möglicherweise bereits seit undenklichen Zeiten von außerirdischen Wesen
beobachtet oder gar manipuliert werden? Wer findet schon Gefallen an der Tatsache, daß allen Expeditionen und sogar der angeblich flächendeckenden Überwachung unseres Lebensraums aus
dem Erdorbit zum Trotz noch ungezählte weiße Flecken sowohl
auf den topographischen als auch den Landkarten unseres Wissens

existieren? Warum reagieren Zoologen in aller Regel abweisend, will man von ihnen etwas über geheimnisumwobene Spezies erfahren, die in unseren Meeren, Seen und abgeschiedenen Urwaldregionen ihr Dasein fristen? Und warum werden heute, an der Schwelle zum dritten Jahrtausend, noch immer Tatsachen von der Wissenschaft geleugnet, nur weil man sich nach wie vor außerstande sieht, diese einigermaßen erschöpfend zu erklären?

Wir stehen an einem kritischen Punkt: Paradigmenwechsel ist angesagt. Angesichts der tagtäglich über uns hereinbrechenden Informationsflut, auch über Fakten, die bislang von den »Hütern unseres Wissens« sorgsam ausgegrenzt wurden, haben wir auf die Dauer gar keine andere Wahl, als unser altes, verstaubtes und hoffnungslos antiquiertes Weltbild gegen ein neues, revolutionär erweitertes auszutauschen. Das 20. Jahrhundert schließt seine Pforten. Ein neues Denken für eine neue Zeit tut bitter not!

Bei der Lektüre dieses Buches über faszinierende Rätsel und Geheimnisse, die in viel subtilerer Weise dieses zwanzigste Jahrhundert geprägt haben als die großen, gewissermaßen »offiziellen« Ereignisse, wünsche ich Ihnen spannende, interessante, aber vor allen Dingen nachdenkliche Stunden.

Hartwig Hausdorf

1900
Verschollen am Hanging Rock

Am Valentinstag des Jahres 1900 brach eine Gruppe Schülerinnen des Appleyard College bei Melbourne (Australien) mit ihren Lehrern zu einem Ausflug zum nahegelegenen »Hanging Rock« auf. Diese geologisch ungewöhnliche Felsformation war um die Jahrhundertwende ein beliebter Ausflugsort. Etliche Millionen Jahre alt und von vulkanischem Ursprung, hebt sie sich hundertfünfzig Meter über die ansonsten flache Ebene empor und endet in einem Gewirr seltsam fragil balancierender Felsblöcke und Monolithen. Nicht weit davon hatte man einen kleinen Picknickplatz eingerichtet, der sich großer Beliebtheit erfreute.

Die Mädchengruppe bestand aus neunzehn, meist über zehn Jahre alten Schülerinnen, den Lehrerinnen Diane de Poitiers und Greta McCraw sowie dem Kutscher Ben Hussey. Sie kamen dort gegen Mittag an und begannen sogleich mit ihrem Picknick.

Ganz in der Nähe hatte sich eine andere Picknickgruppe niedergelassen, die aus dem Obersten Fitzhubert und dessen Frau, deren Neffen Michael Fitzhubert aus England sowie dem Pferdeknecht Albert Crundall bestand.

Gegen 15.00 Uhr baten drei der älteren Schülerinnen Mme. de Poitiers um die Erlaubnis, die Felsen des Hanging Rock erkunden zu dürfen. Die Mädchen Irma, Marion und Miranda, allesamt siebzehn Jahre alt, galten als vernünftige und verantwortungsbewußte Heranwachsende. Ihnen und der vierzehnjährigen Edith wurde gestattet, zu gehen, wobei man ihnen noch einschärfte, nicht zu hoch zu klettern und auf giftige Tiere zu achten.

Als das Quartett aufbrach, bemerkten die anderen zu ihrem Erstaunen, daß ihre Uhren bereits mittags, also zur Zeit ihrer Ankunft, stehengeblieben waren. Eine knappe halbe Stunde später verschwanden sie außer Sichtweite, nachdem sie kurz zuvor noch von Michael Fitzhubert und Albert Crundall gesehen worden waren, die an einem Bach unterhalb der Felsformationen gesessen hatten.

Etwa um 16.30 Uhr wollten Mme. de Poitiers und der Kutscher Ben Hussey ihre Schützlinge wieder einsammeln. Dabei bemerkten sie, daß die andere Lehrerin, Greta McCraw, fehlte. Man vermutete daher, daß sie den Mädchen gefolgt war. Um diese Zeit waren Oberst Fitzhubert und seine Leute bereits heimgefahren. So organisierten Ben Hussey und Mme. de Poitiers zusammen mit den restlichen Schülerinnen eine Suchaktion, in deren Verlauf sie eine Spur geknickter Pflanzen fanden, die bis zur Südseite des Hanging Rock führte. Doch auf dem steinigen Untergrund der Felsen verloren sich diese Spuren.

Verzweifelt suchte man weiter, als etwa eine Stunde später die vierzehnjährige Edith aus einem Gebüsch an der Südseite des Felsens torkelte. Sie schrie hysterisch, war aber nicht imstande zu berichten, was vorgefallen war. Von Irma, Marion, Miranda sowie Mrs. McCraw fehlte jede Spur.

Als die Nacht hereinbrach, fuhren die verbliebene Lehrerin, der Kutscher und die Schülerinnen zurück zum College. Am nächsten Tag wurde eine großangelegte Suchaktion gestartet, an der auch zahlreiche freiwillige Helfer teilnahmen. Doch dieser erste Tag der Suche verlief ohne Erfolg.

Zwischenzeitlich hatte ein Arzt die vierzehnjährige Edith untersucht und zahlreiche Prellungen sowie eine leichte Gehirnerschütterung festgestellt. Nach den Vorfällen befragt, fiel ihr wenig später ein, daß sie auf dem Rückweg Mrs. McCraw gesehen habe, die halb ausgezogen und scheinbar verwirrt auf die Felsformation zugelaufen sei. Als auch weitere Suchaktionen nichts erbrachten, setzte die Polizei einen Fährtensucher der Aborigines sowie einen Bluthund ein. Auf Mrs. McCraws Witterung angesetzt, verfolgte der Hund offenbar eine Spur den Felsen hinauf, blieb jedoch knurrend und mit gesträubtem Fell vor einer Plattform auf halber Höhe stehen. Als sich keine weiteren Spuren fanden, beendete die Polizei die Suchaktion.

Diese wurde am darauffolgenden Sonntag morgen wieder aufgenommen, da sich der Neffe von Oberst Fitzhubert gemeinsam mit dem Pferdeknecht Albert Crundall auf eigene Faust zu einer Suche aufgemacht hatten. Überraschend für alle, wurde an jenem Sonntag die siebzehnjährige Irma bewußtlos, aber lebend gefunden. Sie hatte zahlreiche Prellungen und kleine Schnitte am ganzen Körper, ihre Fingernägel waren abgebrochen, aber ansonsten war sie unversehrt. Ihre nackten Füße waren sauber und unverletzt, doch ihr Korsett fehlte, und wie sich herausstellte, war sie nicht sexuell mißbraucht worden. Leider konnte sie sich, als sie wieder aufwachte, an nichts erinnern.

Auch in der Folge konnte sie nicht sagen, was an jenem Tag am Hanging Rock vorgefallen war. Ihre Mitschülerinnen Miranda und Marion sowie Mrs. McCraw wurden nie gefunden. Einige Monate später fuhr die Direktion des College, der man die heftigsten Vorwürfe gemacht hatte, zum Hanging Rock. Ihren Leichnam fand man unterhalb eines Felsvorsprungs.

Das Geheimnis um das Verschwinden der drei Personen am Hanging Rock konnte bis heute nicht zufriedenstellend aufgeklärt werden. Wären die Frauen abgestürzt und zu Tode gekommen, hätte man im Verlauf der ausgedehnten Suchaktionen deren Leichen finden müssen, oder deren Skelette, da im australischen Busch Tiere und Insekten sehr schnell für die »Entsorgung« von Leichen sorgen. So haben die ungeklärten Vorfälle auch etliche »exotische« Spekulationen ausgelöst: Etwa, daß die Mädchen und ihre Lehrerin von Außerirdischen entführt worden seien. Es ist zumindest interessant, diese Alternative in Betracht zu ziehen, wenn man sich in Erinnerung ruft, daß alle Uhren in der Gruppe bei der Ankunft stehengeblieben waren. Außerdem will die vierzehnjährige Edith eine seltsame, rosarote Wolke bemerkt haben, als ihr Mrs. McCraw begegnet war.

Andere Spekulationen drehen sich um die Möglichkeit, daß es an dem mysteriösen Ort zu einer Art zeitlicher Versetzung gekommen sei, wobei die Frauen in der Vergangenheit oder Zukunft gelandet wären, oder in einem Parallel-Universum, wie es heute auch von modernen Physikern postuliert wird. Die Geschichte besonders des zwanzigsten Jahrhunderts steckt voller Fälle unerklärlichen Verschwindens ungezählter Menschen.

Noch immer steht die Felsformation des Hanging Rock unheimlich und drohend in der Landschaft und weiß bis auf den heutigen Tag ihr sinistres Geheimnis zu bewahren.

1901
Ausflug in die Vergangenheit

Versailles, am 10. August 1901. Die beiden Engländerinnen Anne Moberly, Rektorin des St. Hugh College in Oxford, und ihre Kollegin Eleanor Jourdain verließen nach einer ausgiebigen Besichtigung das Schloß und wandten sich den herrlichen, weitläufigen Parkanlagen zu. Ihr nächstes Ziel war *Petit Trianon*, ein kleines Lustschlößchen, in dem Königin Marie Antoinette einige Jahre vor der Französischen Revolution von 1789 gelebt hatte. Der Weg führte sie zu einem verlassenen Gehöft, vor dem ein veralteter Pflug stand. Plötzlich kamen ihnen zwei Männer in langen grünen Mänteln entgegen, die auf ihren Köpfen längst aus der Mode gekommene »Dreispitze« trugen. Als Mrs. Jourdain die Männer nach dem Weg fragte, deuteten diese nur wortlos geradeaus.

Nach kurzer Zeit stießen sie auf ein alleinstehendes Haus, auf dessen Treppe eine Frau mit einem Wasserkrug stand. Diese beugte sich zu einem etwa dreizehnjährigen Mädchen hinab, das die Hände nach dem Krug ausstreckte.

Doch sowohl die Frau als auch das Mädchen wirkten in ihren Bewegungen sonderbar erstarrt. Zum erstenmal beschlich beide Lehrerinnen ein überaus unbehagliches Gefühl – sie spürten genau, daß irgend etwas nicht mit rechten Dingen zugehen konnte. Verunsichert setzten sie ihren Weg fort, bis sie auf einen Pavillon innerhalb eines Geheges stießen. An diesem Ort, der die Frauen in eine depressive Stimmung versetzte, trafen sie dann auf einen von Pockennarben entstellten Mann, der mit einem Mantel bekleidet war und einen Sombrero trug. Ein anderer, jüngerer Mann kam – im langen, dunklen Mantel und mit altertümlichen Schnallenschuhen – angelaufen und herrschte die Engländerinnen an, den Ort zu verlassen.

Die Lehrerinnen folgten der Anweisung, und gelangten daraufhin an eine schmale Brücke, die über einen Hohlweg führte. Auf der anderen Seite schlängelte sich der Pfad an einer von Bäumen gesäumten Wiese entlang. Nicht weit davon entfernt sahen sie ein Landhaus mit geschlossenen Fensterläden, links und rechts von Terrassen umgeben. Auf der Wiese saß, den Rücken dem Landhaus zugewandt, eine Dame in einem Sommerkleid, die eine Zeichnung auf einem Bogen Papier zu betrachten schien.

Als sich Mrs. Moberly und Mrs. Jourdain einem Haus näherten, das am Ende einer Terrasse stand, flog plötzlich eine Tür auf, um sich sofort mit einem Knall wieder zu schließen. Ein Diener kam heraus, dem die beiden folgten – und sie befanden sich von einem Augenblick zum nächsten in einer Menschenmenge, die wieder nach der um 1900 herrschenden Mode gekleidet war.

Zurück in England, rätselten die Lehrerinnen über ihre teilweise unterschiedlichen Wahrnehmungen: So war es Mrs. Moberly, welche die Dame auf der Wiese mit dem Blatt Papier erblickte, während Mrs. Jourdain den veralteten Pflug vor dem verlassenen Hof stehen sah. Und immer deutlicher wurde den Frauen bewußt, daß irgend etwas mit ihren Reiseerlebnissen nicht stimmte, ja, nicht stimmen konnte.

Im Jahre 1904 fuhren die beiden erneut nach Versailles. Bei diesem Besuch mußten sie feststellen, daß das kleine Haus, vor dem Eleanor Jourdain die Frau mit dem Krug und das Mädchen gesehen hatte, vollkommen anders aussah. Auch dort, wo den Frauen die beiden Männer mit dem Dreispitz auf dem Kopf begegnet waren, schien alles verändert. Sogar der Pfad, den ihnen jener Fremde mit den Schnallenschuhen gewiesen hatte, existierte überhaupt nicht mehr. Alles war nun ganz anders: Es gab keine Holzbrücke und auch keinen Hohlweg mehr, und wo die Dame im Sommerkleid sinnierend auf der Wiese gesessen hatte, breitete sich nun ein üppiges Gebüsch aus.

In den folgenden Jahren versuchten die beiden Lehrerinnen, so viele Informationen wie möglich zu erhalten, um Licht in das Dunkel ihrer Erlebnisse vom 10. August 1901 zu bringen. Hierbei stellten sich höchst merkwürdige, ja geradezu unheimliche Details heraus:

- Der von Mrs. Jourdain gesehene Pflug gehörte *vor* der Revolution von 1789 zum Inventar des Petit Trianon.
- Die beiden Männer in den grünen Mänteln und dem Dreispitz auf dem Kopf konnten als die Brüder Bersy identifiziert werden. Sie hatten am 5. Oktober 1789 Wachdienst, als sich die Königin Marie Antoinette im Petit Trianon aufhielt.
- Ebenso ließ sich das etwa dreizehnjährige Mädchen als Marion, Tochter des Gärtners, und der von Pockennarben entstellte Mann als Graf Vandreuil identifizieren. Jener war maßgeblich am Sturz Marie Antoinettes beteiligt.
- Und bei dem nervösen Mann mit den Schnallenschuhen handelte es sich um einen Pagen, der vom Haushofmeister des Schlosses nach Petit Trianon geschickt worden war, um Marie Antoinette zur sofortigen Flucht vor dem aus Paris anrückenden Pöbel zu veranlassen.
- Last, not least, erkannte Mrs. Moberly später auf einem zeitgenössischen Porträt Marie Antoinette als jene Dame, welche auf der Wiese vor Petit Trianon saß.

Was war an jenem 10. August 1901 vorgefallen, was war den Lehrerinnen aus England widerfahren? Waren sie einer Halluzination erlegen? Jener »Zufall«, daß beide Frauen zur selben Zeit etwa das gleiche halluziniert haben sollen, klingt eingedenk der historisch erwiesenen Fakten und Personen wohl mehr als weit hergeholt. Oder haben sie ihre Erlebnisse nur fabuliert? Die zwei Lehrerinnen galten als absolut integer, und in jenen Jahren wäre es – insbesondere für Frauen in ihren Positionen – beruflichem Selbstmord gleichgekommen, hätten sie sich auf das Risiko eingelassen, ihre

Umgebung mit einer erschwindelten oder unglaubwürdigen Geschichte auf sich aufmerksam zu machen.

Was bleibt, ist eine – zugegeben! – reichlich phantastische Erklärung: Sind die beiden Engländerinnen, durch welche Mechanismen auch immer, in die Tage der Französischen Revolution geraten? Haben sie einen unfreiwilligen Ausflug in die Vergangenheit unternommen, der sie hundertzwölf Jahre in der Geschichte zurückversetzt hat? Neueste Erkenntnisse auf dem Gebiet der Physik lassen manchen avantgardistischen Wissenschaftler vermuten, daß die Zeitbarriere in nicht mehr allzufernen Tagen experimentell durchbrochen werden kann. Dann könnten Risse in der Zeit, wie sie beispielsweise von den beiden englischen Lehrerinnen zufällig erlebt worden sind, im Laborversuch jederzeit wiederholbar werden.

1902
High-Tech unter der Erde

Eines der größten, steinzeitlichen Rätsel Europas befindet sich auf der kleinen Mittelmeerinsel Malta, und zwar tief unter der Erde. In dem Konglomerat zusammengewachsener Orte rund um die Hauptstadt Valletta liegt bei Paola das Städtchen Hal Saflieni. Dort machte man 1902 einen epochalen Fund.

Bauarbeiter, die für das Fundament eines Neubaus die Baugrube aushoben, stießen unvermutet auf eine Reihe gleichmäßig gestalteter, außerordentlich gut erhaltener, unterirdischer Räumlichkeiten. Der Bauherr war von diesen Funden alles andere als begeistert, sah er doch schon seine Termine durch langwierige wissenschaftliche Untersuchungen in ernster Gefahr. So setzte man die Tagelöhner unter massiven Druck, damit sie diese Entdeckung geheimhielten und die Bauarbeiten ohne Verzögerungen fortsetzten.

Das Haus wurde zwar gebaut, aber die Existenz des *Hypogäums* (»unterirdischer Raum«, von grch. *hypo* = unter und *gaia* = die Erde) ließ sich auf Dauer nicht geheimhalten. Es galt vielmehr bis zu dessen Schließung für die Öffentlichkeit Anfang der achtziger Jahre als die prähistorische Hauptattraktion der Insel. Die Schließung wurde verfügt, weil man befürchtete, daß die Ausdünstungen der Besucher das Gestein angreifen könnten. Doch ist mit einer Lockerung der Sperre etwa zum Frühjahr 2000 zu rechnen – in begrenzter Zahl soll Besuchern das Betreten des Hypogäums wieder erlaubt werden.

Welche unbeschreiblichen Geheimnisse liegen dort tief unter der Erde verborgen?

Der Eingang durch das oben erwähnte, 1902 erbaute Haus ist ebenerdig. Darunter führen drei Stockwerke gut zwölf Meter in die Tiefe. Das ganze System der übereinanderliegenden Kammern ist aus dem gewachsenen Fels herausgearbeitet. Da gibt es Ein- und Durchgänge, Räume und Nischen in unterschiedlichen Größen. Dazwischen ragen gemeißelte Säulen nach oben, die die Kuppel der Haupthalle stützen. All diese Elemente sind tadellos gearbeitet: Man erkennt scharfe Kanten, mächtige Steinbalken, und alle diese Bearbeitungen besitzen klare und deutliche Linien. Fugenlos ragen gewaltige Monolithen aus dem Steinboden heraus. Die gesamte Anlage wirkt nicht gestückelt, denn sie ist tatsächlich aus einem Stück geschnitzt.

Welchem Zweck mag die staunenswerte Anlage wohl gedient haben? Vorweg gesagt: Darüber sind sich die Wissenschaftler noch immer uneins!

Bei der perfekten Bearbeitung der Monolithen ist es nahezu unglaublich, daß die Arbeiten mit groben Steinwerkzeugen ausgeführt worden sein sollen. Die Archäologen datieren das Hypogäum auf ein Alter von wenigstens 5500 Jahren und nehmen an, daß es eine »Orakelstätte« der steinzeitlichen Bewohner Maltas war. Eine Orakelstätte daher, weil die Anlage eine schier unglaubliche Akustik besitzt. Flüstert man in eine in die Wand eingelassene Höhlung,

Abb. 1 Ein Blick in das geheimnisumwitterte Hypogäum auf der an archäologischen Rätseln reichen Mittelmeerinsel Malta.

wird die Stimme um ein vielfaches verstärkt. Das Ganze funktioniert um so besser, je tiefer die Tonlage der Stimme ist. Wer wußte schon vor Jahrtausenden so gut über akustische Techniken Bescheid? Es ist eine regelrechte »Hi-Fi-Anlage«, die da vor Urzeiten in das Gestein gebohrt wurde und die offensichtlich von Anfang an so geplant war. Es ist absolut unbegreiflich: Steinzeitmenschen sollen diese Anlage geplant und errichtet haben. Doch Steinzeitmenschen können schwerlich über das dafür notwendige Know-how verfügt haben. Wer war der Architekt dieser Anlage, welches Gehirn stand hinter dem phantastischen Wunderwerk?

Sieben Stufen führen vom mittleren Geschoß, in dem die perfekte Akustikanlage installiert ist, in das unterste Stockwerk. Die letzte dieser Stufen endet, wenn man nicht rechtzeitig einen Schritt zur Seite tut, in einer tiefen Grube – der ersten einer ganzen Reihe. Sie sind alle durch hohe Wände voneinander getrennt und bilden ein schmales, noch tieferes Stockwerk, das in der letzten dieser Gruben nochmals vier nahezu runde, kleinere Höhlen besitzt, welche nur durch enge Schlupflöcher zu erreichen sind.

Wie beim gesamten Hypogäum konnten Sinn und Zweck auch der untersten Räume nicht gedeutet werden. Dafür machte man, tief unter der Erde, eine grausige Entdeckung: Unter meterhohem Knochenstaub fand man eine riesige Anzahl menschlicher Skelette! Dr. Themistocles Zammit, der »Vater der maltesischen Archäologie«, schätzte deren Anzahl auf etwa sechs- bis siebentausend.

Wozu diente das Hypogäum? Liegt ein Tabu über der mysteriösen Anlage? Tatsache ist, daß sich die Malteser von jeher davor scheuten, den rätselhaften Ort zu betreten.

Ich sagte es bereits: Das Hypogäum ist seit einigen Jahren für die Allgemeinheit gesperrt, wenngleich auch eine Wiedereröffnung in beschränktem Maß bevorsteht. Doch bei allem Verständnis für diese Maßnahme – notwendig war sie nicht! Denn das Hypogäum verfügt, als weiteres technisches Wunder, das mit steinzeitlichem Know-how auf keinen Fall zu erklären ist, über eine erstklassige Air-condition. Ob nur wenige Besucher darinnen sind oder mehr als fünfzig Menschen über die enge Treppe nach unten drängen, die Temperaturen ändern sich so gut wie nicht. Dabei sind unter südlicher Sonne schwitzende Touristen bekanntlich leibhaftige Radiatoren, die binnen kürzester Zeit Räume unangenehm aufzuheizen vermögen.

Vielleicht möchte man ja auch möglichst wenig von der Existenz jenes ebenso rätselhaften wie technisch hochstehenden Wunderwerks nach außen dringen lassen, weil man hier mit klassischen Erklärungen keinen Schritt weiterkommt. Wie man es dreht und wendet – nichts paßt zusammen. Nur eines erscheint sicher: Nach unserem Wissen war es den damaligen Bewohnern der kleinen Mittelmeerinsel wohl nicht möglich, das »High-Tech-Wunder« von Hal Saflieni im wahrsten Sinne des Wortes »aus dem Boden zu stampfen«. Womit zahllosen Fragen und Spekulationen nachgerade Tür und Tor geöffnet sind.

1903
Unsichtbare Steinewerfer

Als »Poltergeist« wird ein – oftmals an bestimmte Personen gebundener – Spuk bezeichnet, wenn dabei laute Geräusche verursacht werden, Gegenstände auf psychokinetische Weise von ihrem Platz bewegt oder sogar zerstört werden. Parapsychologen vermuten im Zentrum derartiger Aktivitäten lebende Personen, welche die genannten Vorgänge unbewußt verursachen. Weit über Deutschlands Grenzen hinaus bekannt wurde beispielsweise ein Fall aus der oberbayerischen Kreisstadt Rosenheim (s. hierzu auch das Kapitel für das Jahr 1967).

Im September 1903 wurde der Holländer W. G. Grottendieck eine Nacht lang im Dschungel der indonesischen Insel Sumatra das Opfer eines Poltergeistphänomens, das ihn einem gezielten Bombardement kleiner Steine aussetzte.

In dieser Nacht wurde Grottendieck gegen ein Uhr morgens aus dem Schlaf gerissen, als er hörte, wie neben ihm irgend etwas außerhalb des Moskitonetzes zu Boden fiel. Nach wenigen Minuten war der Holländer wach genug, um sich umzusehen. Auf dem Fußboden lagen zahlreiche schwarze Steine, einen halben bis eineinhalb Zentimeter im Durchmesser.

In diesem Moment gewahrte Grottendieck, daß noch immer Steine neben ihm zu Boden fielen. Er stand auf und drehte seine Kerosinlampe an, die am Fußende seines Bettes stand. Im Schein der Lampe konnte er beobachten, daß die Steine in hohem Bogen durch das geschlossene Dach fielen und einige davon direkt neben seinem Kopfkissen am Boden aufkamen.

Beunruhigt weckte er seinen Kuli, einen jungen Malaien, der im Zimmer nebenan auf dem Fußboden schlief. Er hieß seinen Boy, vor die Tür zu gehen und sich im angrenzenden Urwald umzusehen. Dabei richtete er den Lichtkegel einer elektrischen Lampe auf den Waldrand. Doch der Junge fand dort nichts, und die kleinen Steine prasselten weiterhin um die Schlafstätte des Holländers herum auf den Boden. Nun mußte der Kuli in der Küche nachsehen, ob sich dort jemand aufhielt, der für den »Schabernack« verantwortlich zu machen wäre.

Grottendieck war inzwischen wieder in sein Schlafzimmer zurückgegangen und konnte beobachten, wie der unheimliche Steinregen weiterging. Er kniete sich neben das Kopfende seines Bettes und versuchte, die Steine aus der Luft abzufangen. Doch dieses Vorhaben mißlang: Die Geschosse änderten nämlich jedesmal die Flugrichtung, sobald der Mann nach ihnen griff. Er vermochte keinen einzigen der kleinen schwarzen Steine zu fangen, bevor diese auf dem Fußboden landeten.

Daraufhin kletterte er an der Wand hoch, die sein Schlafzimmer von jenem des jungen Malaien trennte, um sich das Dach näher anzusehen. Dabei konnte er genau beobachten, wie die Steine direkt durch die Schilfabdeckung kamen. Aber es waren keine Löcher zu sehen, durch sie sie gekommen wären, und auch hier mißlang der Versuch, sie abzufangen. Mehr noch: die Steine, so hatte es den

Anschein, spielten ein recht groteskes Spiel mit ihm! Mitunter schwebten sie durch die Luft, beschrieben dabei eine Kurve, um mit einem Knall auf dem Boden aufzukommen. Mit einem Knall jedoch, der abnormal laut war, wenn man ihren langsamen Flug in Betracht zog. Und als Grottendieck die mysteriösen Geschosse vom Boden aufhob, fühlten sie sich sehr warm an, so als hätte sie jemand längere Zeit in der Hand gehalten.

Nach dieser Nacht hörte der Spuk so plötzlich auf, wie er begonnen hatte, und der Holländer blieb fortan unbehelligt von derartigen Poltergeist-Aktivitäten. Wahrscheinlich stand nicht Mijnheer Grottendieck im Zentrum des Spukgeschehens, sondern eher sein malaiischer Diener. Denn die Steine waren besonders heftig zu Boden gefallen, als der Boy vor dem Holländer stand. Heute wissen die Parapsychologen, daß häufig pubertierende Jugendliche mit starken, seelischen Spannungen derartige Phänomene auslösen. Doch noch immer ungeklärt ist, auf welche Art und Weise diese Menschen solche Erscheinungen zuwege bringen, welche geheimnisvollen Mechanismen sie allein durch die geheimen Kräfte ihres Unbewußten in Gang zu setzen vermögen.

Das Schönste, das wir entdecken können, ist das Geheimnisvolle, sagte schon Albert Einstein (1879–1955).

1904
Asche zu Asche: Spontane Selbstverbrennung

Ohne die geringste Vorwarnung, ohne erkennbaren Anlaß plötzlich in Flammen aufzugehen und zu einem Häufchen Asche zu verbrennen – dies dürfte mit Sicherheit einen der bizarrsten aller denkbaren Tode darstellen, denen wir zum Opfer fallen könnten. Bei diesem Phänomen scheint sich indes einmal mehr die Befürchtung zu bewahrheiten, daß der uns umgebenden Realität offenbar überhaupt nichts zu fremdartig, zu grotesk ist, um sich zu konkretisieren. Bei den Fällen spontaner Selbstverbrennung dürfte dieses Konkretisieren eine beängstigende Dimension erreicht haben, die jeden von uns treffen kann. Denn die Anzahl derartiger Fälle besitzt nicht gerade Seltenheitswert. Doch nach wie vor sind Ärzte und Wissenschaftler ratlos: Sie haben noch immer keine probaten Lösungsvorschläge oder Erklärungen parat.

Die britische Tageszeitung *Daily News* schockierte am 17. Dezember 1904 ihre Leser mit einem Bericht über den mysteriösen Tod einer Mrs. Cochrane aus der Ortschaft Falkirk. Jene bedauernswerte Frau war, bis zur Unkenntlichkeit verbrannt, in ihrem Schlafzimmer gefunden worden. Ihre verkohlte Leiche saß – scheinbar entspannt – in einem Sessel, inmitten einer Reihe von Kissen. Was jedoch am verblüffendsten war: Die gesamte Einrichtung, einschließlich des Sessels und der Kissen, wies nur ganz geringe Brandschäden auf! Und Mrs. Cochranes Nachbarn hatten keinerlei Schreie vernommen. Was typisch zu sein scheint bei diesem bedrohlichen Phänomen, denn in keinem der Fälle konnten Spuren oder Hinweise auf einen Todeskampf festgestellt werden.

Auch in den darauffolgenden Monaten machte der unheimliche Feuertod reiche Beute. Drei Wochen später, am 6. Januar 1905, berichtete die *Hull Daily Mail* vom Tode der betagten Elizabeth Clark, die kurz zuvor mit schwersten Verbrennungen in ihrem Bett im Armenhaus von Hull gefunden wurde. Auch in diesem Fall war das Bett vom Feuer verschont geblieben, und trotz äußerst dünner Trennwände hatten die Mitbewohner weder Schreie noch andere Geräusche gehört. Mrs. Clark, die bei Eintreffen des Arztes ein letztes Mal kurz bei Bewußtsein war, konnte leider keine zusammenhängende Schilderung des Vorfalles mehr geben und verstarb unmittelbar darauf.

Doch nicht nur Einzelpersonen fallen der im angelsächsischen Sprachraum als SHC (von: »Spontaneous Human Combustion«) bekannten, äußerst bizarren Todesart zum Opfer. Am Morgen des 26. Februar 1905 traf es das Ehepaar Kiley in einem Dorf nahe Southampton. Nachbarn vernahmen ein beunruhigendes Knistern im Nebenhaus und gingen hinüber, um sich über die Ursache Klar-

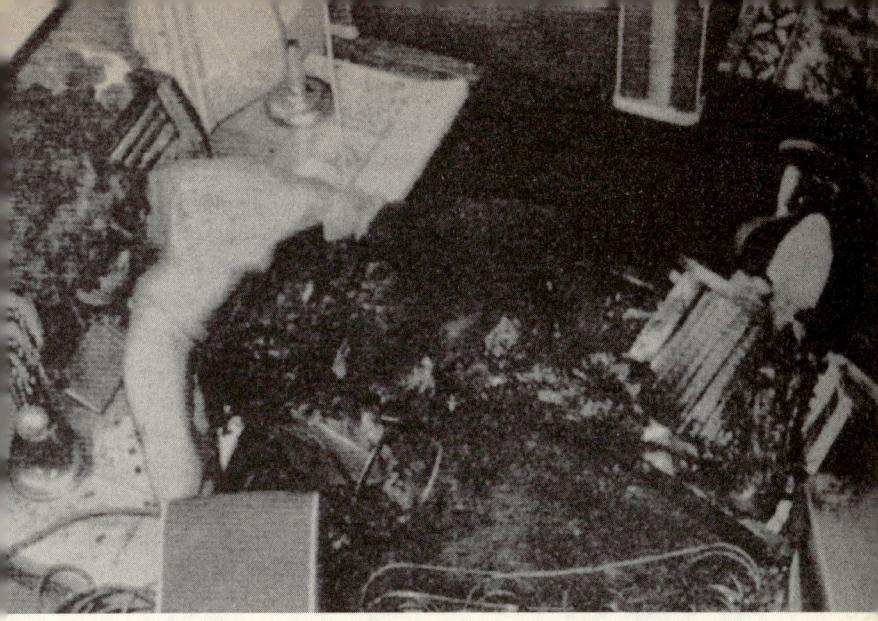

Abb. 2 Ein Opfer der Spontanen Selbstentzündung wurde bis zum Schulterbereich vollkommen ein Raub der Flammen; die ruhige Lage und die unversehrten Reste lassen vermuten, daß es keinen Todeskampf gegeben hat.

heit zu verschaffen. Als sie die Tür öffneten, schlugen ihnen unvermittelt Flammen entgegen. Mr. Kiley lag mit tödlichen Verbrennungen am Boden, auch seine Frau war nicht mehr am Leben. Sie saß »stark verbrannt, aber noch zu erkennen«, in einem Stuhl.

In der Folge häuften sich diese unheimlichen Fälle spontaner Selbstverbrennung, so daß selbst die renommierte Ärztezeitung »British Medical Journal« nicht umhin kam, noch im selben Jahr die schaudererregenden Einzelheiten über den Tod einer »älteren Frau mit anrüchigem Lebenswandel« zu veröffentlichen. Als die Polizei in ein Haus einbrach, aus dem Rauch quoll, fanden die Beamten auf dem Boden vor einem Stuhl einen kleinen Haufen zerbrochener und verbrannter Knochen, auf welchen ein Schädel lag. Das Fleisch des Leichnams war vollständig eingeäschert, und alle Knochen waren bereits stark brüchig. Nur einen Meter von dem Aschehaufen befand sich eine Tischdecke, die nicht einmal angesengt war, wohl aber die Zimmerdecke: Sie war verkohlt, als ob die Frau zu einer regelrechten Feuersäule geworden war!

Das wirklich Schockierende an Fällen spontaner Selbstentzündung und anschließender Verbrennung ist, daß – neben dem Fehlen eines Todeskampfes – oft nur Asche übrigbleibt. Um so mysteriöser, wenn man bedenkt, daß beispielsweise menschliche Knochen, die mehr als acht Stunden im Krematorium bei über tausend Grad Celsius gebrannt haben, noch keine Spuren von Zerfall aufweisen. So lösen sich Knochen erst bei Temperaturen ab 1650 Grad Celsius auf. Man kommt hier nicht umhin, zu fragen, welch wahrhaft höllische Temperaturen bei diesem Phänomen auftreten – vor allem, wodurch sie letztlich verursacht werden.

Ebenso stößt man immer wieder auf den rätselhaften Umstand, daß die Leichen in Betten ohne Brandspuren oder sogar in unversehrter Kleidung gefunden werden.

Aufschluß über die beängstigenden Vorgänge wurde uns bisher auch nicht von den wenigen Menschen zuteil, die einen Fall von spontaner Selbstentzündung überlebt haben. Im Winter 1904 war ein junges Dienstmädchen auf der Binbrook Farm bei Grimsby in England davon betroffen. Sie brannte, ohne es zu merken, und wäre wohl als weiteres Opfer jener bizarren Todesart zu beklagen gewesen, wäre nicht ihr Dienstherr hinzugekommen. Der Landwirt berichtete später:

»Unser Dienstmädchen ... wischte gerade die Küche auf. Im Ofen brannte ein kleines Feuer. Ein Schutzgitter verhinderte, daß man näher als einen halben Meter an das Feuer herankam. Sie befand sich am anderen Ende des Raumes, und war auch vorher nicht am Feuer gewesen. Als ich in die Küche kam, sah ich ihr Kleid brennen, während sie weiter den Boden aufwischte. Ich schrie. Sie blickte sich um, und als sie die Flammen sah, rannte sie zur Tür hinaus. Sie stolperte, und ich erstickte das Feuer mit nassen Säcken.«

Nachdem die Flammen erloschen, stellte sich heraus, daß das Dienstmädchen schon längere Zeit gebrannt haben mußte, denn es hatte großflächige Brandwunden dritten Grades.

Kein Jahr vergeht, in dem nicht irgendwo auf der Welt bedauernswerte Individuen bei körpereigenen Bränden sterben – diese Liste flammenden Horrors läßt sich bis in unsere Tage verlängern. Doch was die Ursachen betrifft, so sind wir heute nicht viel klüger als zu Beginn des zwanzigsten Jahrhunderts.

1905

Einstein, experimentell (I)

»Für uns überzeugte Physiker sind Vergangenheit, Gegenwart und Zukunft nur Illusion – wenn auch eine zählebige Illusion«, sagte Albert Einstein einmal.

Bereits 1905 schockierte der 1879 in Ulm geborene, später in die USA emigrierte Physiker die Fachwelt mit einer Reihe genialer Ideen, die den damaligen Wissensstand gründlich revolutionieren sollten. Einen Generalangriff auf den »gesunden Menschenverstand« – den Einstein stets als »Hinterlassenschaften vorgefaßter Meinungen« zu betiteln pflegte – startete er mit der Einführung des Begriffes der *Zeitdilatation.*

Damit beschrieb er die Auswirkungen eines (hypothetischen) Weltraumflugs mit Lichtgeschwindigkeit (ca. 300 000 km/sec): Demnach verläuft die Zeit für den Raumfahrer viel langsamer, als für dessen auf der Erde zurückgebliebenen Zeitgenossen. In der nachfolgenden Tabelle wird diese Beeinflussung des Zeitablaufes durch die Lichtgeschwindigkeit verdeutlicht:

10 Jahre im Raumschiff	25 Jahre auf der Erde
15 Jahre im Raumschiff	80 Jahre auf der Erde
20 Jahre im Raumschiff	270 Jahre auf der Erde
25 Jahre im Raumschiff	910 Jahre auf der Erde
30 Jahre im Raumschiff	3100 Jahre auf der Erde
35 Jahre im Raumschiff	10 600 Jahre auf der Erde

Dies könnte man ad infinitum fortführen – jedenfalls dürfte deutlich geworden sein, daß etwa nach einer Weltraumreise, die für die Besatzung fünfzehn Jahre währte, kaum mehr Freunde oder Verwandte die heimkehrende Crew begrüßen könnten.

Ob der geniale Physiker, als er 1905 auf diese bahnbrechenden Erkenntnisse stieß, wohl ahnte, daß derlei Dinge durchaus schon ihren experimentellen Niederschlag gefunden haben – wenn auch in sehr weit zurückliegenden Zeiten? Wieder mag es einen Schock für unseren »gesunden Menschenverstand« bedeuten, wenn man sich mit den Aussagen gewisser Überlieferungen befaßt, in denen exakt der von Einstein schon im Jahre 1905 postulierte Zeitverschiebungseffekt beschrieben wird.

Derartige Mythen gibt es rund um unseren Globus, und selbst die Bibel macht da keine Ausnahme. So muß ich mich – stellvertretend für viele – auf ein sehr anschauliches Beispiel aus Japan beschränken, das in der Legendensammlung »Tango-Fudoki« geschildert wird.

Im Dorf Tsutsukaba, im Distrikt Yosa, lebte einst ein Mann, der unter dem Namen *Inselkind* bekannt war. Eines Tages fuhr er allein aufs Meer hinaus, um zu fischen. Da bekam er unerwartet Besuch von einem schönen Mädchen. Sie bot dem erstaunten *Inselkind* an, mit ihr in den Himmel zu kommen, wo sie mit ihm zusammen leben wollte. Er verliebte sich schließlich in das Mädchen und gab ihrem Drängen nach.

Auf dem Wege in die Heimat des Mädchens passierten die beiden Reisenden die Sternbilder der Plejaden und der Hyaden. In der himmlischen Residenz angekommen, heiratete der Fischer das Mädchen und verlebte eine glückliche Zeit mit ihr.

Es konnte nicht ausbleiben, daß *Inselkind* nach drei Jahren von einer unstillbaren Sehnsucht nach seiner irdischen Heimat befallen wurde. Er bat so lange und flehentlich darum, für eine Weile zurückkehren zu dürfen, bis ihm die Bitte gewährt und er auf die Erde zurückgebracht wurde. Dort wieder angekommen, erschienen ihm sein Dorf und dessen Bewohner vollkommen fremd. Als er nun eine

Weile umhergeirrt war, fragte er einen zufällig des Weges kommenden Mann nach seiner Familie. Der war erstaunt und antwortete ihm, daß vor nunmehr dreihundert langen Jahren ein Fischer mit dem Namen *Inselkind* allein aufs Meer hinausgefahren und nie mehr zurückgekommen war.

War Inselkind auf seinem Flug ins Weltall der Zeitdilatation ausgesetzt, einem Phänomen also, auf das *wir* uns erst seit Albert Einstein halbwegs einen Reim machen können?

1906
Aus dem Nichts erschaffen

Im Jahre 1906 hatte Mrs. Annie Besant, Präsidentin der 1875 von Helena Petrovna Blavatsky gegründeten »Theosophischen Gesellschaft«, während einer Reise durch den indischen Subkontinent eine verwirrende Begegnung mit einem Yogi. Verwirrend aus dem Grund, da der Mann offensichtlich die Kunst beherrschte, Gegenstände aus dem »Nichts« zu materialisieren.

Es war während einer Demonstration, zu der auch einige westliche Gäste geladen waren. Zu der Vorstellung erschien der Yogi beinahe unbekleidet, nur mit einem Lendentuch, unter dem er kaum etwas jener im Verlauf der Sitzung hervorgebrachten Dinge hätte verstecken können. Alles, was dem Inder zur Verfügung stand, war ein kleines Tischchen in der Mitte des Raums, eine kleine zweiteilige Schachtel sowie eine Flasche mit einer klaren Flüssigkeit, die wie Wasser aussah.

Die Gäste nahmen rings um den Yogi Platz. Zunächst reichte er ihnen die kleine Schachtel, um sie aufs sorgfältigste zu untersuchen und damit jeden Verdacht auf betrügerische Manipulationen zu zerstreuen. Dann sah er die Gäste, einen nach dem anderen, mit einem durchdringenden Blick an, wobei er zu Mrs. Besant bemerkte: »Bitte unterbrechen Sie mich nicht, und setzen Sie vor allem meiner Arbeit keinen Widerstand entgegen.« Annie Besant versprach dem Mann daraufhin, sich absolut ruhig und im Hintergrund zu halten.

Nun bat der Yogi seine Gäste, ihm jene Dinge zu bezeichnen, welche er herbeischaffen solle, wobei er erläuterte, daß sein »Elementargeist« sie in der eingangs erwähnten, vorbereiteten Schachtel plazieren würde. Zuerst herrschte Stille. Dann meldete sich ein Teilnehmer: »Einhundert Meilen von hier liegt eine Stadt, in der Süßigkeiten hergestellt werden. Süßigkeiten, die es in ganz Indien nur dort gibt. Bitte verschaffen Sie uns solche Süßigkeiten!«

Es dauerte nur wenige Minuten, da öffnete der Yogi, der die ganze Zeit unter den strengen Blicken der Gäste im Raum gesessen hatte, die Schachtel und häufte mit beiden Händen das begehrte Naschwerk auf dem Tisch auf. Bald war ein großer Haufen entstanden, weit größer als die Schachtel selbst. Weil es sich tatsächlich genau um jene Süßigkeiten handelte, welche sich der Teilnehmer gewünscht hatte, fragte man den Yogi, woher er diese nun besorgt habe. Doch dieser antwortete erneut, sein »Elementargeist« habe sie ihm gebracht.

Man verteilte die Schleckereien daraufhin an die begeisterte Dorfjugend, die sich die seltene Erweiterung ihres üblichen Speiseplanes schmecken ließ.

Auch andere Weise und Heilige Indiens beherrschen die Kunst, Dinge aus dem Nichts zu materialisieren, etwa der in Puttaparthi geborene *Sathya Sai Baba,* der bereits in der Schule die Kameraden damit begeisterte, aus leeren Taschen Süßigkeiten, Bleistifte und Spielsachen hervorzubringen. Die Skeptiker hat er längst überzeugt – kein Wunder bei zwischenzeitlich weit über zehntausend Apporten, die er auch vor den gestrengen Augen wissenschaftlich geschulter Zeugen quasi aus dem Nichts »schöpfte«.

Wie derartige Materialisationsphänomene funktionieren, dies vermag unsere Wissenschaft allerdings auch an der Schwelle zum einundzwanzigsten Jahrhundert nicht einmal ansatzweise zu erklären.

1907

Es hagelt Madonnen

Zuweilen hat es den Anschein, als ob sich »irgend jemand« einen Spaß daraus macht, uns Sterbliche mit Dingen und Vorfällen zu verunsichern, die es nach landläufiger Weltanschauung überhaupt nicht geben dürfte. Derartiges geschieht aber so häufig, daß Erforscher des Ungewöhnlichen den Ausdruck vom »kosmischen Kobold« geprägt haben, der sein Spiel mit uns treibt. Oder ist es das – von C. G. Jung postulierte – »kollektive Unbewußte«, welches Phänomene und Rätsel am laufenden Band für den Menschen produziert, dessen Augen, Gefühl und selbst Verstand bekanntlich für Derartiges empfänglich sind?

Am 27. Mai 1907 tobte in den Vogesen ein schweres Gewitter, in dessen Verlauf es vielerorts auch hagelte. Im Pfarrhaus des kleinen Ortes Rémiremont saß Abbé Gueniot und las in einem Buch über die Bildung von Gletschern, als ihn ein Nachbar dringend ins Freie rief. Ein Wunder sei geschehen!

Der Geistliche ging hinaus und entdeckte unzählige von soeben gefallenen, in der Mitte leicht konkaven Hagelkörnern, auf denen deutlich so etwas wie das Bild einer Frau mit einem langen Gewand zu erkennen war. Der Abbé verglich sie mit dem Bildnis der »Einsiedlermadonna«, deren Umrisse auf den Hagelkörnern leicht ausgehöhlt, oder wie mit einem kleinen Stemmeisen herausgearbeitet zu sein schienen.

Gueniot stellte weiter fest, daß die Hagelkörner fast genau kugelförmig waren und einen Rand aufwiesen, als seien sie gepreßt oder gegossen worden. Und die Abbildungen waren so regelmäßig, daß sie nicht durch Zufall entstanden sein konnten. Wegen der immensen Anzahl dieser ungewöhnlichen Artefakte war es jedoch unwahrscheinlich, daß sie von Menschenhand angefertigt worden waren. Zu viele Augenzeugen in dem kleinen Vogesendorf hatten die Hagelkörner fallen sehen. Der Bischof von St. Dié ordnete in der Folge eine Untersuchung an, in deren Verlauf insgesamt 107

Zeugen, die sich für das Ereignis verbürgten, von Wissenschaftlern befragt wurden.

Der mysteriöse Hagel wies noch weitere seltsame Eigenschaften auf. So blieb er auf einen nur einen Kilometer breiten und mehrere Kilometer langen Landstrich beschränkt. Und obwohl viele Hagelkörner Treibhäuser und Pflanzen beschädigten, kamen andere ohne besondere Kraft zu Boden, als ob diese nur aus einer sehr geringen Höhe gefallen seien. Insgesamt war nach Abschluß der Untersuchungen kein Hinweis auf Betrugsmanöver zu finden.

Der Ortsgeistliche Abbé Gueniot hatte indes eine sehr eigenwillige Erklärung für den Hagelschlag mit dem Bildnis der Madonna gefunden. Eine Woche zuvor wäre ein kirchliches Fest zu Ehren Mariens gefeiert worden, das der Gemeinderat von Rémiremont jedoch aus »schwerwiegenden Gründen« verboten hatte. Doch an jenem 27. Mai 1907 verursachte die »Artillerie des Himmels« zur selben Stunde eine »lotrechte Prozession«, die niemand verhindern konnte.

1908
Havarist aus einer anderen Welt?

Der Morgen des 30. Juni 1908 kündigte einen schönen Sommertag über der sibirischen Taiga an. Über einem makellos blauen Himmel ging die Sonne auf und schickte ihre wärmenden Strahlen auch auf das hügelige Waldland im Flußgebiet der »Steinigen Tunguska«.

Das Inferno ereignete sich exakt um 7.17 Uhr. Am Himmel erschien ein grell strahlendes Objekt, das sich mit rasender Geschwindigkeit fortbewegte. Sekunden später erzitterte alles unter einer gewaltigen Detonation, und am Horizont erhob sich eine kilometerhohe Feuersäule, heller als die Sonne, die bald darauf die Form eines gigantischen Pilzes annahm.

In der Faktorei Wanowara, etwa fünfundsechzig Kilometer vom Explosionsort entfernt, riß ein glühendheißer Orkan Menschen zu

Boden, wirbelte ihre Hütten und Habseligkeiten durch die Luft. Im weiten Umkreis wurden Rentierherden vernichtet – mit Sicherheit forderte die Explosion aber auch menschliche Opfer unter den Jägern und Nomaden der weiten Taiga.

In Irkutsk, über neunhundert Kilometer vom Epizentrum entfernt, pendelte der Zeiger des Seismographen annähernd eine Stunde lang. Aber auch die Erdbebenstationen in Europa und Amerika verzeichneten eine ungewöhnlich heftige Erschütterung der Erdrinde. Die Welle der Explosion erreichte Potsdam nach vier Stunden und einundvierzig Minuten, Washington nach etwa acht Stunden. Als die Welle nach dreißig Stunden und achtundzwanzig Minuten erneut in Potsdam registriert wurde, hatte sie einmal die Erde umrundet.

In den Abendstunden der folgenden Tage zeigten sich in den mittleren Breiten Europas äußerst seltsame Lichterscheinungen, wie etwa silbrig leuchtende Wolken in großer Höhe. Nachts war es so hell, daß man auf den Straßen mühelos Zeitung lesen konnte. Doch Sibirien war weit – irgend etwas mochte dort wohl abgestürzt sein, und die Zeitungen Europas berichteten auch hierüber. Aber niemand vermochte in jenen Tagen ernsthafte Nachforschungen anzustellen, und allmählich geriet die mysteriöse Angelegenheit wieder in Vergessenheit.

Nur die Bewohner im Gouvernement Jenissei sprachen noch darüber, flüsternd und voller Schrecken. Die ansässigen Tungusen und Ewenken glaubten, der Feuergott »Ogdy« sei vom Himmel herniedergestiegen.

1921 las der sowjetische Geophysiker Leonid Kulik – zwischenzeitlich hatten die Kommunisten den Zaren und dessen Familie gestürzt und ermordet – von der Katastrophe. Doch erst im Jahre 1927 schickte die Moskauer Akademie der Wissenschaften eine Expedition unter Kuliks Leitung nach Sibirien, welche die Einschlagstelle des Meteoriten finden sollte, der dort nach landläufiger Meinung niedergegangen war. Nach wochenlangen, ermüdenden Märschen durch menschenleeres Gebiet fand die Expedition die ersten Spuren des Desasters. Auf einer Strecke von mehr als hundert Kilometern war der Wald glatt umgelegt. Am 30. Mai 1927 schlug die Gruppe ihr Lager an der Mündung des Tschurguma-Flusses auf. In der Nähe befindet sich ein Talkessel, und hier stellten die Forscher folgendes fest: Im Westen des Tals zeigten die umgestürzten Bäume nach Westen, im Norden nach Norden, und so weiter – das Tal mußte der Einschlagort, das Epizentrum der Katastrophe vom 30. Juni 1908 sein.

Seither wurden von Leonid Kulik und einer ganzen Reihe weiterer Forscher zahlreiche Expeditionen unternommen. Was man jedoch bis heute nicht fand, das waren die Bruchstücke des Meteoriten. Hingegen stellte man etwas anderes fest, das sich erst Jahrzehnte später als bedeutsam herauskristallisieren sollte. Ganz in der Nähe standen einzelne Waldkomplexe zwar verbrannt, aber aufrecht – sogenannte »Telegraphenstangen-Wälder«. Spätere Luftaufnahmen zeigten, daß die Taiga auf eine Art zerstört war, als hätte die Explosion nicht nach allen Seiten gleich stark gewirkt, sondern als wären gewissermaßen breitere und schmälere »Strömungen« vom Mittelpunkt ausgegangen.

Im Laufe weiterer Untersuchungen fand man in von Leonid Kulik und anderen Forschern gewonnenen Bodenproben winzige Splitter und mikroskopisch kleine Kügelchen, deren Analyse gediegenes Eisen mit einigen Prozentanteilen Kobalt und Nickel ergaben. Also doch Meteoritenmaterial? Die Ergebnisse dürften wohl nicht alle Experten befriedigt haben, denn nach Ende des Zweiten Weltkrieges – oder genauer gesagt, nach dem amerikanischen Atomangriff auf Hiroshima und Nagasaki – stellten sowjetische Wissenschaftler eine gänzlich neue, sensationelle, jedoch auch recht beängstigende Hypothese auf.

Abb. 3, Abb. 4 Noch heute ist das Ausmaß der Zerstörung der Wälder im Flußgebiet der »Steinigen Tunguska« gut zu erkennen (oben). In den Nächten nach der Katastrophe kam es in ganz Europa zu ungewöhnlichen Leuchterscheinungen, die für großen Pressewirbel sorgten.

to be.

C. H. T. CROSTHWAITE.

Shamley-green, June 26.

CURIOUS SUN EFFECTS AT NIGHT.

TO THE EDITOR OF THE TIMES.

Sir,—Struck with the unusual brightness of the heavens, the band of golfers staying here strolled towards the links at 11 o'clock last evening in order that they might obtain an uninterrupted view of the phenomenon. Looking northwards across the sea they found that the sky had the appearance of a dying sunset of exquisite beauty. This not only lasted but actually grew both in extent and intensity till 2 30 this morning, when driving clouds from the East obliterated the gorgeous colouring. I myself was aroused from sleep at 1 15, and so strong was the light at this hour that I could read a book by it in my chamber quite comfortably. At 1 45 the whole sky, N. and N.-E., was a delicate salmon pink, and the birds began their matutinal song. No doubt others will have noticed this phenomenon, but as Brancaster holds an almost unique position in facing north to the sea, we who are staying here had the best possible view of it.

Yours faithfully,

HOLCOMBE INGLEBY.

Dormy House Club, Brancaster, July 1.

Der sogenannte »Tunguska-Meteorit« war ihrer Meinung zufolge kein Meteorit, sondern in dem besagten Gebiet fand seinerzeit nichts anderes als eine Atomexplosion statt! Mit dieser Erklärung ließen sich auch etliche Ungereimtheiten, die im Verlauf der Erforschung des Jahrhunderträtsels aufgekommen waren, einigermaßen lösen. Da aber 1908 noch keine Nation dieser Erde über Nuklearwaffen verfügte, müßte es sich um ein atomar oder durch Antimaterie betriebenes Raumschiff einer außerirdischen Zivilisation gehandelt haben.

Für diese aufsehenerregende Hypothese sprechen zum Beispiel die Untersuchungen des Astronomen Felix Zigel. Dieser sammelte in den sechziger Jahren über hundert Zeugenaussagen, denen zufolge der mysteriöse Flugkörper zweimal seine Bahn einer Kurskorrektur unterzogen haben muß. Anfangs kam er genau von Süden her, schwenkte dann allerdings nahe des Ortes Keshma – mehr als zweihundert Kilometer vom Zentrum der Explosion entfernt – nach Osten. In dieser Richtung flog er etwa dreihundertfünfzig Kilometer, um dann über Preobrashenka umzukehren und seinen Flug in westnordwestlicher Richtung fortzusetzen.

Bekanntlich vermögen aber kosmische Flugkörper natürlichen Ursprungs keine derartigen Korrekturen ihrer Flugrichtung zu vollziehen, so daß sich hier der Schluß auf einen künstlichen Charakter des Flugobjekts anbietet. Zahlreiche Augenzeugen beschrieben zudem die Form des Objekts als zylinderförmig – was bestimmt nicht die urtypische Form eines Meteoriten darstellen dürfte! Und ein weiterer Umstand läßt die Hypothese, am 30. Juni 1908 habe über dem Gebiet der Tunguska eine nukleare Explosion stattgefunden, glaubhaft erscheinen.

Die Zerstörungen im Epizentrum ähneln haargenau jenen einer Nuklearexplosion. Experten berechneten den Energieausstoß der Tunguska-Katastrophe auf dreißig Megatonnen – das ist das Tausendfünfhundertfache der Hiroshima-Bombe! Zudem berichteten überlebende Augenzeugen von einer geheimnisvollen Seuche, die in den Wochen und Monaten nach der Explosion unzählige Menschen und Tiere dahinraffte. Die beschriebenen Krankheitssymptome ähnelten übrigens genau dem uns heute bekannten Strahlensyndrom.

Der sowjetische Geophysiker Alexej Solotov nahm sich in den frühen sechziger Jahren nochmals der seltsamen, bereits erwähnten Asymmetrie der zerstörten Zone an. Andere Forscher vor ihm hatten die Explosion ebenfalls als »gerichtet« bezeichnet – ihre Wirkung war nicht in allen Richtungen gleich.

Solotov schloß nun hieraus, daß das Sprengmaterial, das für die Zerstörungen verantwortlich war, von einer Art »Behälter« umschlossen gewesen sein muß. Der Konstruktion dieses Behälters sei es zuzuschreiben, daß sich die Explosion ungleichmäßig ausgebreitet habe. Solotov: »Das Objekt bestand aus mindestens zwei Teilen: einer kernexplosionsfähigen Substanz und einem nichtexplosiven Mantel.« Kam es demnach zu der noch heute rätselhaften Tunguska-Katastrophe, weil einem außerirdischen Flugkörper der Nuklearreaktor durchgeschmolzen und in einem gigantischen Inferno explodiert ist?

Noch heute, bald ein Jahrhundert danach, ist in jener Region eine erhöhte radioaktive Strahlung meßbar. Tieren und Menschen wurden schwere und dauerhafte Schädigungen zugefügt. Bei den Rentieren traten nach der Explosion »Räuden« auf, die man zuvor nicht kannte. Viele Tiere, aber auch zahlreiche Menschen kamen mit Mißbildungen auf die Welt, wie wir sie danach nur in der Folge der Atombombenangriffe auf Hiroshima und Nagasaki sowie der Reaktorkatastrophe von Tschernobyl kennenlernen mußten.

Ogdy, der alte Feuergott, stieg nach Ansicht der ansässigen Tungusen und Ewenken vom Himmel und bestrafte die unglücklichen Menschen, die sich zu weit in sein Gebiet gewagt hatten, indem er sie mit »unsichtbarem Feuer« verbrannte. Was aber hätte der Menschheit ins Haus gestanden, wäre »Ogdy« nicht in den Weiten Sibiriens, sondern in einer der Metropolen unserer Welt herniedergestiegen?

1909
Der »Jersey-Devil«

Vor mehreren Jahren waren in meinem Archiv einige Jahrgänge einer Zeitungsbeilage aus den »Gründerjahren« unseres Jahrhunderts abgelegt, die sich mit dem noch heute beliebten Themenkomplex »Vermischtes« befaßten. Ein Artikel, aus dem Jahr 1901 stammend, ist mir dabei in bester Erinnerung geblieben: Handelte er doch von der Entdeckung eines Tieres, das die Zoologen *Okapi* genannt haben. In der nämlichen Beilage von 1901 wurden die Berichte über dieses »Fabelwesen« allerdings als Jägerlatein und blühende Phantasie abgetan.

An der Existenz des Okapi zweifelt indes heute keiner mehr. Aber wie verhält es sich mit mysteriösen Lebewesen, deren Existenz noch nicht so eindeutig belegt werden konnte? Müssen wir diese zwangsläufig der Legende zurechnen?

Im Januar 1909 hielt solch ein unbekanntes Wesen den amerikanischen Bundesstaat New Jersey in Atem. Wann immer etwas Ungewöhnliches geschah oder gesichtet wurde, schob man es dem »Jersey-Devil« zu.

In jenem Wintermonat wurde der Teufel von Jersey in mindestens dreißig Städten gesichtet. So tauchte er am 17. Januar in Bristol, Pennsylvania, nahe der Grenze zu New Jersey auf. Um zwei Uhr morgens vernahm John McOwen plötzlich sonderbare Geräusche und stand, an Einbrecher denkend, sofort auf. Als er aus dem Fenster zum nahegelegenen Fluß hinuntersah, traute McOwen seinen Augen nicht: Dort hüpfte ein riesiges Wesen, das einem Adler entfernt ähnlich sah, über den Weg.

In derselben Nacht sah auch der Polizist James Sachville – gleichfalls in Bristol – das außergewöhnliche Geschöpf. Dieses erinnerte auch ihn an eine Art Vogel, von äußerst merkwürdigem Aussehen, der unbeholfen hüpfte und markerschütternde Schreie von sich gab. Der Polizist rannte auf das Wesen zu, und als es davonflog, schoß er mit seinem Dienstrevolver hinterher. Sogar ein dritter

Augenzeuge sah das Geschöpf in dieser Nacht. Gegen Morgen beobachtete der Postmeister E. W. Minster, wie ein großes vogelartiges Wesen in Richtung des Delaware River davonflog. Dieses schien zu allem Überfluß auch noch in der Dunkelheit zu leuchten. Minster beschrieb das Untier später wie folgt:

»Sein Kopf glich dem eines Widders mit gedrehten Hörnern, während sein langer, dicker Hals im Fluge nach vorn gestreckt war. Die Flügel waren lang und schmal, die Beine hingegen kurz. Die Vorderbeine waren allerdings deutlich kürzer als die Hinterbeine. Sein Schrei war heiser und gräßlich, es war eine Mischung aus Kreischen und Pfeifen.«

Am Morgen fand man am Ufer des Delaware River höchst seltsame Spuren im Schnee, die Hufabdrücken ähnelten. In der darauffolgenden Woche schien der Jersey-Devil schier allgegenwärtig gewesen zu sein, und viele Menschen gerieten durch die immer wilder ins Kraut schießenden Geschichten in Panik. Farmer legten Schlagfallen aus, und die Jäger begaben sich mit ihren Hunden und Treibern in die Wälder. Der US-Bundesstaat New Jersey befand sich am Rande einer Massenhysterie.

Das Ehepaar Evans aus Gloucester City, das das Untier einige Minuten auf dem Dach ihres Stalles beobachten konnte, wußte eine noch detailliertere Beschreibung abzugeben, woraus die lokale Zeitung imstande war, eine bildliche Rekonstruktion anzufertigen. Mr. Evans erinnerte sich:

»Es war ungefähr einen Meter hoch. Der Kopf glich dem eines Collies, sein Gesicht jedoch dem eines Pferdes. Es hatte einen langen Hals, etwa zwei Fuß (sechzig Zentimeter) lange Flügel, und seine Hinterbeine ähnelten denen eines Kranichs, aber mit den Hufen eines Pferdes. Die Kreatur bewegte sich nur auf den Hinterbeinen, denn die Vorderbeine waren sehr kurz und endeten in einer Art Pfoten.«

Andere Zeugen wollen eine reptilienartige Haut, wie die von Alligatoren, gesehen haben und beschrieben auch die Größe des Tieres mit wenigstens 1,80 Metern. Am Freitag, dem 22. Februar 1909, wurde der Jersey-Devil zum letztenmal gesehen, dann endete der ganze Spuk so abrupt, wie er begonnen hatte.

Was hinter dem geheimnisumwobenen Untier steckte, konnte allerdings bis heute nicht zufriedenstellend geklärt werden. Die bildliche Rekonstruktion, die von besagter Lokalzeitung veröffentlicht worden war, ähnelte auf geradezu verblüffende Weise einem *Pteranodon*. Dies war ein längst ausgestorbener, flugfähiger Saurier, der gegen Ende des Erdmittelalters lebte, und dies wiederum war vor etwa sechzig Millionen Jahren.

Ich werde an ein paar weiteren Beispielen im Verlauf dieses Buches zeigen, daß möglicherweise die eine oder andere urtümliche Spezies in irgendwelchen ökologischen Nischen bis in unsere Tage überlebt haben könnte.

1910
Ein Alchimist weckt die Kräfte des Atoms

Wüstengebiete eignen sich naturgemäß besonders gut für Experimente, die gezielt abseits großer Menschenansammlungen durchgeführt werden. Humanitäre Rücksichten mögen hierbei zwar auch eine Rolle spielen, sind aber nicht der Hauptgrund für derartige Vorsichtsmaßnahmen. Priorität hat vielmehr die absolute Geheimhaltung. Es überrascht daher niemanden, daß die militärischen Supermächte ihre entlegenen Wüsten kurzerhand zu Sperrzonen erklärt haben: Damit sie dort ungestört ihre Versuche vornehmen können. In erster Linie Atomversuche.

Seitdem selbst die Volksrepublik China zur Weltmacht aufgestiegen ist, experimentiert man auch dort – sehr zum Leidwesen der Verfechter von Atomwaffensperrverträgen – mit den Elementargewalten des Atoms. Und welches Gebiet würde sich für den Zweck wohl besser eignen, als die menschenleeren Einöden mancher Abschnitte der Wüste Gobi.

Was den militärischen Machthabern Chinas heute bald zur Routine geworden ist, war für die Soldaten der jungen Volksrepublik noch Neuland. Um so überraschter waren die Nuklearspezialisten der Volksbefreiungsarmee vor etwa vierzig Jahren, als sie im Zuge der Standortbestimmung für ihre Atomtests ein Gebiet nahe der Mongolei betraten. Dessen Vegetation, oder besser, was davon noch übrig war, schien sonderbar verändert. Verkalkte Bäume wie auch der verglaste Boden waren untrügliche Merkmale atomarer Einwirkung. Das unheimlichste an dieser Entdeckung jedoch war, daß es dort bis zu jenem Zeitpunkt noch keine Versuche mit Kernwaffen gegeben hatte. Erst als China am 16. Oktober 1964 seine erste eigene Atombombe zündete, wurde es zum fünften Mitglied im »Club der Atommächte«.

Die Verantwortlichen der Armee gingen deshalb der unheimlichen Sache auf den Grund. Sie untersuchten jene sinistre Zone genauer und befragten auch Ortsansässige der näheren Umgebung, um dem Geheimnis auf die Spur zu kommen. Was dabei herauskam, war so verblüffend, daß sich die Militärs nur ungern mit jenen Tatsachen anzufreunden vermochten: Schon zu Anfang des zwanzigsten Jahrhunderts war es einem ihrer Landsleute gelungen, die angsteinflößenden Kräfte des Atoms zu entfesseln.

Eine Reihe von Hinweisen führte die Militärs auf die Fährte des Gelehrten Pou Chao-fi. Dieser war als Alchimist tätig und hatte sich in einer abgelegenen Pagode ein Geheimlabor eingerichtet. Aus alten Texten entnahm er gezielte Hinweise, die es ihm schließlich ermöglichen sollten, eine nukleare Reaktion zu entfachen. Der Bau einer Atombombe ist in der Tat recht simpel: Es bedarf hierzu nur einiger sehr reiner Zutaten, die in eine bestimmte Anordnung zueinander gebracht werden müssen.

Ältere Bauern, die man in den fünfziger Jahren befragt hatte, erinnerten sich noch an jenen verhängnisvollen 8. Juli des Jahres 1910. An diesem Tag hat es im Bereich der Pagode plötzlich eine gewaltige Detonation gegeben. Diese Explosion sei so heftig gewesen, daß man sie noch in einem Umkreis von sechshundert Kilometern vernehmen konnte.

Wahrscheinlich wäre dieser spektakuläre Vorfall im Lauf der Zeit in Vergessenheit geraten, hätte man nicht Jahrzehnte später in einer Bibliothek in Beijing ein Heft mit Aufzeichnungen des Forschers gefunden. Wissenschaftler stießen darin auf eindeutige Hinweise, daß Pou Chao-fi bereits Jahrzehnte vor ihnen mit Kräften experimentierte, die ihm letztlich zum Verhängnis wurden. In seinen Notizen beschrieb der Gelehrte Details eines »fürchterlichen Feuers vom Himmel, das durch die Sprengung von Metallatomen entstehen kann«.

Da es der wagemutige Pou Chao-fi nicht bei theoretischen Abhandlungen beließ, kam es zur Katastrophe. Die gewaltige Detonation kostete ihn das Leben. Sie vernichtete sein Laboratorium und die Pagode, ebenso die Vegetation im weiten Umkreis seiner Wirkungsstätte. Ein ebenso tragisches wie unrühmliches Ende eines Forschers, der – Jahrzehnte vor der atomaren Zerstörung Hiroshimas – wohl als erstes neuzeitliches Opfer nuklearer Experimente zu beklagen ist.

1911
Der »schlafende Prophet«

Ist unser Gehirn, dessen Fähigkeiten wir in aller Regel nur zu etwa zehn Prozent nutzen, in der Lage, überlichtschnelle Gedankenverbindungen herzustellen? Einer der erstaunlichsten und vielleicht auch am genauesten überprüften Fälle parapsychologischer Fähigkeiten mag diese Vermutung stützen.

Edgar Cayce, als einfacher Bauernjunge in Kentucky geboren, schien anfangs keine Ahnung zu haben, welche phantastischen Fähigkeiten in seinem Kopf verborgen waren. Er besaß nämlich die seltene Gabe, wenn er einem Kranken gegenüberstand, nicht nur dessen Leiden mit verblüffender Genauigkeit zu diagnostizieren, sondern auch die richtigen Medikamente und Heilmittel zu verordnen. Soweit bekannt ist, hat sich Cayce nie geirrt, niemals eine falsche Diagnose gestellt, oder ein sinnloses Rezept verordnet. In einigen Fällen erklärten sich die behandelnden Ärzte nicht einverstanden, doch letztlich behielt immer der medial veranlagte Cayce recht. Jener erhielt sogar von der strengen *American Medical Association* die Erlaubnis, Konsultationen abzuhalten, obwohl er nur angelernter Helfer in einem Fotolabor und nicht Arzt war.

Seine »medizinische Gabe« entdeckte er etwa im Jahre 1911, als junger Mann. Bei einem Baseballspiel hatte ihn ein Ball in den Rücken getroffen, genau an seiner Wirbelsäule. Taumelnd kam er nach Hause und bekam bald darauf hohes Fieber, dann verfiel er in ein tiefes Koma. Während der Doktor vergeblich versuchte, Edgar wieder ins Bewußtsein zurückzuholen, begann dieser plötzlich laut und deutlich zu sprechen. Er erklärte, weswegen er krank geworden war. Dann nannte er einige Heilmittel, aus welchen eine Paste zu bereiten sei, mit der er behandelt werden müsse, indem man seine Wirbelsäule damit bestrich. Die Angehörigen wie auch der Arzt waren verblüfft, woher der junge Edgar Cayce diese Kenntnisse und auch die ihm völlig fremden, medizinischen Fachausdrücke hatte. Da sein Fall aber fast hoffnungslos schien, führte man seine Anweisungen aus. Und tatsächlich: Einige Tage später hatte er sich wieder vollkommen erholt, jedoch konnte er sich nicht mehr erinnern, irgendwelche Anweisungen gegeben zu haben.

Dieses Ereignis sprach sich herum. Da Edgar im Koma gesprochen hatte, kamen viele Vorschläge, ihn in Hypnose zu versetzen, um von ihm auf diese Weise Ratschläge für Heilungen zu bekommen. Edgar aber wollte dies zunächst nicht. Erst als ein guter Freund erkrankte, diktierte er in Trance ein präzises Rezept – wieder unter Verwendung lateinischer Vokabeln und Fachausdrücke, die er nie zuvor gehört oder gelesen hatte. Eine Woche später war der Freund wieder gesund.

Nun strömten die Kranken zu Cayce, der jedoch nicht als Heilpraktiker angesehen werden wollte. Darum stellte er seine Diagnosen stets in Gegenwart des behandelnden Arztes. Auch ließ die *American Medical Association* eine Kommission zusammenstellen, die

Protokolle aufnahm und alle Details jener »Readings«, wie er seine Konsultationen zu bezeichnen pflegte, aktenkundig machte.

Diese »Readings« spielten sich immer in der gleichen Weise und in derselben Kürze ab. Der Patient mußte sich setzen oder ausstrecken, dann nahm Edgar selbst in einem Sessel Platz und versetzte sich in einen leichten Trancezustand. Meist sagte er: »Ich habe Verbindung aufgenommen.« Hierauf folgte die Diagnose und die Benennung des Medikaments. Alles in medizinischen Fachausdrücken, welche ihm im Wachzustand überhaupt nicht geläufig waren. Einmal verordnete Cayce einem Patienten ein Medikament, das nirgends aufzutreiben war. Der Mann gab daraufhin Inserate in diversen großen Zeitungen auf. Schließlich schrieb ihm aus Paris ein junger Arzt, daß sein Vater besagtes Medikament vor Jahren hergestellt habe, die Produktion jedoch inzwischen eingestellt sei. Die Zusammensetzung der Arznei war identisch mit Edgars detaillierten Angaben. Ein anderes Mal nannte Cayce ein Medikament und gab dazu die Adresse eines Labors in einer weit entfernt gelegenen Stadt an. Als der Patient dort anrief, erfuhr er, daß das Präparat eben erst entwickelt worden und noch nicht im Handel erhältlich sei.

Der »schlafende Prophet«, wie er bald genannt wurde, lehnte übrigens jegliches Honorar ab. Ebenso hatte er weder Zeit noch Lust, Medizin zu studieren, da er hauptberuflich als Assistent bei einem Fotografen in Hopkinsville (Kentucky) arbeitete. Von 1927 an hielt Edgar Cayce nur mehr medizinische »Readings« ab. Er siedelte in diesem Jahr nach Virginia Beach um, einem noch immer verträumten Badeort an der Atlantikküste des Bundesstaates Virginia. Dort wurde 1931 die »Edgar Cayce Foundation« gegründet, die als legitimer Erbe das Vermächtnis dieser bewundernswerten Persönlichkeit verwaltet.

Edgar Cayce wurde einmal gefragt, wie er zu seinen unglaublich treffsicheren Diagnosen komme. Er vermutete, daß er sich mit jedem beliebigen Gehirn in Verbindung setzen und ihm die Informationen, die er für seine Diagnosen benötigt, entnehmen könne. Da aber auch das Gehirn des Erkrankten genau wisse, was diesem fehlt, sei alles ganz einfach: Er befrage das Hirn des Patienten, dann suche er *das* Gehirn auf der Welt, welches ihm sage, was zu tun sei. Er selbst, so vermutete Cayce, sei nur ein Teil aller Gehirne auf dieser Welt.

Edgar Cayce starb am 5. Januar 1945 in Virginia Beach. Doch selbst heute noch sind Mediziner und Psychologen mit der Auswertung seiner Akten beschäftigt, denn im umfangreichen Archiv der Edgar Cayce Foundation liegt über jeden Fall ein detaillierter und umfangreicher Bericht vor.

1912
Ihr Untergang war prophezeit

Sie war der ganze Stolz ihrer Zeit, repräsentierte den neuesten Stand der Technik und den unverbrüchlichen Glauben ihrer Konstrukteure, daß sie niemals sinken würde. Und doch war ihr Untergang besiegelt – vielleicht schon lange bevor die *Titanic* gebaut und vom Stapel gelassen wurde …

Nichts und niemand schien die Katastrophe aufhalten zu können, die sich bei der Jungfernfahrt des berühmtesten Ozeanriesen anbahnte. Bei Neufundland rammte das Luxusschiff am späten Abend des 14. April 1912 einen Eisberg und schlug leck. Blinder Glaube an die Unsinkbarkeit des Schiffes einerseits und eine gehörige Portion Ignoranz des Kapitäns auf der anderen Seite verhinderten, daß sofort nach der Kollision das internationale Notsignal SOS gefunkt wurde. Statt dessen setzte der Funker zunächst *CQD* ab – »Come quickly, danger«.

Um 23.40 Uhr hatte sich die Kollision ereignet – gegen 2.00 Uhr morgens hatte der Gigant der Meere ausgekämpft. Chaos und Panik beim Verlassen des Schiffes und viel zu wenige Rettungsboote waren der Grund, daß von insgesamt 2207 an Bord befindlichen Personen nur 705 gerettet werden konnten.

Bezeichnenderweise hatte es eine ganze Reihe von Vorahnungen gegeben, die sich alle auf die Havarie der Titanic bezogen. Eine große Anzahl von bereits gebuchten Passagieren hatte ihre Reservierungen wieder storniert, weil sie wenige Nächte vor dem Auslaufen des Ozeanriesen von Alpträumen heimgesucht wurden, in denen sie sich hilflos im eisigen Wasser des Atlantischen Ozeans treiben sahen. Auch der berühmte Londoner Verleger und Publizist William T. Stead hatte eine solche Vorahnung – aber schon zwanzig Jahre vor der Tragödie. In einer Serie von Kurzgeschichten, die Stead 1892 herausgebracht hatte, befand sich eine, die sich später als unheimlich detaillierte Voraussage der Titanic-Katastrophe herausstellen sollte.

Ironie des Schicksals: William T. Stead gehörte zu den Passagieren der Titanic – und er ging zusammen mit eintausenfünfhundert weiteren Opfern in den eisigen Fluten unter.

Unheimliche Berühmtheit hat Morgan Robertsons Roman »Futility« erlangt, den der amerikanische Schriftsteller 1898 veröffentlichte. Auf geradezu beängstigende Art und Weise wurde hierin der Untergang der Titanic vorweggenommen. Robertsons Werk drehte sich um das Schiff »Titan«, das in einer Aprilnacht durch die Kollision mit einem Eisberg unterging, obwohl dessen Eigner es für praktisch unsinkbar gehalten hatten. Im Roman betrug die Anzahl der Rettungsboote vierundzwanzig, auf der wirklichen Titanic waren es zwanzig. Verblüffende Übereinstimmungen gab es bei den technischen Daten der Unglücksschiffe: Robertsons Titan hatte eine Länge von 800 Fuß, die Titanic 828,5 Fuß. Beide Ozeanriesen verfügten über drei Schiffsschrauben, und nur bei der Anzahl der Passagiere gab es gravierende Unterschiede. Während im Roman dreitausend Menschen transportiert wurden, waren es in Wirklichkeit »nur« 2207. Dafür traten beide Schiffe ihre Jungfernfahrt Anfang April vom englischen Hafen Southampton aus an.

Vielleicht kann man es als eine verspätete »Hommage« an die staunenswerten Visionen Robertsons werten, daß 1998 – also genau hundert Jahre nach dessen Epos »Futility« – der Kassenschlager »Titanic« auf die Leinwand kam.

Indes, die Schiffskatastrophe vom 14. April 1912 schien jedoch nicht nur ihre Auswirkungen auf die Vergangenheit zu zeitigen. Die Erinnerung an jene Tragödie rettete dreiundzwanzig Jahre später ein Schiff, das in eine ähnliche Lage geriet. Am 14. April 1935 stand der Matrose William Reeves am Bug eines Frachtschiffes, das von England nach Kanada unterwegs war. Reeves war sich des bedeutungsvollen Datums bewußt, und obschon die See ruhig war, wurde der Matrose immer unruhiger.

Seine Gedanken während der einsamen Wache verdichteten sich zu bösen Vorahnungen. Seine Augen hielten Ausschau, doch sahen sie nur die undurchdringliche Dunkelheit. Lange kämpfte er mit sich, ob er Alarm geben sollte – hatte aber gleichzeitig Angst, sich der Lächerlichkeit auszusetzen. Schließlich hielt er der Anspannung nicht länger stand und stieß einen entsetzten Warnruf aus, welchen der wachhabende Offizier geistesgegenwärtig in den Befehl »volle Kraft zurück« umsetzte. Gerade noch rechtzeitig, um das Schiff wenige Meter vor einem riesigen Eisberg stoppen zu lassen, der drohend im Dunkel der Nacht aufragte.

Der Name des kleinen Frachtschiffes, das in dieser Nacht um ein Haar das Schicksal der Titanic geteilt hätte, lautete, nebenbei bemerkt, »Titanian«.

1913

Mokele-Mbembe: Dinosaurier in Afrika?

Die Entdeckung einiger längst ausgestorben geglaubter Tierarten im zwanzigsten Jahrhundert, wie etwa des Quastenflossers vor der Ostküste Afrikas oder der Brückenechse Neuseelands, hat einen neuen Wissenschaftszweig kreiert: die sogenannte »Kryptozoologie«. Wenn man sich vergegenwärtigt, daß selbst heute, an der Schwelle zum einundzwanzigsten Jahrhundert, trotz gegenteiliger

Beteuerungen des wissenschaftlichen Establishments in vielen Gegenden der Erde noch immer die weißen Flecken auf der Landkarte dominieren, kommt man nicht umhin, der Kryptozoologie ihre Daseinsberechtigung explizit auszusprechen.

Bereits vor Beginn des zwanzigsten Jahrhunderts kursierten diverse Gerüchte über saurierähnliche Reptilien in den weglosen Sümpfen der zentralafrikanischen Staaten Kongo und Kamerun, ebenso in den angrenzenden Ländern Ostafrikas. So schilderte der britische Forscher Sir Clement Hill die Sichtung solch einer mysteriösen Kreatur bei einer Dampferfahrt über den Victoriasee: »Ich stand auf dem Deck des Schiffes, das über den See fuhr. Verzaubert betrachtete ich die wunderbare Landschaft, als sich ganz plötzlich aus dem Wasser ein Tier erhob, das mir ganz und gar unbekannt war. Zuerst erschien ein kleiner Kopf, der am Ende eines überaus langen Halses saß; derselbe ging seinerseits in einen scheußlichen Rumpf über. Immer mächtiger begann sich der Hals zu erheben, bis er schließlich die Höhe des Schiffes erreichte und sich ihm näherte. Das Tier versuchte den Posten am Bug zu packen, erst im letzten Augenblick bemerkte der Neger die drohende Gefahr und lief schreiend davon.«

Der deutsche Forscher Leutnant Paul Gratz, der als erster Afrika vom Indischen Ozean bis zur Kongomündung mit dem Dampfschiff durchquerte, hörte die Eingeborenen von einem ähnlichen Ungeheuer erzählen, das im Bangweulu-See (heute Sambia) lebte und dort schreckliche Blutbäder unter den Krokodilen anrichtete. Einem anderen deutschen Forscher, dem berühmten Major Hans Schomburgk (1880–1967), fiel auf, daß in demselben See keine Flußpferde lebten. Von Eingeborenen erfuhr er, daß diese Tiere von dem Ungeheuer ausgerottet worden waren. Dasselbe Phänomen ausgerotteter Tierarten wurde ihm von anderen Stämmen, die achthundert Kilometer weiter westlich lebten und die mit den Stämmen vom Bangweulu-See nicht in Kontakt gekommen waren, auf dieselbe Weise erklärt.

Als Hans Schomburgk zurück in Deutschland war, legte er seine diesbezüglichen Notizen dem Forscher Karl Hagenbeck vor. Jener ließ ihn wissen, daß er selbst in einigen Gegenden Afrikas von einem ähnlichen Ungeheuer gehört habe. Hieraus schloß er, daß es sich aufgrund der Übereinstimmung der Berichte überall um dieselbe Tierart handeln müsse: »Etwas zwischen einem Brontosaurier und einem Dinosaurier, ein gedrungener Riese von einer graubraunen Farbe, mit einem winzigen Kopf auf einem langen, sehr beweglichen Hals.« Hagenbeck rüstete sogar eine Expedition aus, um dem mysteriösen Saurier auf die Spur zu kommen. Doch erreichte er dieses hochgesteckte Ziel nicht, obwohl das Tier auch später noch des öfteren gesichtet wurde.

1913 leitete Rittmeister Freiherr von Stein zu Lausritz eine Expedition in den Likouala-Distrikt Kameruns. Was er dort über ein Tier mit Namen »Mokele-Mbembe« erfuhr, faßte er später in einem Bericht zusammen: »Dieses Tier soll eine glatte, bräunlichgraue Haut und in etwa die Größe eines Elefanten, zumindest die eines Nilpferdes haben. Es soll einen langen, ungemein beweglichen Hals besitzen und einen einzigen, sehr langen Zahn. Manche meinen, es handle sich um ein Horn. Einige erwähnen auch einen langen, muskulösen Schwanz, dem eines Alligators vergleichbar. Einbäume, die ihm zu nahe kamen, wurden versenkt. Es heißt, das Tier greife Boote an und töte die Besatzung, allerdings ohne sie zu fressen. Man sagt auch, es lebe in Höhlen, die der Fluß an scharfen Biegungen aus dem lehmigen Ufer gewaschen hat. Es soll tagsüber an Land klettern und nach Futter suchen. Es ernährt sich angeblich rein pflanzlich. Dies widerspricht einer möglichen Erklärung jenes Tieres als reiner Mythos. Die von ihm bevorzugte Pflanze wurde mir gezeigt: Eine Lianenart mit großen weißen Blüten, einem milchigen Saft sowie apfelähnlichen Früchten.«

Eine Begegnung mit einem ähnlichen Monster hatte ein französischer Jäger, der 1920 nach einer Expedition aus dem Kongo zurückkehrte. Er berichtete, er habe erfolglos ein paar Schüsse abgegeben und dann das Weite suchen müssen. Als er später mit dem Fernglas Ausschau hielt, sah er das Tier wieder. Die Länge gab er mit ungefähr acht Metern an, außerdem beschrieb er eine spitze Schnauze, einen schuppigen Höcker sowie ein kurzes Horn zwischen den Nasenlöchern.

Auch in den nachfolgenden Jahren – sogar bis in unsere Zeit hinein – wurden immer wieder derartige Ungeheuer gesichtet, wie etwa 1977, als der Lehrer Mambombo Daniel im Lac Telé (Volksrepublik Kongo) auf nur zehn Meter Entfernung einen »Mokele-Mbembe« beobachtete. Auch der kongolesische Zoologe Marcellin Agnagna gab bekannt, im Verlauf einer im Jahr 1983 unternommenen Expedition in die bereits erwähnte Likouala-Region ein solches Tier gesehen zu haben – dieses Mal in einer Distanz von etwa zweihundert Metern.

Die Suche nach möglichen Überlebenden des Sauriergeschlechtes, sechzig Millionen Jahre nach deren Aussterben, geht weiter. Es dürfte allerdings nicht allzu einfach sein, dieses faszinierende zoologische Rätsel bald zu lösen: Sowohl das Likouala-Gebiet als auch die sumpfige Tiefebene im Kongobecken sind äußerst schwer zugänglich. Es sind dies Sümpfe und Urwälder, die der Mensch so gut wie nicht durchdringen kann, und die dortige Flora und Fauna sind noch weitgehend unerforscht. Es hat den Anschein, als wäre dieser Teil des Schwarzen Kontinents besser als alle anderen Gebiete unseres Planeten dazu geeignet, überlebenden prähistorischen Spezies einen adäquaten und vor allem ungestörten Lebensraum zu bieten.

Es existieren mehr als genug ernstzunehmende Hinweise über archaische Tierarten, um selbst die konservativsten Zoologen zumindest nachdenklich zu machen. Und es bleibt zu hoffen, daß die Entschlossensten unter ihnen noch genügend Expeditionen unternehmen, um das Rätsel des »Mokele-Mbembe« endlich einer Lösung näherzubringen. Die Wahrheit ist irgendwo da draußen …

1914
Das geträumte Attentat

Mitunter hat es den Anschein, als könnte unser Bewußtsein, wenn wir uns im Zustand des Schlafes befinden, Zugang erhalten zu Informationen, die ihm normalerweise verschlossen sind. Für den Fall, daß es sich um die Erlangung von Wissen über Vorgänge handelt, die sich in der Zukunft ereignen, sprechen wir von Prophetie. Berühmt geworden ist der prophetische Traum des Bischofs Dr. Lanyi von Großwardein, an dessen Echtheit nicht der Hauch eines Zweifel besteht.

Der Geistliche war der Lehrer des österreichischen Erzherzogs Franz Ferdinand und erfreute sich der ganz besonderen Zuneigung und Gunst des Thronfolgers.

Ende Juni 1914 reiste Franz Ferdinand mit seiner Gattin in das damals zur Österreichisch-Ungarischen Doppelmonarchie gehörende Bosnien. Am 28. Juni sollte das Thronfolgerpaar im Rathaus von Sarajevo empfangen werden. An diesem Tag erwachte morgens um halb vier Uhr Bischof Dr. Lanyi voller Unruhe. Er hatte einen furchtbaren Traum gehabt.

Ihm träumte, daß er in den Morgenstunden an seinen Schreibtisch ging, um die eingetroffene Post durchzusehen. Ganz obenauf lag eine Depesche mit schwarzem Rand, schwarzem Siegel und dem Wappen Franz Ferdinands. Sofort erkannte Lanyi die Schrift des Thronfolgers. Als er den Brief öffnete, sah er am Kopf des Briefpapiers ein Bild wie auf Ansichtskarten, das eine Straße und eine enge Gasse darstellte. Beide Hoheiten saßen in einem Automobil, ihnen gegenüber ein General und neben dem Chauffeur ein Offizier der Garde. Auf beiden Seiten der Straße drängte sich eine Menschenmenge. Hieraus lösten sich plötzlich zwei junge Männer, sprangen hervor, zielten und schossen auf das Thronfolgerpaar.

Der Text jenes Briefes lautete: »Eure Bischöflichen Gnaden, lieber Dr. Lanyi! Ich teile Ihnen hiermit mit, daß ich heute mit meiner Frau in Sarajevo als Opfer eines politischen Meuchelmordes falle. Wir empfehlen uns Ihren frommen Gebeten und hl. Meßopfern und bitten Sie, unseren armen Kindern auch fernerhin in Liebe und Treue so ergeben zu bleiben wie bisher. Herzlich grüßt Sie Ihr Erzherzog Franz Ferdinand, zu Sarajevo, 28. Juni 1914, halb vier Uhr morgens.«

Der unheimliche Traumbrief berichtete also über ein Attentat, das um diese frühe Morgenstunde noch gar nicht stattgefunden hatte. Der Bischof berichtete über die weiteren Vorgänge an jenem schicksalhaften Morgen: »Zitternd und in Tränen aufgelöst, sprang ich aus dem Bett, sah auf meine Uhr, die halb vier Uhr anzeigte. Ich eilte sofort zum Schreibtisch und schrieb nieder, was ich im Traum gesehen hatte. In der Niederschrift hielt ich sogar die Form einiger Buchstaben, wie sie vom Erzherzog geschrieben waren, bei.«

Inzwischen war es 5.45 Uhr geworden, und Miklos, der Diener des Bischofs, trat ein. Er fand seinen Herrn leichenblaß, völlig verstört vor. »Euer Gnaden sind doch nicht krank?« erkundigte sich Miklos erschrocken.

»Nein, nein«, entgegnete Dr. Lanyi. »Aber rufe gleich meine Mutter und den Gast, das Fräulein Anni. Ich will eine heilige Messe für unsere Hoheiten lesen. Denn ich hatte einen schrecklichen Traum.«

Um 6.30 Uhr erschienen die Mutter des Bischofs und besagtes Fräulein Anni. Der Bischof erzählte ihnen und auch seinem Diener Miklos den schrecklichen Alptraum. Im Anschluß zelebrierte er in der Hauskapelle die heilige Messe. Weiter hieß es in dem Bericht Dr. Lanyis von Großwardein: »Der ganze Tag verging mit Angst und Bangen, bis mir schließlich ein Telegramm aus Wien die schreckliche Nachricht brachte, daß die beiden Hoheiten in Sarajevo ermordet worden waren.«

Was Bischof Lanyi im Traum voraussah, hatte sich einen halben Tag später in allen Einzelheiten verwirklicht. Das schicksalhafte Attentat, durchgeführt auf dem noch heute blutgetränkten Boden der Stadt Sarajevo, hatte den Ausbruch des Ersten Weltkriegs zur Folge, nach dessen Ende im Jahre 1918 auch der Niedergang der Monarchie in Österreich besiegelt war.

1915

Der Tag, an dem die Norfolks entführt wurden

Die Schlacht von Gallipoli, an der Meerenge der Dardanellen (Türkei) gelegen, steht nicht nur für die Wende in der Strategie des Ersten Weltkriegs zum Stellungskrieg. Sie öffnete gleichfalls eine weitere Seite in den Annalen unerklärlicher Begebenheiten. Churchills Plan, in den Dardanellen zu landen, Konstantinopel zu erobern und auf diese Weise die Achsenmächte jenes ersten großen Völkergemetzels aufzubrechen, kostete 34 000 Soldaten der Alliierten das Leben. Ein Truppenteil von 266 Soldaten – 16 Offiziere und 250 Infanteristen – verschwand aber auf so ungewöhnliche Weise, daß rationale Erklärungen auszuscheiden scheinen.

Der bewußte Zwischenfall soll sich am 21. August 1915 ereignet haben. Nach den Aussagen dreier Augenzeugen sahen zweiundzwanzig Angehörige des »Australian and New Zealand Army Corps« (ANZAC) eine Einheit britischer Soldaten – später als das »1./4. Norfolk Regiment« identifiziert – in eine seltsame »Wolke« hineinmarschieren, die wie ein Brotlaib geformt war und über einem ausgetrockneten Flußbett hing. Nachdem der letzte Mann in dem unheimlichen Gebilde verschwunden war, erhob sich dieses und begann *gegen den Wind* davonzuschweben. Keiner der Soldaten wurde jemals wieder gesehen.

Was die Zeugen – drei Neuseeländer – damals sahen, wurde in einer von ihnen eidesstattlich bezeugten Aussage niedergelegt:

»21. August 1915. Das Folgende ist eine Beschreibung jenes merkwürdigen Vorfalles, der am genannten Datum morgens während der schwersten und abschließenden Kämpfe geschah, die auf Höhe 17, Sulva Bay, Australian and New Zealand Army Corps (ANZAC), stattfanden.

Der Tagesanbruch war klar, ohne eine Wolke am Himmel, wie man es bei einem schönen Tag am Mittelmeer erwarten kann. Eine Ausnahme bildeten jedoch sechs bis acht brotlaibförmige Wolken, die alle exakt gleich waren und über Höhe 60 schwebten. Es war zu bemerken, daß sie trotz einer Windstärke von sechs bis acht Kilometern pro Stunde aus südlicher Richtung deren Form nicht veränderten und auch nicht mit der Brise abtrieben. Von unserem Beobachtungspunkt hundertfünfzig Meter darüber aus gesehen, schwebten sie in einem Höhenwinkel von sechzig Grad. Ebenfalls stationär, und auf dem Boden direkt unterhalb dieser anderen Wolken liegend, befand sich eine ähnliche Wolke. Sie maß etwa 245 Meter in ihrer Länge, 65 Meter in der Höhe und erreichte sechzig Meter in der Breite. Diese Wolke wirkte völlig dicht, sah von der Struktur her fest aus und war etwa 900 bis 1100 Meter von den Kampfhandlungen im britisch besetzten Gebiet entfernt. Alles das wurde von zweiundzwanzig Männern der Sektion Nr. 3, Feldkompanie Nr. 1, N.Z.E., einschließlich uns selbst beobachtet. Wir lagen ungefähr 1350 Meter südwestlich dieser Wolke am Boden. Unser Beobachtungspunkt befand sich etwa neunzig Meter oberhalb des Hügels 60. Wie sich später herausstellte, hüllte die Wolke ein trockenes Bachbett beziehungsweise einen abgesackten Weg (Kaiajik Dere) ein, und wir hatten perfekte Sicht auf alle Seiten der Wolke. Deren Farbe war ein leichtes Grau, ebenso wie die anderen Wolken.

Ein britisches Regiment, die 1./4. Norfolk mit einigen hundert Leuten, kam dann diesen abgesackten Weg oder das Bachbett entlang in Richtung Höhe 60. Als sie die Wolke erreicht hatten, marschierten sie ohne zu zögern hinein, aber keiner von ihnen kam wieder heraus. Etwa eine Stunde später, nachdem die letzten darin verschwunden waren, hob die Wolke vom Boden ab, und stieg langsam, bis sie die anderen Wolken erreicht hatte. Bei nochmaligem Hinsehen glichen sie sich wie ein Ei dem anderen. Die ganze Zeit hatten sie an derselben Stelle geschwebt. Sobald die einzelne Wolke aber ihre Höhe erreicht hatte, bewegten sich alle in Richtung Thrazien (Bulgarien). Innerhalb einer dreiviertel Stunde waren alle außer Sichtweite.

Das genannte Regiment wurde als vermißt oder ›ausgelöscht‹ geführt. Gleich nach der türkischen Kapitulation 1918 war die erste britische Forderung die Auslieferung dieses Regiments. Die Türkei antwortete jedoch, daß sie das Regiment nicht gefangen und keine Berührung mit ihm gehabt hätte. Sie wüßten nicht einmal, daß es existierte. Zwischen 1914 und 1918 bestand ein britisches Regiment aus achthundert bis zu viertausend Männern. Diejenigen, welche diesen Vorfall beobachteten, sind der Ansicht, daß die Türken weder das Regiment gefangengenommen noch irgendwelchen Kontakt dazu gehabt haben.

Wir, die Unterzeichneten, erklären, wenngleich sehr spät – es ist der 50. Jahrestag der ANZAC-Landung –, daß die oben gegebene Beschreibung die reine Wahrheit ist.

Unter Zeugen abgezeichnet:

4/165 Pionier F. Reichardt, Matata, Bay of Plenty

13/416 Pionier F. Newnes, 157 King Street, Cambridge

J. L. Newman, 75 Freyberg St., Octumoctai, Tauranga.«

Diese Aussage wurde zusätzlich von einem Auszug eines nicht näher spezifierten Berichts des Gallipoli-Feldzugs bekräftigt, der sich auf denselben Vorfall bezieht:

»Sie wurden von einem zu dieser Jahreszeit ungewöhnlichen Nebel verschluckt. Dieser Nebel reflektierte die Sonnenstrahlen so stark, daß die Artilleriebeobachter von der Helligkeit geblendet wurden und unfähig waren, das Sperrfeuer aufrechtzuerhalten. Von den etwa zweihundertfünfzig Männern hat man danach weder etwas gesehen noch gehört.«

Wo immer die verschollenen Soldaten der 1./4. Norfolk hingeraten sein mögen: Man kann nur hoffen, daß es für sie weniger lebensgefährlich war, als die blutgetränkten Schlachtfelder bei den Dardanellen. 34 000 getötete Männer bei diesem Feldzug dürften deutlich vor Augen führen, daß wohl schwerste Verwundungen oder gar der Tod zu ihrem wahrscheinlichsten Schicksal geworden wären. Ob der Truppenteil nun entführt wurde oder die Männer freiwillig ins Unbekannte gingen – womöglich war diesen dem Untergang geweihten Soldaten jene »unbekannte Alternative« gar nicht so unwillkommen …

1916
Hoch über dem Flugfeld

Es gibt schon zu viele ernstzunehmende Berichte über außerkörperliche Erfahrungen in Grenzsituationen – sogenannte »Out-of-body experiences« (OBE) –, als daß Mediziner und Psychologen diese einfach vernachlässigen könnten. Ganz im Gegenteil: Seit sich so namhafte Ärzte wie Dr. Raymond Moody und Dr. Elisabeth Kübler-Ross jener erregenden Nahtod-Erlebnisse angenommen haben, konnte das Phänomen ein gutes Stück dem Nebulös-Obskuren entrückt und dem Bewußtsein von uns allen nähergebracht werden. Der folgende Vorfall wurde von einem Mediziner selbst erlebt, und das ganze Ereignis erschien ihm damals so unglaublich, daß er zeit seines Lebens in diesem Zusammenhang seinen Namen nicht genannt wissen wollte.

Denn auf das geradezu unglaubliche Ereignis, seinen eigenen Körper von außerhalb betrachten zu können, war der junge Arzt in keinster Weise vorbereitet. Und doch wußte er genau, daß er weder Halluzinationen erlegen war, noch sich alles nur eingebildet hatte. Zur Zeit des Vorfalls – es war im April des Kriegsjahres 1916 – war der junge Mann als Sanitätsoffizier der Royal Air Force dienstverpflichtet und mit seiner Einheit an der Westfront in Frankreich stationiert. Nach einem dringenden Notruf von einem anderen Flugplatz waren er und ein Pilot in ein bereitstehendes Flugzeug gestiegen und eiligst gestartet. Doch bevor die Maschine an Höhe gewann, machte der Pilot eine scharfe Kehrtwendung. Die unausweichliche Folge war, daß das Flugzeug an Auftrieb verlor und ins Trudeln kam.

All dies nahm der junge Arzt mit einer sonderbaren Ruhe und Distanz zur Kenntnis. Er ertappte sich sogar bei dem Gedanken, welcher Flügel der Maschine wohl als erster auf dem Boden aufschlagen würde. Und plötzlich war es ihm, als würde er aus einer Höhe von etwa zweihundert Fuß (sechzig Meter) senkrecht auf seinen am Boden liegenden Körper blicken. Bei dem Aufprall war er geradewegs aus dem Flugzeug geschleudert worden und lag besinnungslos auf dem Rücken. Seltsamerweise erlebte er sich selbst in einem Zustand »angenehmer Wachheit«.

Er konnte klar und deutlich erkennen, wie der unverletzt gebliebene Pilot und zwei Offiziere zu seinem Körper liefen und sich darüberbeugten: »Mein Geist, oder wie immer man dies nennen will, schwebte da oben und wunderte sich, daß sie sich mit meinem Körper soviel Mühe machten, und ich erinnere mich ganz genau, daß ich dachte, wenn sie ihn nur endlich in Ruhe ließen.«

Hoch über dem Flugplatz schwebend, beobachtete er nun, wie ein Sanitätswagen aus seiner Box im Hangar fuhr; zuerst hatte ihn der Fahrer angekurbelt. Der diensthabende Arzt stürzte aus der Sanitätsbaracke und sprang auf den soeben anfahrenden Wagen auf. Doch gleich darauf stieg er wieder aus, denn er hatte offensichtlich etwas vergessen. Der Wagen wartete, bis der Doktor zurückkam, dann setzte er seine Fahrt zum Ort des Flugzeugabsturzes fort.

Während der noch immer bewußtlose Sanitätsoffizier all dies beobachtete, fühlte er plötzlich, wie er sich mit allergrößter Geschwindigkeit vom Ort des Geschehens entfernte. Er hatte das Gefühl, daß er sich zunächst auf eine nahegelegene Stadt, dann auf das offene Meer zubewegte. Nach wie vor heiter und gelassen, fragte er sich, weshalb er wohl jetzt so eine ungewöhnliche Reise unternehme. Doch noch während er darüber nachdachte, zog ihn mit starker Kraft irgend etwas zurück, und er schwebte erneut über seinem Körper. Deutlich vermochte er zu sehen, wie ihm der Arzt ein Mittel einflößte.

Als der angehende Mediziner später im Lazarett lag, sann er eingehend über seine seltsame »Reise« nach. Er fragte sich, ob er sich den Flug zum Meer nur eingebildet hatte. Doch vermochte er genau die Hektik zu beschreiben, die während seiner Rettung geherrscht hatte. Von der ungewöhnlichen Klarheit der beobachteten Szene verwirrt, gab er seinem Vorgesetzten vertraulich einen genauen Bericht über das Erlebte. Der konnte durch diskrete Nachforschungen alle ihm genannten Einzelheiten bestätigen. Besonders ein Umstand sprach für die absolute Glaubwürdigkeit jener Nahtod-Erfahrung, sprach entschieden dafür, daß der junge Sanitätsoffizier tatsächlich hoch über der Szenerie *geschwebt haben mußte:* Das Flugfeld lag in einer grasbewachsenen Senke. Von dem Platz aus, wo er gelegen hatte, wäre es ihm niemals möglich gewesen, die Gebäude der Fliegerstaffel, Lazarettbaracke und Hangars in dem hügeligen Gelände zu sehen. Und trotz all dieser verbürgten Einzelheiten hielt der junge Arzt, der es später zum Counsellor der Royal Air Force, zum Mitglied des königlichen Ärztekollegiums und zum Träger des britischen Verdienstordens schaffen sollte, die Exkursion seiner Seele in jenen Kriegstagen des Jahres 1916 zeitlebens geheim.

1917
Fatima – Unheimliche Begegnung der 3. Art?

An jenem 13. Mai 1917 schien, obwohl in ganz Europa der Erste Weltkrieg tobte, in dem Ort Fatima, in Portugals kärglicher Estremadura gelegen, die Welt noch in Ordnung. Und doch sollte dieser Tag in die Geschichte eingehen.

Die drei Kinder Lucia dos Santos, ihre Cousine Jacinta Martos sowie ihr Cousin Francisco hüteten außerhalb Fatimas, nahe der Weide »Cova da Iria«, Schafe, als sie urplötzlich von einem grellen Lichtblitz aufgeschreckt wurden. Neugierig geworden, woher das seltsame Licht wohl kommen mochte, liefen sie in die Richtung der Cova da Iria.

Das helle Licht kam tatsächlich von dort, und inmitten dieser Leuchterscheinung vermeinten sie so etwas wie ein kleines Abbild einer Frau zu erkennen. Die Gestalt begann daraufhin sogar zu sprechen und verriet den erstaunten Bauernkindern, sie käme aus dem Himmel. Des weiteren forderte sie die Schafhirten auf, an jedem dreizehnten Tag der folgenden Monate zu dieser Stelle zu kommen, und zwar bis zum Oktober, wo ein öffentliches Wunder sich ereignen solle, »auf daß es jeder glaube«.

Am 13. Juni versammelten sich bereits fünfzig Beobachter, um die angekündigte Erscheinung mitzuerleben. Die älteste der Kinder, Lucia dos Santos, schien dabei mit einem unsichtbaren Wesen zu sprechen, dessen Antworten jedoch von keinem der anderen Anwesenden zu vernehmen war. Als das Zwiegespräch mit der mysteriösen Entität beendet war, konnten die Zeugen eine Art Explosion hören, und aus dem Baum, in dem sich alle Erscheinungen abspielten, sah man eine kleine Wolke aufsteigen.

Am darauffolgenden 13. Juli waren es schon sage und schreibe 4500 Personen, die neugierig auf die Erscheinung warteten. Dieses Mal wurden den Seherkindern drei Prophezeiungen verkündet, deren letzte bis auf den heutigen Tag geheimgehalten wird. Die erste Prophezeiung enthielt eine gruselige Vision der Hölle mit all ihren Schrecken, die zweite befaßte sich mit dem aktuellen politischen Geschehen. Der Krieg, welcher gerade wütete, würde bald enden – doch ein zweiter, noch viel schlimmerer, würde folgen, und zwar im Todesjahr Papst Pius' XI. Jener starb bekanntlich 1939.

Die dritte Prophezeiung jedoch teilte Lucia den kirchlichen Behörden mit, und diese übergaben den Inhalt in einem versiegelten Briefumschlag an den Vatikan. Dort liegt er noch heute, geöffnet, aber nicht veröffentlicht.

Auch in den Folgemonaten hielt sich das Phänomen pünktlich an das gegebene Versprechen. Und mit jedem Mal wurde das gebotene Schauspiel spektakulärer. Während der fünften Erscheinung am 13. September 1917 sah die schon in die Zehntausende gehende Menschenmenge eine Lichtkugel, die langsam und majestätisch zum Himmel schwebte. Der bei jener Sichtung als Augenzeuge anwesende Generalvikar von Leiria, Monsignore Jean Quaresma, hinterließ uns eine schier unglaublich treffende Beschreibung dessen, was er zu sehen bekam. So frappierend, daß er – unwissentlich? – wohl haargenau damit ins Schwarze traf:

»Die Hirtenkinder hatten in einer himmlischen Vision die Mutter Gottes sehen dürfen; uns jedoch war nur der Anblick des ›Gefährts‹ gewährt worden – wenn man einmal so sagen darf –, welches sie vom Himmel zu der unwirtlichen Serra de Aire getragen hatte.«

Monsignore Quaresma beschrieb allem Anschein nach ein Phänomen, das *wir* in diesen Tagen des zu Ende gehenden zwanzigsten Jahrhunderts nicht anders als eine »Unheimliche Begegnung der Dritten Art« charakterisieren würden!

Mit jeder dieser Erscheinungen, die sich exakt an jedem 13. des Monats einzustellen pflegten, nahmen die Zuschauermengen – aus Gläubigen wie auch aus Neugierigen bestehend – kontinuierlich zu. Am 13. Oktober 1917 versammelten sich etwa 80 000 Menschen bei unangenehmstem Wetter (es goß wie aus Kübeln), um des bereits seit Mai angekündigten »öffentlichen Wunders« teilhaftig zu werden. Was an diesem Tag vor sich ging, liest sich eher wie ein Bericht über eine UFO-Massensichtung als über eine religiöse Erscheinung.

Plötzlich rissen die dichten Regenwolken auf, und ein Stück blauen Himmels schien frei zu werden. Die Sonne – oder besser, was die entsetzte Menge als Sonne zu erkennen glaubte – begann zu zittern und zu schwanken. Dabei führte sie abrupte Manöver nach links und rechts aus und begann, sich mit rasender Geschwindigkeit um sich selbst zu drehen. Rote, violette, blaue und grüne Farbkaskaden schossen aus dem wildgewordenen Objekt und tauchten die ganze Gegend in ein unwirklich scheinendes Licht.

Ich habe hier mit vollster Absicht den Begriff »Objekt« gewählt, denn unser altgewohntes Zentralgestirn konnte unmöglich die ihm zugeschriebenen Manöver ausführen. Überdies erklärten zahlreiche Augenzeugen übereinstimmend, eine rotierende flache *Scheibe* gesehen zu haben, die ihre Drehung beendete, um in einem seltsamen Zickzackkurs auf der Erde aufzusetzen. Aber nur für einen kurzen Moment, denn das unbekannte Objekt stieg sofort wieder auf und »verschwand in der Sonne«.

Abb. 6 Die Seherkinder von Fatima: Einzig Lucia (ganz rechts) überlebte und trat später in ein Kloster ein.

Nach diesem 13. Oktober 1917 hörten die »Marienerscheinungen« in Fatima so plötzlich auf, wie sie begonnen hatten. Dafür ereignete sich schon bald nach Beendigung der Erscheinungsreihe etwas anderes, weit Beunruhigenderes. Kurz hintereinander verstarben zwei der Seherkinder. Es waren dies Jacinta Martos und Francisco dos Santos. Sie zeigten ungewöhnliche Krankheitssymptome, die man damals, wohl aus Ratlosigkeit, der in Europa grassierenden »Spanischen Grippe« zuschrieb. Heutzutage allerdings wurde der Verdacht laut, daß es sich um etwas ganz anderes gehandelt haben könnte.

Der Verlauf der Erkrankung, der Francisco und Jacinta binnen zweier Jahre nach Abschluß der Erscheinungen zum Opfer fielen, ließ eine verblüffende Ähnlichkeit mit jener erkennen, die nach massiver, radioaktiver Bestrahlung auftritt. Erbrechen und Kopfschmerzen, Durchfall und Schädigung der Haut sowie eiternde Beulen waren die Anzeichen jener unheimlichen Erkrankung, welche die beiden Kinder dahinraffte.

Es waren, nebenbei bemerkt, genau dieselben Anzeichen jener heimtückischen »Strahlenkrankheit«, der noch viele Jahre nach dem Atombombenabwurf von Hiroshima und Nagasaki unzählige Menschen zum Opfer fielen.

Erscheint dieser Gedanke zu gewagt? Immerhin prophezeite die »Gottesmutter« bereits bei ihrer zweiten Erscheinung am 13. Juni 1917 dem Mädchen Lucia: »Francisco und Jacinta werde ich bald zu mir holen. Du aber mußt noch länger hier unten bleiben.«

Gesetzt den gar nicht mehr so unwahrscheinlichen Fall einer radioaktiven Kontaminierung, wären die Konsequenzen daraus ungeheuerlich! Bekam Lucia ein Präparat verabreicht, das sie vor harten Strahlungen – die möglicherweise bei einer Art von holographischer Erzeugung der »Visionen« auftraten – schützen sollte? In diesem Zusammenhang ist es von Interesse, zu wissen, daß unsere Zivilschutzbehörde für den leider noch immer im Bereich des Möglichen liegenden Fall einer atomaren Verseuchung Jodtabletten zur Verteilung an die Zivilbevölkerung bevorratet haben ...

Wurden zwei der Seherkinder von den offenbar außerirdischen Protagonisten des Fatima-Spektakels kaltblütig geopfert? Liegen in ihren Gräbern, zu denen Jahr für Jahr ungezählte Gläubige pilgern, hochgradig verstrahlte Leichen?

Einzig Lucia dos Santos (* 1907) überlebte und trat daraufhin in das Kloster der Karmeliterinnen zu Coimbra in Portugal ein, wo sie zum Zeitpunkt der Niederschrift dieser Zeilen noch immer hochbetagt lebt. Und die Kirche weigert sich – nach wie vor –, jenes sinistre »dritte Geheimnis von Fatima« bekanntzugeben. Die Situation ist paradox: Papst und Kirche versperren sich *de facto* dem Willen Gottes – denn die Erscheinungen in Fatima werden von der katholischen Kirche schließlich als echtes Wirken der Mutter Gottes anerkannt!

Alles, was man sicher weiß, ist, daß Papst Johannes XXIII. im Jahre 1960 nach der Öffnung des Briefes kreidebleich gesagt hat: »Wir können das Geheimnis nicht preisgeben. Es würde eine Panik auslösen.« Und 1984 äußerte sich Monsignore Alberto Cosme do Amaral, der Diözesanbischof von Leiria, kryptisch, daß der Inhalt dieser dritten Prophezeiung nichts mit Kriegen oder Massenvernichtungsmitteln zu tun habe, sondern »vielmehr unseren Glauben« betrifft.

Gesetzt den Fall, bei den Erscheinungen von Fatima hätte es sich um eine Demonstration des Wirkens einer extraterrestrischen Intelligenz gehandelt, erscheinen die Reaktionen der kirchlichen Geheimnisträger plötzlich sehr plausibel.

1918
Leutnant McConnells Rückkehr

Immer wieder wird darüber berichtet, daß Menschen im Augenblick ihres Todes Angehörigen oder Freunden erscheinen. Meist geschieht dies in Form eines Traumes. In gewissen Fällen aber kann diese Erscheinung im Moment des Ablebens eine so realistische

Form annehmen, daß die damit Konfrontierten vollkommen davon überzeugt sind, es mit der realen Person zu tun gehabt zu haben. Erst deutlich später wird ihnen bewußt, daß dies unmöglich der Fall gewesen sein kann.

Der achtzehnjährige David McConnell hatte sich im Ersten Weltkrieg einige Auszeichnungen erworben. Nun war jenes Völkergemetzel beendet, und das kampferprobte Mitglied der Royal Air Force sah den üblichen Routineaufgaben eines Helden in Friedenszeiten entgegen. So erhielt McConnell am Morgen des 7. Dezember 1918 den Auftrag, eine einmotorige »Camel« vom Militärflughafen Scampton nach dem hundert Kilometer entfernten Tadcaster Air Field zu überführen.

Um 11.30 Uhr verabschiedete er sich von seinem Zimmergenossen, Lieutenant Larkin, und teilte diesem mit, daß er wegen der Überführung der »Camel« nach Tadcaster nicht an den MG-Schießübungen teilnehmen könnte, die für diesen Tag angesetzt waren. Er wollte jedoch zur Teezeit – in Großbritannien traditionell um 17.00 Uhr – wieder zurück sein.

Ein zweiter Pilot war abkommandiert worden, um McConnell in einer zweisitzigen Maschine nach dem Überführungsflug wieder nach Scampton zurückzubringen. Beide Flieger starteten bei gutem Flugwetter, doch auf halbem Wege zog bei Doncaster dichter Nebel auf. Während einer Zwischenlandung holten sie neue Instruktionen ein, wobei McConnell die Order erhielt, nach seinem eigenem Ermessen zu handeln. Kurz darauf stiegen die beiden Flugzeuge wieder auf.

Als der Nebel immer dicker wurde, mußte die Begleitmaschine notlanden. McConnell indes setzte seinen Flug fort. Er erreichte Tadcaster, ging im Sturzflug hinunter und bohrte sich, mit dem Propeller voran, in den Grund. Dabei schlug sein Kopf auf das vor ihm eingebaute Maschinengewehr auf. Eine Frau, die den Unfall beobachtet hatte, wollte noch zu Hilfe kommen, doch sie fand den Piloten bereits tot im Cockpit. Dessen Uhr war genau um 15.25 Uhr stehengeblieben.

Zur selben Zeit war sein Zimmergenosse, Lieutenant Larkin, auf der Stube in Scampton, wo er gemütlich vor dem Kamin saß und rauchte. Da hörte er, wie sich auf dem Korridor vertraute Schritte näherten, und die Tür ging auf. McConnell trat ein.

Larkin hörte ihn »Hello boy« sagen und drehte sich halb zur Tür, die etwa zweieinhalb Meter von seinem Platz am Kamin entfernt war. McConnell stand auf der Schwelle, eine Hand auf dem Türknopf, und lächelte ihn an. Er trug seinen Piloten-Overall, hatte jedoch statt der Fliegerhaube seine Marinekappe auf dem Kopf. Dies war eine Angewohnheit von ihm, da er auf seine Erfahrungen während seiner Zugehörigkeit zum Royal Naval Air Service sehr stolz war.

»Hello, schon zurück?« entgegnete Lieutenant Larkin dem soeben Eingetretenen. Und jener, den er für McConnell hielt, antwortete gleich darauf: »Ja, ich bin dort gut angekommen, hatte einen guten Flug.« Und nach einer kurzen Pause sagte er noch »Well, cheerio«, ging wieder und schloß die Tür.

Kurz darauf, gegen 15.45 Uhr, kam Lieutenant Garner Smith herein und sagte, daß er hoffe, McConnell komme rechtzeitig aus Tadcaster zurück, damit man abends ausgehen könne. Larkin entgegnete ihm daraufhin, daß McConnell bereits zurück sei, das Zimmer jedoch gerade wieder verlassen habe. Larkin war überzeugt, McConnell zwischen 15.15 und 15.30 Uhr gesehen zu haben. Smith bestätigte, es sei 15.45 Uhr gewesen, als Larkin ihm vom Kommen und Gehen des Kameraden berichtete.

Das Erscheinen McConnells war so natürlich gewesen, daß Larkin es zu diesem Zeitpunkt als Tatsache hinnahm. Erst gegen Abend verbreitete sich die Kunde vom tödlichen Absturz des Piloten, und es stellte sich heraus, daß dieser seinem Kameraden exakt im Augenblick seines Todes zu einem letzten Gruß gegenübergetreten war.

1919

»Flüssiger Spuk«

Poltergeistphänomene vermögen sich zuweilen auf die unterschiedlichste Art und Weise zu manifestieren, wenngleich schon die »normalen« Fälle dieses Phänomens den hiervon Betroffenen ordentlich zusetzen können. Ein recht ungewöhnlicher Fall eines »flüssigen Spuks« ereignete sich im Pfarrhaus von Swanton Novers in der britischen Grafschaft Norfolk und war im Sommer 1919 eines der Gesprächsthemen in den Zeitungen auf der Insel.

Zum ersten Mal beobachteten der Pfarrer, Reverend Hugh Guy, sowie einige weitere im Pfarrhaus anwesende Personen am 30. August 1919, wie sich sonderbare Ölflecken an den Zimmerdecken bildeten. Nach ein paar Tagen wurde aus dem Sickern ein gleichmäßiges Fließen, und einige der Augenzeugen berichteten, sie hätten das Öl regelrecht aus den Wänden spritzen sehen. Ein Erklärungsversuch damaliger Tage lautete, daß das Haus auf einer Ölquelle stehe. Nach der Analyse der Flüssigkeiten stellte sich jedoch heraus, daß es sich nicht um Rohöl, sondern um Paraffin und Benzin handelte. Die »Ergiebigkeit« der sonderbaren Quelle lag, wie durch Untersuchungen recht genau festgestellt werden konnte, bei etwa einem Liter in zehn Minuten. Bis Anfang September konnten in verschiedenen Behältnissen insgesamt zweihundertdreißig Liter aufgefangen werden.

Aber auch andere Flüssigkeiten entsprudelten dem Pfarrhaus. So bestanden von dreizehn Güssen am 1. September 1919 zwei aus ganz normalem Wasser, andere wiederum aus Methylalkohol und Sandelholzöl. Dadurch wurde allerdings die gesamte Einrichtung gründlich ruiniert, und da die entstehenden Dämpfe alles andere als der Gesundheit zuträglich waren, entschloß man sich kurzerhand zur Räumung des alten Gemäuers.

Zunächst wurden alle Wände und Decken abgeklopft. Als dies ohne Ergebnis blieb, griff man zu drastischeren Mitteln: Bauarbeiter rissen nun Wände und Decken auf. Allerdings gleichfalls ohne

Erfolg. Dann erschien am 9. September ein Illusionist mit Namen Oswald Williams auf der Bildfläche. Und der präsentierte bereits nach kurzer Zeit einen Sündenbock – zumindest behauptete Williams, das junge Dienstmädchen im Pfarrhaus auf frischer Tat ertappt zu haben, wie sie Wasser an die Decke des Zimmers gespritzt hatte. Zweifel an dieser »Erklärung« scheinen indes angebracht: Denn als die »Times« die junge Frau am 12. September 1919 befragte, stellte sie klar, daß sie Williams nur ins Haus begleitet habe, dieser sie jedoch unter brutalen Schlägen und Androhung von Gefängnis gezwungen habe, die Erscheinungen auf sich zu nehmen. Tatsächlich stellt sich aber bei diesem bis heute nicht geklärten Fall die berechtigte Frage, wie das Mädchen im Stande gewesen sein soll, zweihundertdreißig Liter Öl und andere Flüssigkeiten unentdeckt in das Pfarrhaus zu schmuggeln, während sich Experten um die Untersuchung der rätselhaften Phänomene bemühten.

1920

Die letzte der Romanows?

Der Erste Weltkrieg tobte noch an allen Fronten, als die Kommunisten im Juli 1917 den Zaren Nikolaus II. stürzten. Zuerst hielten die Bolschewisten ihn, die Zarin und ihre fünf Kinder – Olga, Tatjana, Maria, Anastasia und den vierzehnjährigen Zarewitsch Alexej – in der Nähe von St. Petersburg gefangen. Aber noch im August desselben Jahres wurde die Zarenfamilie in die sibirische Stadt Tobolsk verlegt, im darauffolgenden Jahr 1918 nach Jekaterinburg, der größten Stadt im Ural.

Nach der offiziellen Geschichtsschreibung, die sich weitestgehend auf die Angaben der Kommunisten stützt, wurde Zar Nikolaus II. zusammen mit seiner Familie in der Nacht zum 17. Juli 1918 von einem Exekutionskommando erschossen. Bei den Romanows hätten sich Dr. Botkin, der Leibarzt der Familie, und auch drei Bedienstete befunden. Ihnen allen wurde befohlen, sich mit der Zarenfamilie an einer Kellerwand des Hauses Ipatjew in Jekaterinburg aufzustellen. Als das Massaker beendet war, wurden die elf Leichname auf einen Lastwagen verladen und in ein Bergwerk außerhalb der Stadt gebracht. Dort übergoß man sie mit Benzin und verbrannte sie. Die bis zur Unkenntlichkeit verkohlten Leichen und deren persönliche Sachen sollen in Säure getaucht und in den Bergwerkschacht geworfen worden sein.

Soweit die – offiziellen – Geschehnisse vom Juli 1919. Aber die Beweise, die man später fand – einige Zähne sowie die vermutlich von Dr. Botkin stammende Brille –, waren keineswegs so überzeugend gewesen, um das Schicksal der Familie Romanow ohne verbleibende Zweifel aufzuklären. Schon bald tauchten Gerüchte auf, denen zufolge Zar Nikolaus und seine Familie gerettet und außer Landes gebracht worden seien.

Und dann geschah etwas, womit niemand gerechnet hatte. Denn am späten Abend des 27. Februar 1920 zog ein Polizist aus dem Berliner Landwehrkanal ein offensichtlich lebensmüdes Mädchen, das in Selbstmordabsicht in die eisigen Fluten gesprungen war. Die Papiere der jungen Frau, einer Russin, lauteten auf den Namen Anna Tschaikowski. Aber nachdem sie sich im Krankenhaus etwas erholt hatte, behauptete sie, die Großfürstin Anastasia Nikolajewna Romanowa zu sein – die jüngste Tochter des getöteten Zaren des Russischen Reiches.

Weiter berichtete sie, bei der Exekution wäre sie verwundet worden und hätte das Bewußtsein verloren. Zwei Rotarmisten hätten sie gerettet, und auf abenteuerlichen Wegen sei sie zuerst nach Bukarest, später nach Berlin gebracht worden, wo sie sich vor den Bolschewisten in Sicherheit wähnte.

Diese Neuigkeiten spalteten schon damals die Öffentlichkeit in zwei Lager: Während die einen fest daran glaubten, daß Anastasia nicht im Kugelhagel der Roten Garden getötet worden war, hielten die anderen die junge Frau für eine Betrügerin. Allerdings machten sich auch eine ganze Reihe von Personen, die mit dem russischen Herrscherhaus vertraut waren, ein eigenes Bild von der Frau, die einige Jahre später, um der Presse zu entgehen, den Namen Anna Anderson annehmen sollte.

Unter ihnen war auch Tatjana Botkin, die Tochter des Arztes der Zarenfamilie, der offiziell mit dieser hingerichtet worden war. Tatjana Botkin kam mit dem Vorsatz, eine Hochstaplerin zu entlarven. Statt dessen erkannte sie die Frau trotz ihres miserablen Gesundheitszustands und ausgemergelten Äußeren sofort als die Zarentochter Anastasia Romanowa.

Anna/Anastasia unterzog sich zudem in einer Klinik mehreren medizinischen Untersuchungen. Röntgenaufnahmen zeigten schwere Kopfverletzungen, die von Schlägen mit Gewehrkolben herrühren konnten. Ihre Fußballen waren genauso entzündet, wie man dies von der Zarentochter kannte. Und eine Narbe auf ihrem rechten Schulterblatt, wo ehedem ein Leberfleck weggeätzt worden war, ähnelte jener stark, die in Anastasias Krankenblättern aus der Zarenzeit beschrieben war.

Mittlerweile waren einige Jahre vergangen, und 1933 begann ein erbitterter Rechtsstreit, der die Frage klären sollte, wer Anspruch auf das verbliebene Vermögen des Zaren haben sollte. Erst 1937 wurde dann entschieden, daß in Deutschland angelegte Reste des Vermögens unter einer Gruppe naher Verwandter des Zaren aufgeteilt würden. Ein gerichtliches Dossier hatte Anastasia für »verstorben« erklärt, womit sich die Rechtsanwälte der umstrittenen Exilrussin aber nicht zufriedengaben. Diese begannen einen in der Rechtsgeschichte beispiellosen Prozeß, der jedoch primär in der Absicht geführt wurde, ihre wahre Identität zu klären, als eine Erbschaft anzutreten.

Nach dem Zweiten Weltkrieg wurde der Fall von 1957 bis 1970 fast pausenlos an deutschen Gerichten verhandelt. Letztendlich entschieden die Richter gegen sie, was wohl politische Gründe hatte. Die langen Kämpfe, als noch lebende Zarentochter anerkannt zu werden, hatten die in die Jahre gekommene Frau schwer gezeichnet. Inzwischen war sie in die USA emigriert, und hatte dort 1967 in Charlottesville/Virginia den Geschichtsprofessor Dr. John Ma-

ANASTASIA
MANAHAN
1901 – 1984

nahan geheiratet. Damit hatte sie nicht nur die amerikanische Staatsbürgerschaft erhalten. Dr. Manahan beschützte Anastasia auch vor ungebetener Publicity und gab ihr in ihrem späteren Lebensabschnitt persönliche Sicherheit.

In ihren letzten Lebensjahren hielt sich Anna/Anastasia des öfteren in Bayern auf dem Schloß der Adelsfamilie von Leuchtenberg auf, nahen Verwandten der Romanows. 1984 starb sie hochbetagt und fand ihre letzte Ruhestätte auf dem kleinen Friedhof der Pfarrkirche von Kloster Seeon im oberbayerischen Chiemgau. »Anastasia Manahan, 1901 – 1984. Gottes Mühlen mahlen langsam, aber trefflich fein«, steht auf dem kleinen, in der Mauer zur Straße eingelassenen Grabstein.

Die Gerichtsakten zu ihrem Fall umfassen insgesamt beinahe achttausend Seiten, trotzdem konnte über Anastasias Identität kein abschließendes, wirklich sicheres Urteil gefällt werden. Es wird wohl weiterhin eines der ungelösten Rätsel des zwanzigsten Jahrhunderts bleiben. Beinahe hat man den Eindruck, als ob es ihr selbst im Grab noch keine Ruhe läßt, von dieser Welt geschieden zu sein, ohne ihre wahre Identität zweifelsfrei erklären zu können. Nicht wenige Menschen erzählen nämlich eine seltsame Geistergeschichte: Daß es niemand anders als Anastasia ist, die im Winter zuweilen ihre zierlichen Fußspuren im frisch gefallenen Schnee des Klosterhofes von Seeon hinterläßt …

1921
Schneemenschen auf dem Himalaya?

Durch die weite, eisige Einsamkeit des Himalaya wandert ein geheimnisvoller, scheuer Riese, dessen menschenähnliches Verhalten die Wissenschaftler in heftige Kontroversen verwickelt hat. Die Bewohner der verschiedenen Gebirgsregionen nennen ihn Yeti,

Abb. 7 Das Grab der Frau, die fest davon überzeugt war, Anastasia zu sein.

Meti, Migo oder Kangmi und sie behaupten schon seit Hunderten von Jahren, daß es ihn wirklich gibt.

In den Gesichtskreis der westlichen Welt trat der Yeti aber erst im Jahre 1887. Damals stieß der englische Bergsteiger und Oberst W. A. Waddell auf eine mysteriöse Fährte, als er sich in Sikkim auf beinahe fünftausend Metern Höhe über ein Schneefeld kämpfte. Nach Oberst Waddells Beschreibung waren es eindeutig Fußspuren eines menschenähnlichen Wesens von riesenhafter Statur, welche auf keinen Fall mit Bärenspuren zu verwechseln waren. Doch der Bericht des britischen Offiziers blieb damals unbeachtet. 1906 bekam der Botaniker und Himalaya-Forscher Henry J. Elwes nicht nur Fährten, sondern sogar einen großen, behaarten Zweibeiner zu Gesicht, der vor ihm über einen Felsgrat flüchtete und binnen kürzester Zeit verschwand. Leider starb Elwes vor der Veröffentlichung seiner Notizen, und wieder waren es nur ein paar Leute, die von seiner Sichtung hörten.

Erst 1921 erfuhr dann die ganze Welt von der möglichen Existenz einer bislang unbekannten, menschenähnlichen Spezies auf dem Himalaya. Verantwortlich für die Sensation war, allerdings ohne dies berücksichtigt zu haben, der britische Oberstleutnant C. K. Howard-Bury. Er war der Leiter der ersten Expedition, die die Bezwingung des Mount Everest zum Ziel hatte.

Am 18. und 19. März 1921 ließ der Oberstleutnant seine Leute in zwei Kolonnen von Darjeeling (Indien) aus aufbrechen. Am Tag darauf erreichte er den Lhakpa-La-Paß, der den Himalaya in 6705 Metern über dem Meeresspiegel, nördlich des Mount Everest, überquert. Dort oben bemerkte er zu seiner Verblüffung zuerst »Spuren, die den Abdrücken nackter Menschenfüße ähnelten, aber sehr viel größer waren«. Als er diesen folgte, sah Howard-Bury plötzlich eine Gestalt, die einem nackten, dichtbehaarten Primaten glich. Langsam stapfte die unheimliche Kreatur über ein unter ihnen liegendes Schneefeld. Mit bebender Stimme erklärten die Sherpas dem Offizier, daß dies kein Mensch sei, sondern ein Yeti, der ohne Hirten weidende Yaks und unvorsichtige Hirten tötet.

Howard-Bury berichtete wenige Tage später einigen Zeitungsreportern von seiner seltsamen Begegnung. Diese phantastisch klingende Schilderung veranlaßte Henry Newman vom »Statesman« in Kalkutta, sich die Sherpas vorzunehmen, die den Briten auf dessen Expedition als Träger begleitet hatten. Sie bestätigten Howard-Burys Sichtung in vollem Umfang und nannten die Kreatur Yeti oder Kangmi, was soviel wie »der von den Felshängen« bedeutet. Am nächsten Morgen verkündeten Tageszeitungen in aller Welt in Riesenlettern: »Schneemenschen auf dem Himalaya!« Die internationale Presse hatte einen neuen Knüller.

Als immer mehr Expeditionen in die eisigen Weiten des Himalaya-Massivs vorstießen, mehrten sich auch die Berichte über Sichtungen der geheimnisvollen Schneemenschen. Eine beträchtliche Anzahl davon stammte von erfahrenen Bergsteigern und renommierten Wissenschaftlern, an deren Integrität und Zuverlässigkeit nicht zu zweifeln war. Aber erst 1954 brach die erste Expedition auf, um gezielt nach dem Yeti zu suchen. Finanziert von der Londoner »Daily Mail« und organisiert von Ralph Izzard, der die Erstbesteigung des Mount Everest als Berichterstatter mitgemacht hatte, durchforschte sie das Hochland nördlich von Katmandu in Nepal. Die Expedition fing zwar keinen Yeti, konnte jedoch zahlreiche Fährten fotografieren und Exkremente sammeln. Deren Analyse zeigte, daß sich der mysteriöse Bergbewohner – wie der Homo sapiens – von pflanzlicher und tierischer Kost ernährt.

Es hatte sich erwiesen, daß man auf der Suche nach dem Yeti keinesfalls einem Phantom nachjagte!

Eine weitere Expedition brachte durch Reihenbefragungen der Bewohner mehrerer Dörfer in Nepal zutage, daß in den fünfziger Jahren dort mindestens fünf Nepalesen von Yetis getötet worden waren. Deren Leichen wurden ohne Augäpfel gefunden; Finger, Zehen und Hoden waren abgerissen und wahrscheinlich aufgefressen worden. Übrigens pflegten Eingeborenenstämme in der Südsee und in Afrika ähnliche kannibalische Rituale: Sie glaubten sich dadurch der Kraft des getöteten Gegners sicher.

Von Zeit zu Zeit wird immer wieder einmal die »endgültige« Lösung des Rätsels vom Dach der Welt offeriert. Da die Hinweise für ein bloßes Fabeltier zu zahlreich sind, mußten bereits Kragenbären oder Langur-Affen als Erklärung herhalten. Auf derselben Welle schwimmt auch der medienerprobte Südtiroler Bergsteiger Reinhold Messner, seit er den Yeti im Herbst 1998 als Bären »identifizierte«. Es scheint alles lächerlich einfach: Man bräuchte den Yeti also nur noch von der »Tatsache« in Kenntnis zu setzen, daß er ein Bär ist …

Aber Spaß beiseite – das Rätsel ist beileibe noch nicht gelöst. Denn vieles, was wir über sie wissen, weist darauf hin, daß es sich bei den scheuen Riesen um primitive Verwandte des Urmenschen handeln könnte, dessen Fossilien an zahlreichen Fundstätten rund um den Globus ausgegraben wurden. Sollte sich selbige Erklärung eines Tages als stichhaltig erweisen, dann wären die öden Weiten der Himalaya-Region in der Tat der geeignetste Ort, an dem der »Schneemensch« überleben konnte. Zurückgedrängt von seinem kleineren und schwächeren, aber viel besser ausgerüsteten Konkurrenten Homo sapiens – dem es hoffentlich so schnell nicht gelingen möge, auch noch die letzten ökologischen Nischen auf diesem Planeten aufzustöbern!

1922
Monsterschlangen im Amazonas

Schlangen üben auf uns alle einen ganz eigentümlichen Reiz aus: irgend etwas zwischen Faszination und Grauen. Auch ich vermochte mich diesem zwiespältigen Gefühl nicht zu entziehen, als ich, gottlob durch dickes Glas getrennt, Auge in Auge mit einer mehr als acht Meter langen Boa constrictor im zoologischen Garten von Chinas Hauptstadt Beijing stand. Das Reich des Monsters zieht sich über zwei Stockwerke im Reptilienhaus und dominiert ein Atrium, in dessen Wände kleinere Terrarien eingelassen sind. Und zwar für »normalwüchsige« Spezies wie Kobras, und was noch alles die Fauna Asiens bereichert.

Ernstzunehmenden Berichten zufolge sollen im Amazonasgebiet Reptilien leben, gegen die selbst »meine« Boa aus dem Pekinger Zoo wie ein Wurm wirken soll! Und obwohl nur sehr wenige Zoologen von der Existenz mehr als zehn Meter langer Schlangen überzeugt sind, lassen sich die zahlreichen Beobachtungen zumeist recht kompetenter Augenzeugen nicht so ohne weiteres ins Reich der Fabel verweisen.

Schon von jeher galten Missionare und Geistliche zu den unerschrockensten und waghalsigsten Abenteurern. Einer von ihnen, der katholische Pater Victor Heinz, hatte sogar zweimal Gelegenheit, wahrlich angsteinflößende Riesenreptile zu Gesicht zu bekommen. Das erste beobachtete er am 22. Mai 1922 im Amazonas. Das in zwei Ringen aufgerollte Ungetüm ließ sich unbeirrt flußabwärts treiben. Pater Heinz: »Wie vom Donner gerührt starrten wir alle auf das schreckliche Tier. Sein Körper war meiner Schätzung nach so dick wie eine Öltonne, während seine (sichtbare) Länge etwa vierundzwanzig Meter betrug.«

Sieben Jahre später befuhr der Pater wieder einmal den Amazonas, als seine Begleiter im Boot laut aufschrien. Erneut war ein Schlangenungetüm aus den braunen Wassern aufgetaucht, das dem von 1922 in nichts nachstand. Und im Jahr 1930 begegnete Reymondo Zima, ein Freund von Pater Heinz, einer Schlange, die im Fluß eine Welle hinterließ, daß das Motorboot fast gekentert wäre. Das aus dem Wasser aufsteigende Reptil führte, laut Zima, einen wahren »Veitstanz« um das Boot herum auf, verschwand dann mit unglaublichem Tempo und zog eine so gewaltige Kielspur hinter sich her, »wie sie nicht einmal ein unter Volldampf fahrendes Schiff hinterläßt«.

Aber erst in den vierziger Jahren gelang die erste Fotografie solch eines gigantischen Reptils. Am 24. Januar 1948 veröffentlichte die in Pernambuco erscheinende Zeitung »O Diario« unter der Schlagzeile: »Fünf Tonnen schwere Anakonda«, Foto und Bericht über den Fang dieses Giganten. Mestizen hatten das Reptil, das nach dem Mahl eines Ochsen offenbar seinen Verdauungsschlaf hielt, am Amazonasufer entdeckt. Es war ein gespenstischer Anblick: Die Hörner des Rindviehs ragten noch aus dem riesigen Maul der Schlange. Die Männer legten ein Tau um den Körper des Kolosses und zogen ihn flußabwärts nach Manaus. Dort machte Senhor Miguel Gastao de Oliveira, Direktor der örtlichen Bank, das erwähnte Foto und sandte es an die Zeitung. Nach Senhor Oliveiras Angaben soll das Riesenreptil eine unglaubliche Länge von vierzig Metern aufgewiesen haben, bei einer Dicke von fast einem Meter!

Und im Mai 1948 brachte das in Rio de Janeiro erscheinende Blatt »A Noite Illustrada« das Bild einer Schlange, die aus dem Nebenfluß Oyapock an Land gekrochen war. Die verängstigten Bewohner der Gegend hatten Soldaten alarmiert, die dem Ungetüm schließlich mit einem großkalibrigen Maschinengewehr zu Leibe rückten. In diesem Fall soll der Kadaver fünfunddreißig Meter gemessen haben – noch immer eine gewaltige Länge.

Heutzutage vernichten Bulldozer im Auftrag und für den Profit internationaler Konzerne Jahr für Jahr große Flächen des brasilianischen Regenwalds. Wie lange wird dieser noch ausreichend Schutzraum bieten für so manche, bislang unentdeckte Tierart, deren Dimensionen uns jenes so seltsame Gefühl zwischen Faszination und Grausen zu bescheren vermögen?

1923

Aus Gedanken geformt

Die ältere Frau, die sich im Winter 1923 gemeinsam mit einer Pilgergruppe über die verschneiten Wege nach der tibetischen Hauptstadt Lhasa kämpfte, machte einen ärmlichen Eindruck. Ihr Wollrock und die Weste, ihre Jacke und die Mütze mit Lammfell-Ohrenschützern waren abgetragen und voller Löcher. An der Schulter hing ein uralter, vor Schmutz starrender Lederranzen mit dem Reiseproviant: Ein Streifen getrockneter Speck, Butter und etwas Gerstenmehl, ein Stück gepreßter Teeblätter sowie ein wenig Salz und Soda. Die vermeintliche tibetische Bäuerin indes war die Französin Alexandra David-Néel, eine ehemalige Opernsängerin, die sich in den Kopf gesetzt hatte, mystische Orte im Herzen Asiens zu bereisen und dort ungewöhnliche Entdeckungen zu sammeln. Ihre »typische« Hautfarbe verdankte sie einem Gemisch aus Öl, Kakao und gemahlener Holzkohle, ihre einst weißen Haare hatte sie mit schwarzer Tusche gefärbt.

Die nicht nur für damalige Zeiten ungewöhnliche Frau, deren Buch »With Mystics and Magicians in Tibet« von dieser abenteuerlichen Reise berichtet, konnte tatsächlich reichhaltige, aus dem normalen Rahmen fallende Erfahrungen sammeln. So begegnete sie beispielsweise einem Magier, der seine Kontrahenten allein durch die Kraft seiner Gedanken mit Reiskuchen und ähnlichen »Geschossen« bombardieren konnte. Sie erlernte die Technik des »Tumo«, eine Disziplin, bei der Eingeweihte nächtelang völlig nackt im Schnee und Eis des Himalaya verharren und sogar nasse Tücher, die man ihnen überhängt, zu trocknen vermögen. Doch am verblüffendsten war ihre Leistung, durch Konzentration und offenbar durch Aktivierung übersinnlicher Kräfte eine »Tulpa« zu erschaffen, eine Phantomgestalt, die der Vorstellungskraft entspringt, jedoch durch Visualisierung des Probanden mit Leben erfüllt wird, so daß umstehende Personen sie wahrnehmen können. Die Parapsychologie spricht hier von sogenannten *projizierten Gedankenformen*.

Alexandra David-Néel beschrieb, wie sie eine Projektion dieser Art wahrnehmen konnte, noch bevor diese für ihren Schöpfer selbst sichtbar geworden war. Eines Nachmittags erhielt sie Besuch von einem tibetischen Maler, der sich auf die Darstellungen »zorniger« Gottheiten spezialisiert hatte. Als jener Maler auf sie zuging, bemerkte sie zu ihrem Erstaunen hinter ihm die nebelhafte Gestalt einer solchen »zornigen« Gottheit. Neugierig näherte sie sich der Tulpa, steckte eine Hand nach dem Phantom aus und glaubte, ein weiches Objekt fühlen zu können, dessen Substanz nachgab. Der

Maler erzählte ihr daraufhin, daß er seit mehreren Wochen magische Rituale vollzöge und die Gottheit anrufe, dessen Gestalt sie gesehen habe, und auch den ganzen Morgen an dessen Bild gemalt habe.

Von dieser Konfrontation völlig fasziniert, beschloß Madame David-Néel, sich ihrerseits nun an der Schaffung einer solchen Tulpa zu versuchen. Von »zornigen Göttern« eher abgeschreckt, nahm sie sich vor, einen dicken, fröhlichen Mönch zu »erschaffen«. Sie zog sich in eine Klause zurück und verbrachte einige Monate mit Meditation und Konzentration auf die Visualisierung ihrer Tulpa. Tatsächlich sah sie bald darauf eine mönchsartige Gestalt.

Diese nahm mit der Zeit immer festere und lebensnahere Züge an. Als Madame David-Néel eines Tages ihre Klause verließ, um sich einer Karawane anzuschließen, folgte ihr der »Mönch«, um gleichfalls mit der Gruppe mitzureisen. Bei dieser Gelegenheit erschien er für alle Umstehenden deutlich sichtbar und führte auch für Reisende typische Handlungen aus.

Doch die projizierte Gedankenform begann in einer völlig unerwünschten Weise Eigendynamik zu entwickeln. Der »Mönch« wurde immer magerer, bekam einen bösartigen Gesichtsausdruck, und benahm sich lästig und aufdringlich. Kurz gesagt, er entglitt ihrer Kontrolle.

In ihrem Buch »With Mystics and Magicians in Tibet« berichtete Alexandra David-Néel, was sie schließlich gegen ihren unerwünschten Begleiter unternahm: »Ich hätte dem Phänomen vielleicht seinen Lauf lassen sollen, aber dessen Präsenz begann, sich als nervenaufreibend zu erweisen – es wandelte sich zu einem ›Tag-Alptraum‹. Zudem plante ich meine Abreise nach Lhasa und benötigte hierzu einen klaren Kopf, frei von anderen Belastungen. So entschloß ich mich, das Phantom wieder aufzulösen. Was mir auch gelang, allerdings erst nach sechs Monaten harter Anstrengung. Das Geschöpf meines Geistes hing wirklich zäh an seinem Leben.«

Mit den Geistern, die er rief, schien nicht nur der Zauberlehrling in Goethes *Faust* seine speziellen Probleme zu haben!

1924

In der Irakischen Wüste verschollen

Neben den »normalen« Gefahren, welche die Fliegerei in sich birgt, scheinen Piloten und deren Maschinen nicht selten durch Gründe, über die wir derzeit allenfalls spekulieren können, zu verschwinden. Und zwar auf Nimmerwiedersehen! Den Militärbehörden in aller Welt ist diese beunruhigende Tatsache wohl bewußt, wenngleich aufgrund der üblichen Zensurmaßnahmen selten Einzelheiten an die Öffentlichkeit dringen.

Der früheste, recht gut dokumentierte Fall dieser Art ereignete sich bereits vor einem Dreivierteljahrhundert, jedoch in den Jahren zwischen den beiden Weltkriegen, was die Angelegenheit noch undurchschaubarer macht. Am Morgen des 24. Juli 1924 waren die beiden Piloten der Royal Air Force, Lieutenant W. T. Day und D. R. Steward, zu einem Aufklärungsflug über die irakische Wüste aufgebrochen. Als die Männer bis zum Abend nicht zurückgekehrt waren, wurde am darauffolgenden Morgen ein Suchkommando zusammengestellt, um nach den Überresten eines Absturzes zu suchen und die Piloten zu bergen.

Die Soldaten mußten nicht allzulange suchen, bis sie das vermißte Flugzeug gefunden hatten. Die Frage war nur, warum es überhaupt in der Wüste gelandet war. Im Tank war noch genügend Treibstoff, auch war die Maschine nicht defekt, so daß sie zum britischen Stützpunkt zurückgeflogen werden konnte. Einzig die beiden Piloten fehlten. Nach Lage der Dinge waren es weder die Wetterbedingungen, die eine Landung notwendig gemacht hätten, noch war das Flugzeug beschossen worden.

Ein unheimliches Detail aber ließ die Suchmannschaft schaudern: Im Sand, rings um das Flugzeug, waren die Fußstapfen von Day und Steward zu erkennen. Man konnte die nebeneinander herlaufenden Fußabdrücke noch ungefähr vierzig Yards in die Wüste hinein verfolgen – plötzlich aber, als wären die Männer über eine Klippe gesprungen, brachen ihre Spuren ab!

Zunächst glaubte man, die Piloten wären von feindlichen Beduinen entführt worden. Diese hätten dann vierzig Yards von der Maschine entfernt die Spuren im Sand verwischt. Da aber auch die Araber nicht unendlich weit Spuren verwischen können, fahndete man fieberhaft nach dem erneuten Beginn derselben.

Noch einmal wurden Flugzeuge, Panzerwagen und eine Menge berittener Soldaten aufgeboten. Mit den Briten verbündete Beduinen schwärmten aus und suchten vier Tage lang ohne jede Pause die Wüste ab. Aber selbst mehrere Meilen jenseits der Stelle, an der die Fußspuren so abrupt geendet hatten, konnten die Suchtrupps nichts mehr finden.

Von den beiden Piloten hat man nie mehr auch nur das geringste gehört. Welche sinistre Kraft ist für ihr mysteriöses Verschwinden verantwortlich zu machen?

1925
Colonel Fawcetts letzte Expedition

Seit Jahrhunderten gibt es faszinierende Legenden über eine versunkene Stadt, die im undurchdringlichen Urwald des Amazonasgebietes existieren soll. Diese Stadt sei, glaubt man jener Fama, noch immer bewohnt – und zwar von einer geheimnisvollen, weißhäutigen Rasse, die über eine Kultur verfügt, welche jener der umliegenden Indianerstämme weit überlegen sei. Diese unter selbstgewählter Isolation lebenden »Hüter der verlorenen Stadt« würden über technische Wunderdinge verfügen, wie etwa Lichtquellen, die nicht von Feuer gespeist werden, und andere Annehmlichkeiten, die Naturvölkern gemeinhin unbekannt sind.

Schon zu Tagen der Konquista, der Eroberung des südamerikanischen Kontinents durch die Spanier und Portugiesen, versuchten bereits ungezählte Forscher, jene mysteriöse Stadt im brasilianischen Dschungel aufzuspüren. Von allen war der britische Colonel Percy E. Fawcett zweifellos einer der engagiertesten: Zwischen

1906 und 1925 unternahm er mehrere Expeditionen und sammelte Informationen über die Stadt, die seiner Meinung nach am Oberlauf des Rio Xingú lag, eines Zuflusses des Amazonas. Er war auch überzeugt, daß noch weitere solcher Städte im Urwald verborgen seien, deren Bewohner noch immer die Relikte einer unbekannten Vergangenheit bewahrten.

Diese Unerschrockenheit und das Engagement Colonel Fawcetts läßt sich wohl am besten ermessen, wenn man sich einmal vergegenwärtigt, daß vor ihm schon unzählige Expeditionen an den Gefahren des brasilianischen Dschungels gescheitert sind. Selbst in unseren Tagen sind giftige Schlangen und Insekten, die entfesselten Gewalten der oft Hochwasser führenden Flüsse, vergiftete Pfeile kriegerischer Indianerstämme und auch der undurchdringliche Urwald selbst ernstzunehmende Schwierigkeiten, die spektakuläre Entdeckungen vereiteln können.

In einem Antiquariat in Rio de Janeiro hatte Colonel Fawcett ein altes Dokument entdeckt, das die Aufzeichnungen des Goldsuchers Francisco Raposo enthielt. Jener hatte sich vorgenommen, die sagenumwobenen Bergwerke von Muribeca wiederzufinden. Nach monatelanger vergeblicher Suche östlich des Rio Xingú war der Abenteurer an eine unbezwingbare Bergkette gelangt. Einer seiner Gefährten hatte, als er Holz für das Feuer suchte, zufällig einen halb überwachsenen Stollen entdeckt, in den ein Tier gekrochen war. Als Raposo davon erfuhr, machte er sich am darauffolgenden Morgen mit einigen seiner Männer daran, diesen Stollen zu erkunden. Nach etwa drei Stunden beschwerlichen Aufstiegs kam die kleine Gruppe auf einem Berggipfel heraus. Als sich ihre Augen nach einiger Zeit wieder an das Tageslicht gewöhnt hatten, sahen sie mit unvorstellbarem Staunen unter sich im Tal eine große Stadt liegen.

Nachdem sie diese namenlose Metropole erreicht hatten, wurde ihr Staunen noch größer. Unter drei riesigen steinernen Bögen, von denen jeder nach Schätzungen Raposos etwa dreihundertfünfzig Tonnen wiegen mußte, befand sich der einzige Eingang. Unter dem mittleren der drei Bögen waren Zeichen einer unbekannten Schrift zu sehen. Die Männer gingen die Straßen entlang, die einstmals breit und sauber gepflastert gewesen sein mußten und an deren Seiten steinerne Gebäude standen. Doch nun war alles von dichtem Pflanzenwuchs überwuchert. Mehrere Säulen bei den Eingängen zu den Häusern waren mit Figuren geschmückt, die Raposo für Dämonen hielt. Als die Männer weitergingen, erreichten sie einen Hauptplatz, wo auf einer schwarzen Säule die Figur eines Mannes thronte, der mit einem Arm nach Norden wies.

Die Abenteurer verließen die unbekannte Ruinenstadt und zogen flußabwärts weiter, wo sie eine ungewöhnliche Konfrontation hatten. Sie stießen auf Indianer, die ihnen gefolgt waren. Als Raposo und seine Männer die Verfolger entdeckten, flohen diese. Das Merkwürdigste aber war die Hautfarbe der Indios: Sie waren weiß! Auch französische Ethnologe und Forschungsreisende Professor Marcel Homet berichtete von weißhäutigen Indianern. Und in den siebziger Jahren stieß man beim Bau der Trans-Amazonas-Autobahn am Rio Bacaja ebenfalls auf einen Stamm weißhäutiger, rotbärtiger Menschen.

Doch zurück zu Colonel Percy Fawcett. Dieser verfolgte seinen Traum, im Urwald Brasiliens auf die legendenumwobene, verschollene Stadt zu stoßen, mittlerweile mit einer an Besessenheit grenzenden Passion. Im Jahre 1925 äußerte er, kurz bevor er neuerlich auf Expedition ging, seine Überzeugung wie folgt: »Ob wir durch- und wieder herauskommen oder unsere Knochen da drinnen verwesen lassen, eines ist gewiß: Die Antwort auf das Rätsel des antiken Südamerika, und vielleicht der vorgeschichtlichen Welt überhaupt, mag gefunden werden, wenn die Lage jener alten Städte festgestellt und der wissenschaftlichen Forschung zugänglich gemacht sein wird. Daß die Städte existieren, weiß ich ... ich zweifle keinen Augenblick an ihrer Existenz. Wie könnte ich? Habe ich doch selbst einen Teil einer solchen gesehen – und das ist der Grund, warum ich mich gezwungen fühle, wieder dort hinzugehen.«

Nichts ist von dem engagierten Forscher geblieben als diese seine Worte. Denn Colonel Percy Fawcett verschwand kurz darauf bei jener Expedition im Jahre 1925, die auch seine letzte werden sollte. Später fand man sein Tagebuch, in dem sein letzter Eintrag darauf hindeutete, daß er »seine« langgesuchte Stadt binnen zweier Wochen zu erreichen glaubte.

Ob er sie gefunden hat, wissen wir bis heute nicht. Und was sein Schicksal betrifft – wurde er gefangen, getötet oder fiel er einfach den »normalen« Gefahren der »Grünen Hölle« Amazoniens zum Opfer –, gibt es einzig Spekulationen. In späteren Jahren hörte man immer wieder Gerüchte über einen »alten weißhäutigen Mann«, der im Urwald von kriegerischen Stämmen gefangengehalten werde. Aber letztendlich bleibt Colonel Fawcetts Verschwinden eines der größten Geheimnisse in der Geschichte der Entdeckungen und Entdecker des zwanzigsten Jahrhunderts.

Als »Nachtrag« möchte ich hier abschließend eine Entdeckung erwähnen, die genau fünfzig Jahre, nachdem der britische Offizier verschollen war, gemacht wurde. Am 30. Dezember 1975 konnte der NASA-Forschungs- und Spionage-Satellit *LANDSAT II* über dem Regenwald Südostperus eine Reihe von Aufnahmen machen, auf denen nach Meinung einiger Archäologen Pyramiden zu erkennen seien, deren Höhe nicht viel geringer sein soll als die der Großen Pyramide von Giza in Ägypten. Die Region ist so gut wie unzugänglich. Wann wird sich wieder einmal ein unerschrockener Forscher vom Schlage eines Colonel Percy Fawcett in die weglosen Weiten der »Grünen Hölle« Südamerikas wagen?

1926
Attacken aus dem Nirgendwo

Es war in den siebziger Jahren, als Hollywood das Thema der unheimlichen Poltergeist-Erscheinungen entdeckte und in mehr oder weniger gekonnter, filmischer Umsetzung in die Kinos brachte. Ein Streifen drehte sich um die bis ins Unerträgliche gesteigerten Attacken eines körperlosen Monsters, welche die Hauptdarstellerin über sich ergehen lassen mußte. Auch vor Vergewaltigungen schreckte der sadistische Geist nicht zurück, und soweit mir erinnerlich ist, wurde »das Ding« schlußendlich durch tiefgekühltes Kohlendioxid in einem Berg Trockeneis eingeschlossen.

Phantasie made in Hollywood? Ja, aber nur was die Vergewaltigungsszenen und den »Showdown« mit dem Trockeneis betrifft. Denn Poltergeist-Fälle, in deren Verlauf die Opfer von offenbar unsichtbaren, nichtsdestoweniger aber eindeutig existierenden Kräften körperlich gequält und malträtiert werden, stellen in keinem Fall seltene Ausnahmen dar.

Im Jahr 1926 war die damals dreizehnjährige Rumänin Eleonore Zugun unversehens zur Zielscheibe solch eines »unsichtbaren Sadisten« geworden. Immer wieder wurde sie – zumeist sogar im Beisein anderer Zeugen – gekratzt und gewürgt. Oder besser gesagt, in ihrem Gesicht erschienen blutige Kratzwunden, und die entsetzten Anwesenden konnten auch ein Zusammendrücken des Halses bemerken, ohne daß eine Kontraktion der Halsmuskeln zu erkennen war. Auf dem Rücken und dem Hals des Mädchens tauchten Bißspuren auf, die tief unter die Haut reichten. Diese Angriffe nahmen zuweilen eine solch besorgniserregende Intensität an, daß man um das Leben und die körperliche Unversehrtheit Eleonores bangen mußte.

Um den Angriffen der körperlosen Entität zu entgehen, wurde die Dreizehnjährige nach England gebracht. Doch auch dort ließ der unsichtbare Sadist nicht von dem gepeinigten Teenager ab. So wurde Eleonore Zugun im September 1926 zur Beobachtung in das Londoner *National Laboratory for Psychical Research* eingewiesen. In einem Interview, das der Londoner *Evening Standard* am 1. Oktober 1926 veröffentlichte, schilderte die Gräfin Wassilko-Serecki – sie hatte Eleonore nach London gebracht – die angsteinflößenden Angriffe aus dem Nichts, deren Zeugin sie im Institut geworden war.

Demnach blieb es nicht bei den bereits beschriebenen Kratz- und Würgeangriffen. Während der Untersuchung tauchten Zahnspuren auf der Haut auf, und der mysteriöse Angreifer »enthüllte« sogar seine angebliche Existenz. Denn auf einem Arm des grausam gequälten Mädchens erschien das Wort »Dracu« – das rumänische Wort für »Teufel«.

Wie bei allen Poltergeist-Aktivitäten, hörten auch hier die Angriffe nach einiger Zeit auf. Aber noch immer gilt – vor allem aufgrund der fast beispiellosen Brutalität – der Fall der Rumänin Eleonore Zugun als eine der spektakulärsten Attacken, die sozusagen aus dem »Nirgendwo« geführt wurden.

1927
Der Schädel aus Kristall

Im Jahre 1927 waren der britische Archäologe Frederick Mitchell-Hedges und seine Adoptivtochter Anna gemeinsam mit ihren Kollegen im Regenwald von Britisch-Honduras mit Ausgrabungsarbeiten beschäftigt. Wochenlang gruben sie in den Ruinen der alten Maya-Stadt Lubaantun. Als die Regenzeit unmittelbar bevorstand, planten Mitchell-Hedges und sein Team, die Arbeiten bis zum darauffolgenden Jahr einzustellen. Plötzlich stieß Anna zwischen den Steinen eines verfallenen Altars auf einen unförmigen Klumpen, der das Interesse der Archäologen weckte. Als sie ihn gereinigt hatten, stellte sich heraus, daß die Siebzehnjährige einen vollkommen aus Bergkristall gefertigten Totenschädel gefunden hatte. Dessen Maße entsprachen exakt denen eines echten, menschlichen Schädels: Es waren 124 Millimeter in der Breite, 147 Millimeter in der Höhe sowie 197 Millimeter in der Länge. Das Gewicht des Artefakts betrug 5200 Gramm.

Der Fund, dem bis auf den heutigen Tag zahlreiche ungelöste Rätsel anhaften, veranlaßte die Briten, trotz Regenzeit in den Ruinen auf dem Gebiet des heutigen Staates Belize weiterzugraben. Dem Kristallschädel fehlte noch der Unterkiefer, der erst nach intensiver, dreimonatiger Suche gefunden wurde.

Bei der Entdeckung fielen die dreihundert Indios, die als Helfer an den Ausgrabungsarbeiten angeheuert waren, spontan auf die Knie und begannen zu beten und den Boden zu küssen. Noch zwei Wochen später sollen sie gesungen und gebetet haben. Erst drei Jahre danach informierte Mitchell-Hedges die Öffentlichkeit über seinen spektakulären Fund. In seiner 1954 erschienenen Autobiographie datierte der Archäologe den Schädel auf ein Alter von wenigstens 3600 Jahren; indes schwanken die Schätzungen der Experten noch heute zwischen einem Alter von tausend bis zwölftausend Jahren.

Ein Experte, der sich volle sechs Jahre mit dem mysteriösen Artefakt auseinandersetzte, war der amerikanische Restaurator Frank Dorland. Erstmals 1956 damit konfrontiert, wurde ihm der Kristallschädel von 1964 bis 1970 von der heute neunzigjährigen Anna Mitchell-Hedges zur Verfügung gestellt.

Dorland konnte in dieser Zeit einige höchst fremdartige Eigenschaften des Lubaantun-Schädels herausfinden. So stellte er beispielsweise fest, daß dieser – von *unserem* Wissen über kristalline Strukturen ausgehend – nicht einmal existieren dürfte! Denn Quarzkristalle wachsen spiralförmig, und dadurch entstehen in ihrem Inneren ganz bestimmte Achsen. Eine falsche Bearbeitung *gegen* diese Achsen würde bereits genügen, um das Werkstück unwiederbringlich in Tausende Splitter zerfallen zu lassen. Aber lupenreiner, durchsichtiger Bergkristall, wie er für den Schädel von Lubaantun verwendet wurde, ist noch schwieriger zu bearbeiten, denn die genannten Achsen sind nur unter polarisiertem Licht zu erkennen.

Der amerikanische Restaurator aber fand heraus, daß der Lubaantun-Schädel exakt *gegen die Achse* gearbeitet ist! Und das, obwohl den alten Mayas nach landläufiger Geschichtsauffassung keinerlei technische Hilfsmittel zur Analyse der kristallinen Strukturen zur

Abb. 8 Der Kristallschädel von Lubaantun.

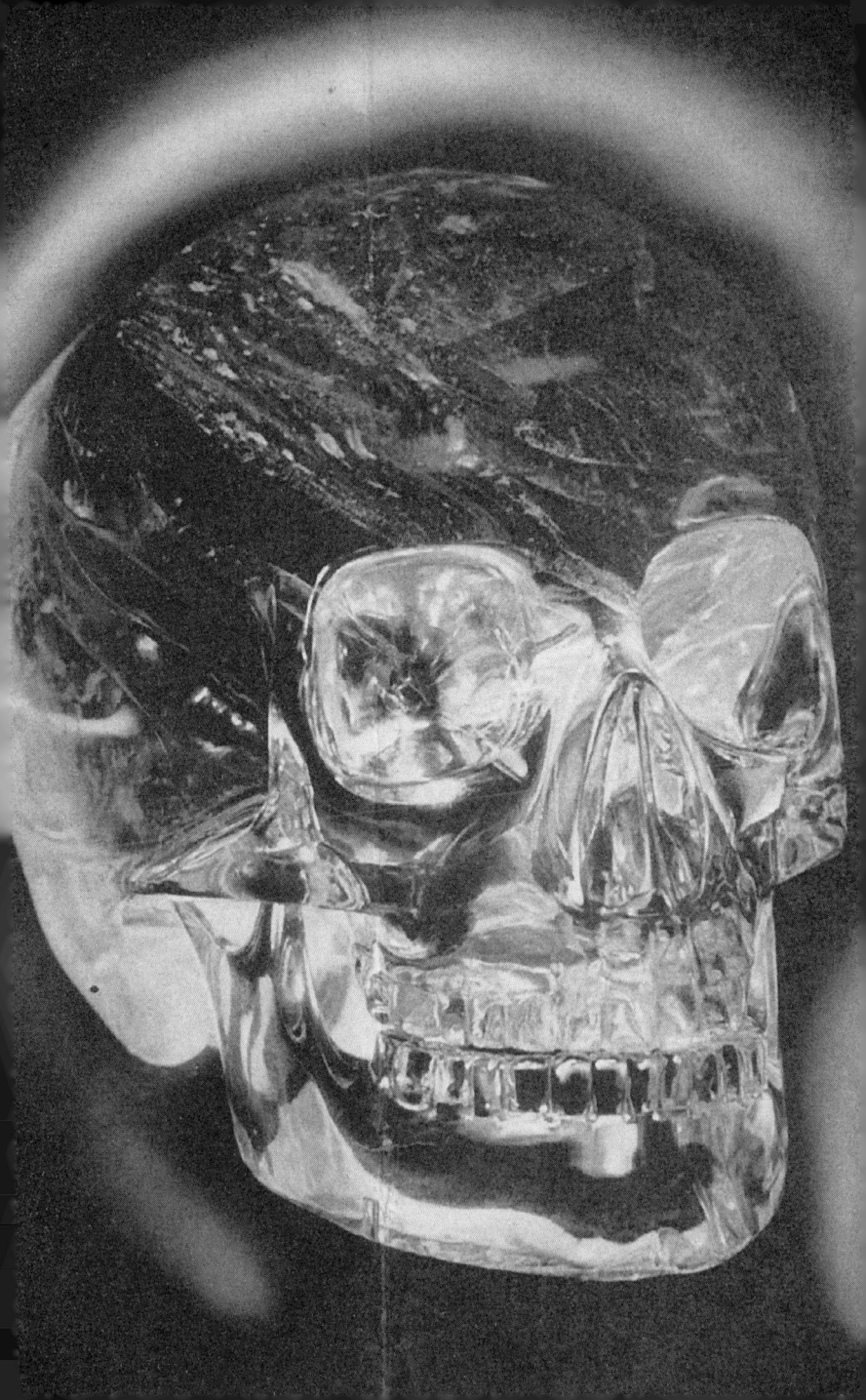

Verfügung standen. Durch die Bearbeitung gegen die Achse verbietet sich gleichfalls eine maschinelle Herstellung. Doch für die manuelle Anfertigung errechneten die Experten einen Arbeitsaufwand, der zwischen hundertfünfzig und achthundertfünfzig Jahren liegt. Ununterbrochen, versteht sich.

Damit nicht genug der Rätsel. In den sechs Jahren, in denen Frank Dorland den Schädel untersuchen durfte, wurde er eigenen Angaben zufolge öfter von ungewöhnlichen Phänomenen irritiert, die von dem Artefakt auszugehen schienen. Einmal habe eine Art Aura den Schädel für mehrere Minuten umgeben, ein weiteres Mal hätten hohe, glockenartige Klänge sein Haus erfüllt. Seltsame Schleier, Lichter und Bilder von Gesichtern, Landschaften und anderen Objekten traten zuweilen im Inneren des Quarzschädels auf, während dieser für gewöhnlich absolut durchsichtig war. Anna Mitchell-Hedges selbst bestätigte, daß es manche Menschen nicht über sich bringen würden, auch nur in der Nähe jenes unheimlichen Schädels zu verweilen.

Bei soviel Rätselraten um das berühmt gewordene Stück Bergkristall wundert es einen auch nicht, daß der Schädel anatomisch absolut exakt geformt ist. Zudem bewirken geschickt ausgeklügelte, jedoch nicht lokalisierbare Balancepunkte, daß sich der Schädel beim geringsten Lufthauch bewegt.

Was es mit dem »unmöglichen« Schädel auf sich hat – darüber gibt es allenfalls eine Menge Spekulationen. Unbestritten ist, daß der Kristallschädel von Lubaantun seine tiefen Geheimnisse weit in das einundzwanzigste Jahrhundert mitnimmt ...

1928
Ein »Satellit der Götter«?

Meldete sich im Jahr 1928 ein künstlicher Satellit, der vor Tausenden von Jahren von einer fremden Intelligenz in eine Umlaufbahn um die Erde ausgesetzt worden war?

Erste Indizien für eine solch gewagte Spekulation kündigten sich bereits Ende Dezember 1927 an, als der norwegische Professor Carl Störmer von den Amerikanern Taylor und Young erfahren hatte, daß diese im Verlauf ihrer Experimente mit Radiowellen seltsam verzögerte Signale aus dem Weltall empfingen. Störmer, ein Spezialist für elektromagnetische Wellen, setzte sich hierauf mit dem Holländer Balthus van der Pol in Verbindung, der Versuchsleiter bei der Firma Philips in Eindhoven war. Am 25. September 1928 starteten die beiden eine ausgedehnte Versuchsreihe. In Intervallen von jeweils dreißig Sekunden sendeten sie Radiozeichen in verschiedenen Wellenlängen aus.

Es sollten drei Wochen vergehen, bis am 11. Oktober dieselben Zeichen wieder im Empfänger registriert wurden, allerdings mit deutlich meßbaren Rücklaufverzögerungen zwischen drei und fünfzehn Sekunden. Am 24. Oktober 1928 wurden – ebenfalls mit den charakteristischen Verzögerungen – weitere achtundvierzig zuvor ausgestrahlte Signale empfangen. Die Experimentatoren wandten sich ratlos an die Fachwelt.

Nun wurde eine Reihe Hypothesen aufgestellt, womit der versetzte Rücklauf von Kurzwellen-Impulsen erklärt werden könnte. So äußerte Carl Störmer in einem in der Zeitschrift »Nature« unter dem Titel »Shortwave Echos and the Aurora Borealis« veröffentlichten Artikel die Auffassung, daß Störungen innerhalb der Stratosphäre verantwortlich sein könnten. Aber auch Reflektionen vom Mond und anderen Himmelskörpern hielt man für mögliche Ursachen. Man kam jedoch zu keiner befriedigenden Lösung, was das rätselhafte Phänomen allerdings nicht daran hinderte, sich weiterhin zu manifestieren: So wiederholten sich die Echoverzögerungen am 14., 15., 18., 19. und 28. Februar des darauffolgenden Jahres, ebenso am 4., 9., 11. und 23. April des Jahres 1929. Die mysteriösen Echos wurden von mehreren Forschern auf der ganzen Welt registriert.

Die Tatsache, daß sich der über ein Jahr andauernde Verzögerungsrhythmus in eine Art Code verwandelt zu haben schien, wirbelte damals in der Fachwelt einigen Staub auf. Entsprechende Beobachtungen wiederholten sich in den Jahren 1934, 1947, 1949 und 1970.

Zwischenzeitlich war der schottische Astronom Duncan Lunan auf das Rätsel aufmerksam geworden, und er machte sich daran, die Signalverzögerungen eingehender zu untersuchen. Lunan hatte zu Anfang der siebziger Jahre das Amt des Präsidenten der »Scottish Association for Technology and Research« inne, darf deshalb durchaus als ernstzunehmende Kapazität seines Fachgebiets angesehen werden.

Das Ergebnis seiner Untersuchungen war – vorsichtig ausgedrückt – schockierend: In ein Koordinatensystem gesetzt, bildeten die am 11. Oktober 1928 aufgefangenen Echos eine Sternkarte des hundertdrei Lichtjahre entfernten Sonnensystems Epsilon Bootis (1 Lichtjahr = 9,461 Billionen Kilometer). Der Astronom prüfte daraufhin gewissenhaft, um mögliche Fehlerquellen auszuschließen, auch die in der Folgezeit empfangenen Funkdaten. Hier war die Überraschung gleichfalls perfekt: Als Resultat lagen Lunan letztlich sechs detaillierte Sternkarten vor. Es waren jeweils Darstellungen des Weltraums um das Sternsystem Epsilon Bootes, und stets aus einer etwas geänderten Perspektive.

Nicht weniger Brisanz erhielten Lunans Forschungsergebnisse durch die Entdeckung, daß Epsilon Bootes' größter Stern Arkturus (Alpha Bootes) in den Diagrammen eine Position einnahm, die er vor 12 500 bis 13 000 Jahren innehatte! Der Astronom zog hieraus den Schluß, daß seit mehr als zwölftausend Jahren ein künstlicher Satellit, hergestellt von einer fremden, raumfahrenden Zivilisation, in unserem Sonnensystem kreist. Dieser sei derart programmiert, daß er auf Radioemissionen anspricht, die von der Oberfläche unseres Planten kommen. Diese von der Erde abgestrahlten Signale würden registriert und dann mit absichtlichen Verzögerungen auf derselben Frequenz wieder zurückgefunkt. Ist das alles nur Zukunftsmusik?

Sicher nicht. Denn bereits 1960 hatte Professor R. N. Bracewell vom Radio-Astronomischen Institut der Stanford University in Kalifornien folgende Möglichkeit in Betracht gezogen: »Wenn eine außerirdische Intelligenz mit uns Kontakt aufnehmen wollte, so könnte dies möglicherweise durch Verzögerung von Radiosignalen erfolgen.« Und Kommunikationstheoretiker, die seit einiger Zeit an der Entwicklung einer »Sprache« zur Kontaktaufnahme mit nicht-irdischen Intelligenzen arbeiten, betonen übereinstimmend, daß der erste Schritt im Wiederholen aufgefangener Signale bestehen könnte. Damit sind die ungewöhnlichen Verzögerungen aus dem Jahre 1928 wieder im Mittelpunkt der Diskussion: Da der Eindhovener Sender damals einen der stärksten – zumindest auf europäischem Boden – darstellte, war er geradezu prädestiniert, die Aufmerksamkeit eines sich auf »Lauschposten« in einer Umlaufbahn befindlichen Satelliten zu erregen.

Von wem auch immer diese Raumsonde stammt: Sie muß mit voller Absicht im erdnahen Bereich unseres Sonnensystems plaziert worden sein, um mit der zeitlosen Geduld eines Orbiters zu warten, bis die Bevölkerung dieses Planten technologisch herangereift ist.

Nach den atemberaubenden Entdeckungen des schottischen Astronomen wurde es schnell, viel zu schnell, still um jene Sonde von Epsilon Bootes, diesem »Satelliten der Götter«. Wer allerdings kann ausschließen, daß es bereits – natürlich unter absoluter Geheimhaltung – zum Informationsaustausch zwischen jener Raumsonde und den Regierungen der wichtigsten Nationen unserer Welt gekommen ist?

1929

Flug in eine andere Welt

Es gibt da eine höchst merkwürdige Geschichte, die untrennbar mit der Biographie des amerikanischen Fliegers und Entdeckers Richard Evelyn Byrd (1888–1957) verbunden zu sein scheint. Es handelt sich hierbei um einen Funkbericht, den Byrd während seines legendären Fluges über den Südpol vom 29. November 1929 durch den Äther schickte. In diesem auch im Radio übertragenen Bericht schilderte er, wie er, aus dichtem Nebel kommend, plötzlich eisfreies Land überflog, auf dem er Seen, Vegetation sowie Tiere erkennen konnte, welche Mammuts und großen Büffeln ähnlich sahen. Selbst Menschen will er in der Nähe der Tiere wahrgenommen haben.

Die Passagen mit jenen unwirklich klingenden Beschreibungen sollen später aus den Funkprotokollen herausgeschnitten worden sein. Trotzdem gab es bis vor einigen Jahren noch etliche Personen, die sich gut an Admiral Byrds Beschreibungen eisfreier Zonen am Südpol erinneren konnten. Ferner gab es einen ungefähr hundert Seiten umfassenden, gleichlautenden Bericht, der aus allen Archiven und Bibliotheken entfernt worden sei.

Eine damalige Ohrenzeugin, die sich noch recht gut an diese Rundfunkübertragung im November 1929 entsinnen konnte, war die ehemalige Gerichtsreporterin Emily Ingram aus Miami. Durch berufliche Anforderungen bis ins hohe Alter mit einem phänomenalen Gedächtnis gesegnet, beschrieb sie in den siebziger Jahren mit beachtlicher Genauigkeit die Einzelheiten aus Byrds Funkbericht vom 29. November 1929: »Wir wohnten seinerzeit in Boston. Mein Vater hatte kurz zuvor ein neues Radio gekauft, das einen Lautsprecher und auch Kopfhörer hatte. Es war an eine Steckdose angeschlossen und hatte eine leistungsstarke Antenne. Ich erinnere mich an die Antenne, weil mein Vater vom Dach herunterfiel, als er sie anbrachte, aber schließlich schaffte er es doch noch, sie anzuschließen.

Meine Mutter interessierte sich besonders für die Übertragung von Byrds Flug. Es war angesagt worden, daß er am siebzigsten Breitengrad entlang über den Pol fliegen würde, und seine Durchsagen über Funk sollten direkt übertragen werden. Wir fanden den Sender – es war der Bostoner Sender – und hörten uns die Sendung über den Lautsprecher an. Zuerst kamen nur Störgeräusche, dann hörten wir Admiral Byrds Stimme. Anfangs war es mehr oder weniger eine Routinebeschreibung des Fluges über Schnee und Eis. Dann wurden die Störgeräusche plötzlich lauter, hörten jedoch wieder auf. Die Übertragung wurde klar, und Byrds Stimme war deutlich zu hören. Auf einmal sagte er: ›Schau! Siehst du es? Da unten ist ja Gras! Saftiges Gras. Wie grün es ist. Da sind überall Blumen ... sie sind wunderschön. Und sieh dir die Tiere an. Sie sehen wie Elche aus ... das Gras reicht ihnen bis an den Bauch. Und schau doch: Da sind ja auch Menschen! Sie scheinen erstaunt, ein Flugzeug zu sehen.‹

Ich erinnere mich, daß meine Mutter in diesem Moment sagte: ›Ich wette, sie haben auch lange Ohren!‹ Dann ertönten wieder laute Störgeräusche, und das war das letzte, was wir von jener Sendung hörten. Ohne eine Ansage erklang plötzlich Musik von demselben Sender. Wir bekamen nie eine Erklärung für das Vorgefallene. Einige unserer Nachbarn hatten die Sendung ebenfalls gehört, wußten aber auch nicht mehr als wir. Byrd schien mitten im Satz unterbrochen worden zu sein. Es interessierte mich sehr, zu erfahren, was eigentlich passiert war, und so schrieb ich an die Familie Byrd in Virginia. Doch leider bekam ich nie eine Antwort.«

Diese ungewöhnlich präzisen Erinnerungen unterstreichen den unglaublich klingenden Inhalt des Funkberichts. Aber auch spätere Expeditionen über dem antarktischen Kontinent berichteten immer wieder von eisfreien Gebieten auf dem Südpol. Wie etwa die deutsche Expedition »Schwabenland«, die in den Jahren 1938 und 1939 durchgeführt wurde. Einige hundert Kilometer vom Längengrad Null entfernt, konnten die Piloten der Wasserflugzeuge eine hügelige Gegend ausmachen, die nicht nur absolut eisfrei war, sondern sogar kleine Seen aufwies.

Auch Richard E. Byrd selbst bekräftigte bis zu seinem Tode am 12. März 1957 immer wieder die Authentizität des Gesehenen. In den Jahren 1946/47 leitete er die »Operation Highjump« in der Antarktis. Auch bei dieser Expedition sollen die Teilnehmer Gebiete mit üppiger Vegetation auf dem geheimnisumwobenen sechsten Kontinent gefunden haben.

In diesem Zusammenhang sei an ein tragisches Unglück im Verlauf dieser »Operation Highjump« erinnert. Eines der Flugzeuge geriet in eine totale »Milchzone«, in der sämtliche Instrumente versagten, und zerschellte mit der vierköpfigen Besatzung am Boden, weil der Pilot die Flughöhe falsch eingeschätzt hatte.

Warum wurden die oben zitierten Passagen aus Richard Byrds Funkbericht herausgeschnitten, warum seine Aufzeichnungen zensiert? Weshalb soll die Öffentlichkeit nicht erfahren, daß da unten möglicherweise noch etwas anderes existiert als jene lebensfeindliche Schnee- und Eiswüste, als die uns die Antarktis stets beschrieben wird?

Der sechste Kontinent wurde auch in späteren Jahren noch zu einem Schauplatz für eine Reihe ungewöhnlicher Phänomene (siehe hierzu auch die Kapitel zu den Jahren 1958 und 1965). Was geschah nun an jenem 29. November 1929? Sahen sich einige Verantwortliche genötigt, während Admiral Byrds Funkdurchsagen sofortige Zensurmaßnahmen zu ergreifen, um der Öffentlichkeit Dinge vorzuenthalten, die mit der offiziellen »Wahrheit« nicht in Einklang zu bringen sind?

1930
Der Absturz der R 101

Am Abend des 4. Oktober 1930 startete das Luftschiff R 101, der Stolz der gesamten britischen Luftfahrt der damaligen Zeit, zu seiner Jungfernreise, die ohne Unterbrechung von Großbritannien nach Indien führen sollte. Das Wetter beim Abflug war bereits denkbar schlecht, und während der Überquerung des Ärmelkanals wurde die R 101 unablässig von immer heftiger werdenden Windböen durchgeschüttelt. Auch die Sicht war streckenweise gleich Null, und das Luftschiff, das in etwa dreihundert Metern Höhe flog, sackte immer wieder sechzig bis neunzig Meter nach unten. Nur mit äußerster Anstrengung vermochte die Besatzung jedesmal die verlorene Höhe wiederzugewinnen. Dann trat zu allem Unglück auch noch ein Schaden an der Maschine ein.

Um 2.50 Uhr am frühen Morgen des 5. Oktober zerschellte die R 101 an einem Waldrand in der Nähe der nordfranzösischen Ortschaft Beauvais. Die 155 700 Kubikmeter Wasserstoff, die das 237 Meter lange Luftschiff getragen hatten, gingen im gleichen Augenblick in einer über hundert Meter hohen Stichflamme auf, die die Nacht weithin erhellte. In der Feuerhölle kamen achtundvierzig der vierundfünfzig Passagiere und Besatzungsmitglieder um, die sich in der geräumigen Gondel an der Unterseite befunden hatten.

Über dem Unglücksluftschiff schien vom ersten Augenblick an ein böses Omen zu schweben. Als es nämlich zu seinem geplanten Jungfernflug aufstieg, war es noch nicht ausreichend getestet worden. Dies hatte seine Ursache im erbarmungslosen Druck, den der damalige Luftfahrtminister, Lord Thomson of Cardington auf alle, die am Bau der R 101 beteiligt waren, ausübte. Lord Thomson hatte nämlich den ehrgeizigen Wunsch, zum nächsten Vizekönig von Indien gewählt zu werden, und versuchte, den Flug als Propaganda zu benutzen. Es hätte ihm vermutlich viele Stimmen eingebracht, wenn er bei der Empire-Konferenz, die Ende Oktober 1930 in London stattfand, seinem soeben aus Indien zurückgekehrten Zeppelin entstiegen wäre. Statt dessen kam er zusammen mit 47 weiteren Menschen noch in der Nacht des Abflugs in den Flammen um.

Am Morgen des 4. Oktober kam es zu einem seltsamen Vorfall. Der kleine Sohn des Bordmechanikers Walter Radcliffe rief, als sein Vater das Haus verließ, voller Panik: »Ich habe keinen Papi mehr!« Radcliffe kehrte an diesem Tag zwar noch einmal nach Hause zurück, nachdem er einige der Aluminiumstreben des Luftschiffes überprüft hatte, dann aber flog er mit der R 101 ab – und starb ebenfalls in dem flammenden Inferno.

Die unheimlichsten Aspekte rund um die tragische Havarie ergaben sich aber erst drei Tage nach dem Unglück. Da versammelten sich

Abb. 9 Ein Blick auf die Absturzstelle des Luftschiffes R 101.

mehrere Personen unter Leitung des Spiritismusforschers Harry
Price im National Laboratory for Psychical Research. Zweck jenes
Treffens war eine Séance mit dem jungen Medium Eileen Garrett,
um mit dem Geist des kurz zuvor verstorbenen Sir Arthur Conan
Doyle Kontakt aufzunehmen.

Bald schon verfiel Eileen Garrett in Trance. Anstatt jedoch zu dem
berühmten Literaten und geistigen Vater Sherlock Holmes eine Verbindung herzustellen, sprach das Medium mit fremdartiger Stimme, die sich als Fliegerleutnant H. Carmichael Irvin ausgab. Irvin
war der ums Leben gekommene Kapitän der R 101 gewesen! Die
ominöse Stimme führte exakt all jene technischen Mängel auf, die
zum Absturz des Luftschiffes in den frühen Morgenstunden des
5. Oktober 1930 geführt hatten.

Am 31. Oktober fanden die geheimnisvollen Informationen aus
dem Jenseits ihre Fortsetzung. Denn Major Oliver Villiers vom Ministerium für zivile Luftfahrt hatte von der Séance gehört, in deren
Verlauf Captain Irvin dem Schriftsteller Arthur Conan Doyle »die

Show stahl«. Auch Major Villiers hatte bei der Katastrophe zahlreiche Freunde verloren, und nach kurzem Überlegen stimmte er einer neuerlichen Sitzung mit dem Medium Eileen Garrett zu. Im Verlauf dieser Séance entwickelte sich sehr schnell eine regelrechte Fachsimpelei zwischen dem Major im Diesseits und jenem Geist des ums Leben gekommenen Luftschiffkapitäns, der aus dem Munde der Frau mit seiner zu Lebzeiten bekannten Stimme sprach. Auch ein Bordingenieur mit Namen Scott meldete sich wiederholt zu Wort. Dieser legte dem vollkommen verblüfften Major Villiers im einzelnen dar, daß eine überdehnte Aluminiumstrebe des Innengerüstes, die einen Riß in der Außenhaut der R 101 verursacht hatte, in Verbindung mit einem Schaden an dem für das Luftschiff zu schweren Motor die entsetzliche Katastrophe herbeigeführt hatten. Sowohl die Angaben »Irvins« als auch jene, die »Scott« während der beiden Séancen gemacht hatte, stellten sich als sachlich absolut korrekt heraus. Sie nahmen im Grunde das Ergebnis der offiziellen Untersuchung des königlichen Luftfahrtministeriums vorweg, die gerade begonnen hatte und erst ein Jahr später zum Abschluß kommen sollte.

Wie ist es jedoch zu erklären, daß derart exakte, technische Informationen aus dem Mund einer Frau kamen, die von der Luftfahrt nicht die geringste Ahnung hatte? Es erfordert hier eine weit größere Leichtgläubigkeit, zu vermuten, daß Eileen Garrett die Angaben durch »weltliche Mittel« erlangt habe, als zu akzeptieren, daß sie auf paranormale Weise Kontakt mit dem Bewußtsein des bei der Katastrophe verbrannten Kapitän Irvin gehabt hat. Aufgrund der so verblüffend exakten, technischen Details gilt der Fall des Luftschiffes R 101 bis heute als einzigartig in der Geschichte der Parapsychologie.

Stimme aus der Gruft

Rowington, ein verträumter Ort in der mittelenglischen Grafschaft Warwickshire, nahe bei der Industriestadt Coventry. Bis zu jenem Abend des 1. Oktober 1931 hatte der Ortsgeistliche Peter Potter nichts mit metaphysischen Dingen wie Gespenstern am Hut. Doch jetzt sah er nur einen Meter von sich entfernt jenes Phantom, dessen Stimme er seit zwanzig Jahren nahezu täglich hörte. Endlich wußte er, wer jedesmal mit ergreifender Stimme um Hilfe rief, wenn er den kleinen Friedhof der Gemeinde überquerte: »Hilfe! Laßt mich doch endlich heraus!«

Gerade erst war er mit der Abfassung seiner Predigt für den kommenden Sonntag fertig geworden und blickte vom Schreibtisch aus auf die ältesten Gräber des Friedhofs. Die Dämmerung war soeben hereingebrochen, und er war im Begriff, die altertümliche Petroleumlampe anzuzünden, als ein fahler Schatten vor dem gegenüberliegenden Fenster erschien. Pfarrer Potter hob den Kopf und blickte geradewegs in das blasse Gesicht von Denis Pratt. Diesen Mann hatte er im April 1911, wenige Tage nachdem er in die Pfarrei von Rowington gekommen war, als ersten Toten seiner neuen Gemeinde begraben. Und jetzt hörte er wieder den Hilferuf, den er schon sooft vernommen hatte – und er kam ohne Zweifel aus dem Mund von Denis Pratt!

Der Priester stand auf, lief über den Flur und trat vor die Tür. Aber niemand war zu sehen, auch am Boden waren keine Spuren zu entdecken.

Als Pfarrer Potter sich wieder ins Pfarrhaus begeben hatte, klopfte es an der Tür. Ein Junge ließ ausrichten, daß es mit Dr. John Welham, dem Arzt von Rowington, zu Ende gehe und er dringend nach dem Pfarrer verlange. Einen anderen Arzt zu konsultieren, lehne Dr. Welham jedoch entschieden ab. Besagter Dr. Welham hatte bereits zehn Jahre im Dorf praktiziert, als Peter Potter dorthin kam. Im Umkreis von zehn Meilen war er der einzige Arzt, und bei der

Bevölkerung war er allseits beliebt und geschätzt. Zwischen ihm und dem Geistlichen war mit den Jahren eine echte Freundschaft entstanden, und der Pfarrer weilte des öfteren im Haus des Arztes zu einer abendlichen Schachpartie. Dort hatte er aber auch Nancy kennengelernt, die Witwe von Denis Pratt. Ein Jahr nach dessen Beerdigung hatte sie Dr. Welham geheiratet. Nancy war ihrem ersten Mann 1926 im Alter von nur zweiundvierzig Jahren in den Tod gefolgt.

Als Pfarrer Potter bei seinem Freund eintraf, saß dieser in eine Decke gehüllt am Kamin. Das Ansinnen, einen anderen Arzt aus dem nahen Coventry zu holen, lehnte Dr. Welham erneut mit Nachdruck ab, denn er wußte wohl genau, daß es mit ihm unwiderruflich zu Ende gehen würde. Dann eröffnete er dem Pfarrer, warum er ihn hatte rufen lassen. Er wollte endlich sein Gewissen wegen einer unangenehmen Sache erleichtern – wegen des verblichenen Denis Pratt, der seinerzeit ja Potters erster »Anwärter für das Jenseits« gewesen war.

Der Geistliche begann zu ahnen, daß diese Beichte mit jenen Heimsuchungen zu tun hatte, die er seit dem Begräbnis im Jahre 1911 beinahe täglich erleben mußte. So fragte er ganz vorsichtig, woran Pratt damals gestorben wäre. Als der sterbende Arzt mit seiner Geschichte begann, fühlte sich der Pfarrer mit einem Mal sehr unbehaglich, denn nun ahnte er die bestürzenden Zusammenhänge …

Denis Pratt war zu Lebzeiten krankhaft eifersüchtig auf seine Frau Nancy. Eines Tages, als er nach Coventry gefahren war, suchte sie Dr. Welham auf und bat diesen um Rat. An jenem Tag trat ein, was irgendwann geschehen *mußte:* Nancy war es endgültig leid, ständig zu Unrecht der Untreue beschuldigt zu werden, und nahm sich wirklich einen Liebhaber. Es war – wie sollte es anders sein – Dr. John Welham.

Eines Tages, als Nancy zu ihrer Mutter nach Leamington gefahren war, ließ Denis Pratt den Arzt rufen. Er war schon seit einer Woche mit einer heftigen Bronchitis im Bett gelegen, als er Dr. Welham einen sonderbaren Vorschlag machte: Dieser sollte ihm helfen, sich für eine kurze Zeit totzustellen, damit Pratt die Reaktion seiner Ehefrau prüfen könne. Denn er war felsenfest davon überzeugt, daß Nancy noch in der Stunde seines Todes ihren Liebhaber ins Haus holen würde.

Dr. Welham ging tatsächlich auf das Ansinnen ein und verabreichte dem mißtrauischen Mann einen Opiumtrank. Mit Hilfe jenes Gebräus, hatte er Pratt erklärt, würde dieser etwa vierundzwanzig Stunden lang tief und fest schlafen, hiervon zwei bis drei Stunden jedoch wie ein Toter daliegen. In Wirklichkeit war der Trank aber weitaus stärker, als Dr. Welham seinem Patienten weisgemacht hatte – selbst wenn dieser ihn überleben würde, hätte er noch mehrere Tage im Koma gelegen.

Pfarrer Potters Entsetzen stand ihm ins Gesicht geschrieben. Doch der Doktor erzählte seine Geschichte unbeirrt zu Ende. Er hatte damals den Totenschein unterschrieben und sich auch persönlich um die Beerdigungsformalitäten gekümmert, obwohl er genau wußte, daß Denis Pratt nicht wirklich tot war.

»Aber John, warum denn?« warf der Pfarrer ein.

»Weil dies die einzige Möglichkeit war, Nancy zu einem normalen und anständigen Leben zu verhelfen ... und weil ich ja ihr Liebhaber war«, entgegnete der Arzt. »Doch dies ist noch nicht alles: Am nächsten und dem übernächsten Tag habe ich Mr. Pratt um Hilfe rufen hören – und ich habe nichts unternommen, um ihm zu helfen!«

»Seit zwanzig Jahren höre ich diese Hilferufe«, erklärte Pfarrer Peter Potter mit vor Erregung zitternder Stimme. »Und heute abend ... John!«

Dr. John Welham hatte in diesem Moment seine irdische Hülle verlassen. Womöglich nahm die Gerechtigkeit auf einer anderen Daseinsebene ihren Lauf ...

1932

Prophezeiung nach sechsundvierzig Jahren eingetroffen

An einem Frühlingstag im Jahre 1932 fuhren zwei Frauen aus Rosemead (Kalifornien), Ellen W. Pierce und ihre Schwägerin Muriel, mit dem Auto zum Einkaufen nach Los Angeles. Obwohl sich die Vereinigten Staaten zu jener Zeit in ihrer schwersten Wirtschaftskrise befanden, waren die Straßen von einer Menge kauflustiger Menschen gefüllt, welche die Geschäfte nach preisgünstigen Angeboten durchforsteten.

Während sich die beiden Frauen ihren Weg durch die Menschenmenge bahnten, legte plötzlich eine unbekannte Frau ihre Hand auf die Schulter von Ellen Pierce und sagte: »Entschuldigen Sie bitte, aber ich habe Ihnen eine Botschaft zu übermitteln. Hinter Ihnen ging Ihr großer Sohn die Straße entlang. Er wird es im Rechtswesen dieses Landes weit bringen!« Die so unvorbereitet angesprochene Frau wollte noch erwidern, daß sie zwar eine zweijährige Tochter, aber keinen Sohn habe, doch die sonderbare Fremde war, nachdem sie ihre kryptische Ankündigung ausgesprochen hatte, wieder in der Menschenmenge untergetaucht. So setzten die beiden Frauen, wenn auch ein wenig verwirrt, ihren Einkaufsbummel fort.

Nach wenigen Tagen schien die seltsame Begegnung in Los Angeles vergessen zu sein. Andere Sorgen plagten die Familie von Ellen Pierce: Ihr Ehemann Fred war schon seit einiger Zeit arbeitslos. Deshalb zog die Familie im darauffolgenden Jahr nach Spokane, ihrem früheren Wohnort, wo Fred Pierce bald in einem Sägewerk wieder eine Beschäftigung fand. Am 14. Juni 1934 gab es dann erneut Nachwuchs: Ellen brachte als zweites Kind einen Sohn zur Welt, der nach seinem Vater Fred getauft wurde. Fred junior hatte braune Augen und braune Haare.

Die Jahre vergingen, und nach Abschluß der High-School erhielt der achtzehnjährige Fred im Sommer 1952 ein vierjähriges Stipendium an der University of South California. Dort schrieb er sich für das Studium für den Lehrberuf an der Elementarschule, unserer Grundschule vergleichbar, ein. Doch bereits nach einem Jahr wechselte er das Studienfach und belegte jetzt Vorlesungen über Verwaltung und öffentliches Recht.

Jener Wechsel des Studiums hatte den Lebensweg von Fred jr. vorgezeichnet. Nach Beendigung seines Jurastudiums absolvierte er eine zweijährige Dienstzeit beim Militär, danach erhielt er eine Stelle als Polizeioffizier. Und stieg nun Stufe um Stufe auf der Karriereleiter nach oben, bis er 1978 bei der Bewährungsbehörde des US-Justizministeriums in einer gehobenen Position arbeitete. Nun erinnerte sich auch seine Mutter wieder jenes seltsamen Vorfalls in den Straßen von Los Angeles. Die Prophezeiung, die ihr damals von der unbekannten Frau gemacht worden war, traf sechsundvierzig Jahre später in allen Punkten ein!

1933
Das Ungeheuer von Loch Ness

In einem langgestreckten Hochlandsee im Norden Schottlands, dem Loch Ness – *Loch* ist die schottische Bezeichnung für *See* –, treibt eine unbekannte Lebensform ihr Unwesen, die für gewöhnlich nicht zu den typischen Vertretern der nordwesteuropäischen Fauna zählt. Der fünfunddreißig Kilometer lange und bis eineinhalb Kilometer breite See ist Bestandteil eines in erdgeschichtlich früherer Zeit, vor etwa dreihundert Millionen Jahren, aufgebrochenen Grabens, der das schottische Hochland seither diagonal von Südwesten nach Nordosten durchschneidet.

Zahllose Beobachtungen, oft von gut beleumundeten und zuverlässigen Augenzeugen gemacht, lassen vermuten, daß in dem See eine kleine Population von plesiosaurierähnlichen Urreptilien, normalerweise vor etwa sechzig Millionen Jahren ausgestorben, überlebt hat. Sie wurden darin wahrscheinlich eingeschlossen, als sich gegen Ende der letzten Eiszeit das Land und der Meeresboden durch das

Abschmelzen der Eismassen gehoben hat. Aus einer fjordartigen Meeresbucht bildete sich ein Binnensee mit bis zu zweihundertfünfzig Metern Tiefe, der nie zufriert und Wassertemperaturen zwischen fünf und zwölf Grad Celsius aufweist.

Der älteste uns bekannte Bericht über eine Sichtung dieser Tierart, die als »Ungeheuer von Loch Ness« in die Nomenklatur des Geheimnisvoll-Phantastischen eingegangen ist, datiert bis in das Jahr 565 zurück. Damals wurde ein solches Geschöpf von dem irischen Heiligen Columbanus dem Älteren gesehen. Sein Biograph St. Adamnan berichtete im siebten Jahrhundert, ein Schüler Columbanus' sei über den See geschwommen, um für seinen Meister ein Boot vom gegenüberliegenden Ufer zu holen, als urplötzlich ein angsterregendes Ungeheuer mit »großem Gebrüll und offenem Maul« an die Oberfläche kam.

Die Kunde von dem Seeungeheuer blieb über viele Jahrhunderte hinweg lebendig, und Generationen von Eltern verboten ihren Kindern, im Loch Ness zu baden. Berühmtheit erlangte jener See aber erst im Jahre 1933, als am nördlichen Ufer eine Panoramastraße gebaut wurde, um den Tourismus in der Region zu fördern. Ihr fielen alle Bäume und Sträucher zum Opfer, die die Sicht auf das idyllische Wasser verstellten.

Am 14. April 1933 machten ein Mr. Mackay und seine Frau die ersten Beobachtungen, über die ein ausführlicher Bericht im Lokalblatt »Inverness-Courier« erschien. Ein knappes Vierteljahr später, am 23. Juli, beobachtete das englische Ehepaar Spicer, das in der Umgebung von Inverness seinen Urlaub verlebte, ein Gebilde von respektablen Ausmaßen. Es besaß einen langen Hals, der in einen kleinen Kopf mündete, sowie einen mit fünf Höckern versehenen Rücken. Auf einmal tauchte das Monster auf, schwamm einige Zeit lang an der Oberfläche, und tauchte danach wieder unter Wasser. In demselben Sommer gelang einem Arzt aus London ein erstes Foto des Loch-Ness-Ungeheuers. Auf dem Bild, das er in der Nähe von Invermoriston aus einer Entfernung von ungefähr zweihundert Metern aufgenommen hatte, kann man einen langen, gebogenen Hals erkennen, der auf einem dicken Körper sitzt.

Als Folge dieser sensationellen Sichtungen strömten die Besucher scharenweise an den See, und bis heute beanspruchen ungezählte Menschen, Seeungeheuer beobachtet zu haben. Dies rief natürlich auch die Skeptiker auf den Plan, die da behaupteten, daß die Zeugen entweder verfaulte Pflanzen gesehen hätten, die durch Verwesungsgase von Zeit zu Zeit an die Oberfläche befördert werden, ober aber die Schwanzspitze eines munter tauchenden Otters. Dem gegenüber stehen jedoch die zum Teil unter Eid abgegebenen Aussagen von Lehrern, Ärzten, Benediktinermönchen, Marineoffizieren, Angestellten im öffentlichen Dienst und auch einem Nobelpreisträger. Personen also, von denen man sich nur schwer ein Motiv vorstellen könnte, ihren guten Ruf aufs Spiel zu setzen und sich selbst der Lächerlichkeit preiszugeben.

Beste Argumente, daß im Loch Ness tatsächlich ungewöhnliche Lebensformen hausen, haben einige Filme und Fotografien geliefert, die in jüngerer Zeit entstanden sind. Am 23. April 1960 gelang es dem Flugzeugingenieur Tim Dinsdale, das Geschöpf auf einen 16-mm-Film zu bannen. Spezialisten der Luftbildabteilung der Royal Air Force, die den Streifen 1966 untersuchten, kamen zu dem Schluß, daß sich in der Tat im Loch Ness ein gewaltiges und wahrscheinlich lebendes Objekt verbirgt.

Ein weiterer Film, der am 13. Juni 1967 während einer Expedition aufgenommen wurde, ist von außergewöhnlich guter Qualität. Der Streifen wurde am nördlichen Ende des Sees bei Dores aufgenommen und zeigt einen festen Körper, der am Ende eines Höckers auftaucht und verschwindet, sobald das Schiff mit den Forschern an Bord näherkommt.

Geradezu unglaublich sind Unterwasserfotos, die Dr. Robert Rines von der Akademie für angewandte Wissenschaften am *Massachusetts Institute for Technology* (MIT) am 20. Juni 1975 aufgenommen hat. Sie ließen ein bräunliches Tier mit einem elf Meter langen Körper und einem über zwei Meter langen Hals erkennen.

Abb. 10 Ist das »Ungeheuer von Loch Ness« eine Saurierart, die seit dem Erdmittelalter überlebt hat?

Eine Aufnahme, die vermutlich vom Kopf stammte, wies die Umrisse eines Lebewesens mit »Hörnern« auf.

Mittlerweile haben etliche Teams verschiedener Universitäten und Institute ernstzunehmende Beweise für die Existenz von Lebewesen geliefert, die ungleich größer als Fische sind und deren Bewegungsabläufe sich grundlegend von diesen unterscheiden. Trotz alledem argumentieren noch immer skeptische Zoologen, daß zur Erhaltung einer Art in einem derart begrenzten Ökosystem wie dem Loch Ness wenigstens zwanzig Exemplare vonnöten wären. Das stimmt auch – denn ein Tier allein hätte sicher kaum die Jahrmillionen überleben können. Nach alten Überlieferungen der Region sollen sich unter der an den See angrenzenden Hügelkette riesige unterirdische Höhlen hinziehen, die nicht nur einem einzigen Saurier als idealer Unterschlupf dienen könnten, sondern einer ganzen Kolonie.

Immerhin hat das mysteriöse Geschöpf aus den Highlands auch

schon einen wissenschaftlichen Namen: »Nessiteras Rhombopte-ryx« – zu deutsch »Ness-Ungeheuer mit rautenförmigen Flossen«. Denn am wahrscheinlichsten handelt es sich dabei um Verwandte jener eingangs erwähnten Plesiosaurier, Riesenechsen mit Schlangenhals, die gegen Ende des Erdmittelalters ausgestorben sind. Es waren geschickte Unterwasserjäger, und sie ernährten sich von Fischen, wie sie auch im Loch Ness in großen Schwärmen zu finden sind. Nahrung wäre also ausreichend vorhanden.

Um die geheimnisvollen Geschöpfe, die mit großer Sicherheit die letzten ihrer Art darstellen, vorsorglich zu schützen, haben die schottischen Behörden bereits 1934 eine Verordnung erlassen, die den Gebrauch von Feuerwaffen auf das Seeungeheuer verbietet. Man weiß ja nie …

1934
Die leuchtende Frau von Pirano

Es erregt naturgemäß unsere Aufmerksamkeit, wenn auf einmal Licht von Gegenständen ausgestrahlt wird, welche normalerweise nicht als Lichtquellen gelten. Vollkommen mysteriös aber wird es, wenn Leuchterscheinungen vom menschlichen Körper ausgehen und selbst Mediziner vor diesem Phänomen kapitulieren müssen, was dessen Erklärung betrifft.

Im Mai 1934 war die »leuchtende Frau von Pirano« eine Sensation, die auf dem Umweg über ärztliche Fachblätter in die Weltpresse gelangte. Die bewußte Frau hieß Anna Monaro, war Italienerin und litt an schwerem Asthma. Einer Pflegerin, die nachts ihre Runde durch die Station machte und dabei auch in das Zimmer von Signora Monaro kam, fiel ein seltsames Leuchten auf. Als sie hierüber beim Stationsarzt Meldung machte, erntete sie zunächst nur ungläubigen Spott.

Doch das seltsame Leuchten war in den folgenden Wochen immer wieder zu sehen, und zwar nur, wenn die Patientin schlief. Nun begaben sich angesehene Mediziner aus vielen Ländern in das kleine Krankenhaus. An einem Abend schlief Anna Monaro friedlich, während die Professoren Dr. Fabio Vitali, Dr. G. Trabacchi und Dr. Sante de Sanctus an ihrem Bett Wache hielten. Plötzlich erhellte ein unwirklich flackerndes, blaues Licht die Brust der Schlafenden. Die Ärzte beugten sich über sie und stellten fest, daß das ominöse Licht keinerlei Schatten warf.

Das geheimnisvolle Leuchten der Asthmakranken konnte in der Folgezeit sogar auf Zelluloid gebannt werden. Nur mit einer passenden Erklärung für das ungewöhnliche Phänomen taten sich die Ärzte schwer. Ein Psychiater führte es darauf zurück, »daß die elektrischen und magnetischen Organismen im Körper der Patientin eminent entwickelt« seien, doch trug diese »Erklärung« in keinster Weise zur Lösung des Rätsels bei. Ein anderer Mediziner sprach von »elektromagnetischer Strahlung aus bestimmten, in ihrer Haut vorkommenden Verbindungen«. Dies war ein Hinweis auf die damals gängigen Bio-Lumineszenz-Theorien. Der Arzt Dr. Protti schließlich, dem wir den ausführlichsten Untersuchungsbericht über diesen Fall verdanken, kam zu dem Schluß, daß der sehr angegriffene Gesundheitszustand Signora Monaros, einhergehend mit religiösem Eifer und Fasten, den Anteil der Sulfide in ihrem Blut überproportional erhöht hätten.

Nach einigen Wochen hörten diese seltsamen blauen Leuchterscheinungen von selbst auf und wurden auch nicht mehr bemerkt. Was bleibt, ist eines von vielen ungelösten Rätseln in der Geschichte der Medizin des zwanzigsten Jahrhunderts.

1935
Wenn die Seele auf Wanderschaft geht

Im Jahre 1935 befand sich der Interimsregent Tibets, der in der Zeit ohne Dalai-Lama die politisch-religiöse Führung jenes Landes auf dem »Dach der Welt« innehatte, in arger Bedrängnis. Zwei Jahre waren bereits ins Land gegangen, seitdem der Gyalwa Rinpoche, wie der Dalai-Lama auf tibetisch heißt, das Zeitliche gesegnet hatte. Thub-Idan-rgya-mtsho war der dreizehnte Dalai-Lama gewesen, als er 1933 im Potala-Palast auf dem heiligen Tempelberg in Lhasa seine Augen schloß.

Sein Tod löste, wie bei allen seiner Vorgänger, eine lange, mysteriöse Suche nach jenem Kind aus, von dem die Tibeter überzeugt waren, es werde schon bald als der rechtmäßige Herrscher und Nachfolger Dalai-Lamas für den Löwenthron geboren werden. Seit 1391, als Dge-'dun-grub-pa als erster Gyalwa Rinpoche diesen Thron bestieg, soll sich das Oberhaupt der Tibeter in ununterbrochener Reihe bis auf den heutigen Tag reinkarniert haben.

Nun waren zwei Jahre vergangen, und noch immer war der Junge, in dessen Körper die Seele des dahingeschiedenen, dreizehnten Dalai-Lama eingegangen war, nicht gefunden worden. Zwar hatte es bereits beim Ableben des Oberhaupts Zeichen gegeben: Wenige Tage nach dessen Aufbahrung hatte sich das Antlitz des Verstorbenen in östliche Richtung geneigt, und ein großer, sternförmiger Pilz war auf einem hölzernen Pfeiler an der Nordostecke des Aufbahrungspavillons gewachsen.

Für die Vertreter des Hofstaates und die religiösen Würdenträger waren dies untrügliche Omen, daß jener kleine Junge, in dem sich die Seele des dahingegangenen Gyalwa Rinpoche reinkarnieren würde, exakt in nordöstlicher Richtung von Lhasa zu finden sei. Es mußten aber noch weitere Indizien gefunden werden, um die Suche nach ihm besser eingrenzen zu können.

So machte sich der Interimsregent 1935 zum heiligen Bergsee Lhamo Latso auf, um, wie er hoffte, während der meditativen Betrachtung der Wasseroberfläche die zielführende Vision zu erleben. Für die Tibeter ist jener See eine wichtige Orakelstätte, vergleichbar mit dem altgriechischen Delphi. Der erste Dalai-Lama hatte am Ufer des Lhamo Latso eine Vision, die ihm mitteilte, daß alle seine zukünftigen Inkarnationen unter dem persönlichen Schutz der Göttin Pandan Lhamo stünden.

Als nun der Interimsherrscher einige Tage dort konzentriert meditiert und gebetet hatte, sah er vor seinem geistigen Auge ein Kloster mit jadegrünen und goldenen Dächern sowie ein Haus mit türkisfarbenen Ziegeln. Er vermochte das Haus, dessen Umgebung und selbst den Hund der dort lebenden Familie zu erkennen und exakt zu beschreiben. Jene Vision half den hohen Lamas und anderen Würdenträgern, die sich als getarnte »Suchtrupps« auf den Weg gemacht hatten und den gesamten Landesteil nordöstlich von Lhasa durchkämmten, entscheidend weiter. Endlich hatte man einige Anhaltspunkte, welche die örtlichen Gegebenheiten genau beschrieben.

Im darauffolgenden Jahr – drei Jahre waren nun seit dem Tod des dreizehnten Dalai-Lama vergangen – fand einer der Suchtrupps nach langem Umherziehen schließlich den Ort, auf den alle Einzelheiten der Vision ihres Regenten am Bergsee Lhamo Latso zutrafen. Es waren dies die grünen und goldenen Dächer des Klosters Kumbum sowie ein Haus mit türkisfarbenen Ziegeln im nahegelegenen Dorf Taktser. Der Ort befand sich genau in nordöstlicher Richtung der Hauptstadt Lhasa. Aber was noch weitaus schwerer wog: Im Hause lebte ein Ehepaar mit einem Jungen, der im Jahre 1935 geboren, also knapp über zwei Jahre alt war.

So besuchte die Gruppe die Familie, ohne aber den wirklichen Grund für ihr Kommen preiszugeben. Losang Tsewang, ein jüngeres Mitglied des Trupps, gab sich dabei als Regent aus, während sich sein wahrer Führer, der Lama Kewtsang Rinpoche, einfach wie ein Diener gekleidet und beobachtend, im Hintergrund hielt. In seiner Autobiographie *My Land and my People* schrieb der spätere vierzehnte Dalai-Lama über diesen Besuch:

»Meine Eltern empfingen die Fremden an unserer Pforte und baten Losang, den sie für den Herrn hielten, in das Haus. Der verkleidete Lama aber und die anderen wurden in die Räume der Dienstboten geführt. Dort entdeckten sie einen kleinen Jungen. Als dieser den Lama sah, lief er erfreut auf ihn zu und begehrte, auf dem Schoß des Würdenträgers zu sitzen. Als Verkleidung trug der Lama einen abgetragenen Lammfellmantel über seinen Gewändern. Um den Hals jedoch trug er einen Rosenkranz, der dem verstorbenen Dalai-Lama gehört hatte. Es hatte den Anschein, als würde der Junge diesen sofort wiedererkennen, denn er griff, ohne zu zögern, danach und wollte ihn auf der Stelle wiederhaben. Der Lama Kewtsang Rinpoche versprach dem Knaben den Rosenkranz, wenn er ihm sagen könne, wer er sei. Daraufhin erwiderte der Junge, er sei Sera-aga – was in dem dortigen Dialekt soviel bedeutete wie ›ein Lama von Sera‹.«

Tatsächlich stammte Kewtsang Rinpoche aus dem Kloster Sera. Der Junge unterhielt sich ausführlich mit ihm, wobei er viele Ausdrücke aus der offiziellen Hofsprache Tibets benutzte. Doch niemand in der Familie oder Umgebung des Kindes sprach jene gewählte Hofsprache.

Der Lama verbrachte den ganzen Tag mit dem Jungen und beobachtete diesen mit zunehmendem Interesse. Als die Gruppe dann am nächsten Tag den Rückweg nach Lhasa antreten wollte, begehrte der Kleine mit ihnen zu gehen und bat sie, zu warten. Dafür jedoch war die Zeit noch nicht reif. Erst mußten, um endgültig sicherzugehen, noch einige Orakel konsultiert werden. Aber all die Befragungen bestätigten den kleinen Jungen eindeutig als die neue Inkarnation des Gyalwa Rinpoche.

So waren sich endlich alle Teilnehmer der Suchaktion einig: Man hatte den vierzehnten Dalai-Lama gefunden, geistliches und weltliches Oberhaupt der Tibeter. Am vierzehnten Tage des ersten Monats im Jahre des eisernen Drachen – das war das Jahr 1940 nach unserer Zeitrechnung – wurde der Knabe als *Bstan'dzin-rgya-mtsho* auf den Löwenthron im Potala-Palast gesetzt. Lange Jahre des Interims, jener Zeitspanne zwischen zwei Inkarnationen des Dalai-Lama, waren nach Ablauf der Feierlichkeiten zu Ende. Und so unglaublich auch die Details der Suche nach dem neuen Herrscher des Landes auf dem Dach der Welt klingen: Seit mehr als sechshundert Jahren geht dessen Seele, wenn es an der Zeit ist, auf Wanderschaft. Um immer wieder zurückzukehren!

1936

Besuch aus einer anderen Zeit?

Die jüngsten Forschungsergebnisse der modernen Physik drängen uns zu der Überlegung, daß die Lichtgeschwindigkeit sicher nicht die oberste Grenze darstellt. Vor diesem Hintergrund erscheinen sogar Reisen durch die Zeit als – theoretisch – machbar. Hier sind zwei Fälle aus dem Jahr 1936, die den Schluß nahelegen, daß dies womöglich schon einigen »Zeitgenossen« gelungen ist. Ob gezielt oder nur durch eine Art »Unfall«, das sei dahingestellt.

Fresno, Kalifornien. An einem heißen Sommertag stürzten die damals siebzehnjährige Carmen Chaney und deren Tante Frankie auf die Straße, um einer alten Frau zu helfen, die offensichtlich sehr krank war. Sie schwankte auf zittrigen Beinen, als ob sie jeden Moment zusammenbrechen würde. Als die beiden sich ihr, in der Absicht zu helfen, näherten, geriet die Greisin offensichtlich in Panik. Eilig versuchte sie, davonzuhumpeln.

Es war eine groteske Erscheinung. Sie besaß große, leuchtende, im kreidebleichen Gesicht tiefliegende Augen. Ihre Haut spannte sich straff über den Schädel. Sie war spindeldürr, etwa ein Meter fünfundvierzig groß und hatte allem Anschein nach schneeweiße Haare, die unter ihrem großen schwarzen Hut wirr heraushingen. Die alte Frau trug ein hochgeschlossenes Kleid mit langen Ärmeln und hochgeknöpfte Schuhe, wie sie in längst vergangenen Zeiten einmal modern gewesen sein mögen. Ihr tief ins Gesicht gezogener Hut, ebenso ihr Kleid, waren vom Verfall gezeichnet. Auffällig war der grünliche Ton ihrer Kleidungsstücke. Auf jeden Fall machte sie einen bedauernswerten Eindruck.

Nach kurzer Zeit fanden sich weitere Anwohner ein, die das seltsame Szenario aus nächster Nähe miterlebten. Die alte Frau bog am Ende der Straße humpelnd in eine angrenzende Allee ein, warf ihren Verfolgern noch einen letzten, verzweifelten Blick zu. Dann verschwand sie von einem Augenblick zum nächsten, als hätte sie sich in Luft aufgelöst.

Nur ein knappes halbes Jahr später, im Winter 1936, hatte sich in Detroit ein noch dramatischerer Fall zugetragen. Im Hotel »Uncle Sam« war ein gutgekleideter Mann abgestiegen, der vorgab, einen Autounfall gehabt zu haben und auf einen Freund zu warten, der ihm weiterhelfen sollte. Am späten Abend läutete jener Gast mehrmals nach der Bedienung, ohne jedoch eine Antwort zu erhalten. Als der Mann daraufhin auf den Gang trat und sich beschwerte, entschuldigte sich die Serviererin damit, daß sie soeben Stammgäste bedient hätte. Woraufhin der Mann antwortete: »Gut, aber wenigstens …«

Er brach mitten im Satz ab, und im gleichen Moment wurde es stockfinster. Die Serviererin stieß einen markerschütternden Schrei aus, denn der ominöse Gast begann in der Dunkelheit intensiv blau zu leuchten. Er stürzte die Treppe hinunter, rannte quer durch den Speisesaal und lief in die Nacht hinaus. Der Besitzer des Hotels versuchte noch, ihn zurückzuhalten, aber dabei erhielt er einen elektrischen Schlag.

Als man wenig später das Zimmer des geheimnisvollen Fremden durchsuchte, fand man die »normalen« Accessoires, die Reisende so mit sich führen: einen Koffer mit Kleidungsstücken, Anzug und Mantel. Dann aber entdeckte man einen Brief, den der Mann eben erst zu schreiben begonnen hatte: »Lieber Harry, ich bin gestern hier angekommen in der Hoffnung, Dich anzutreffen. Es tut mir leid, Dich zu belästigen, aber ich bitte Dich, sofort hierherzukommen, sobald Du wider zurück bist. Möglicherweise kannst Du mir helfen. Sonst muß ich für immer in einer Zeit leben, die nicht die meine ist. Ich bin …«

Nach den Aussagen eines Gastes war der ominöse Fremde schon im Sommer desselben Jahres – etwa zur selben Zeit, als auch die beiden Frauen in Fresno mit der geheimnisvollen Greisin zusammentrafen – in New York beobachtet worden. Auch da verschwand er plötzlich, in ein blaues Leuchten gehüllt. In jener Winternacht im Dezember 1936 verschwand er für immer.

Sollten wir schon bald unsere Vorstellungen, die wir von der

Zeit und ihrem Ablauf haben, radikal revidieren müssen? Es sieht so aus, als ob in diesem Universum weit mehr möglich ist, als unser äußerst begrenztes Vorstellungsvermögen zu begreifen vermag.

1937
Wo ist Amelia Earhart geblieben?

Wenn es so etwas wie eine »Hitliste« der berühmtesten, spurlos Verschwundenen des zwanzigsten Jahrhunderts geben sollte, dann gebührte ihr darin ein Platz unter den ersten drei. Die Rede ist von der amerikanischen Flugpionierin Amelia Earhart, deren Andenken noch heute in den Vereinigten Staaten sehr hoch im Kurs steht. Ihr Verschwinden erregte 1937 ein solch großes Aufsehen, das heute nur mit dem zu vergleichen wäre, würde ein Space shuttle seine Umlaufbahn im Erdorbit verlassen und auf Nimmerwiedersehen im Weltall verschwinden!

Im Sommer 1937 hatte die Fliegerin zusammen mit ihrem Navigator Noonan den tollkühnen Versuch unternommen, in einer zweisitzigen Lockheed *Electra* in mehreren Etappen die Erde zu umrunden. Am 2. Juli 1937 startete das Duo zur drittletzten Etappe, die sie über eine Strecke von mehr als viertausend Kilometern über den offenen Pazifik führen sollte. Als Etappenziel war die kleine, etwa in der Mitte zwischen den Fidschi-Inseln und Hawaii gelegene Howland-Insel vorgesehen. Ein schwieriges Unterfangen, sollte doch ein drei Kilometer langes und nicht ganz einen Kilometer breites Eiland in den unendlich erscheinenden Weiten des Pazifischen Ozeans ausgemacht und angeflogen werden.

Die amerikanischen Behörden hatten schon Vorsichtsmaßnahmen getroffen: Die *USS Ontario* stand auf halbem Weg zwischen Lae Island und Howland, und die *USS Swan* war zwischen Howland und Hawaii stationiert. Außerdem ankerte der Küstenwachkutter *Itasca* vor Howland, um über Funk Anweisungen für den Landeanflug zu geben. Die gesamte Etappe hätte etwa achtzehn Stunden in Anspruch nehmen sollen. Indes belegen jedoch die Funksprüche, die von der Itasca aufgefangen wurden, daß die Electra zwanzig Stunden und fünfundzwanzig Minuten in der Luft war. Amelia Earhart hatte sich etwa dreihundert Kilometer vor Howland gemeldet, ohne Land zu sichten, dann kam sie auf hundertfünfzig Kilometer heran und begann zu kreisen, um die kleine Insel zu suchen. Der letzte Funkruf, den die Itasca auffing, war eine unvollständige Positionsmeldung, die besagte, daß die *Electra* abwechselnd nord- und südwärts flog, ohne Howland zu finden. Dann herrschte Funkstille.

Die Aufregung war immens. Mehr als ein Dutzend Kriegsschiffe, darunter der Flugzeugträger *Lexington* und der Schlachtkreuzer *Colorado*, suchten in diesem zu Polynesien gehörenden Teil der Südsee siebenhunderttausend Quadratkilometer ab. Weder Wrackteile wurden gefunden, noch Spuren der Piloten. Amelia Earhart und ihr Navigator Noonan tauchten nie wieder auf.

So verbreiteten die US-Behörden, die berühmte Fliegerin sei wahrscheinlich über Howland hinausgeflogen, habe auf der Suche nach der Insel immer größere Kreise gezogen, und sei letztlich wegen Treibstoffmangels ins Meer gestürzt.

Erst viele Jahre später kamen gewisse Details ans Tageslicht, die, sollten sie der Wahrheit entsprechen, kein positives Licht auf Amelia Earharts Heimatland werfen. Zu Anfang der sechziger Jahre stieß der CBS-Journalist Fred Goerner zufällig auf eine recht mysteriöse Geschichte, die von einem alten Ehepaar auf der Marianeninsel Saipan verbreitet wurde. Demzufolge hielten die Japaner 1937 auf jener Insel zwei weiße Gefangene, und zwar einen Mann und eine Frau, in Haft. Der Mann sei wegen Spionage hingerichtet worden, während die Frau in der Haft gestorben sei.

Nach langwährenden Recherchen konnte Goerner eine Reihe für die USA höchst peinlicher Tatsachen präsentieren. So verfügten die Suchmannschaften nicht über die vollständigen Mitschriften des Funkverkehrs – offensichtlich waren einige wichtige Passagen zen-

Abb. 11/11a Amelia Earhart und ihre zweimotorige Lockheed »Electra« (oben). Was geschah mit der berühmten Fliegerin?

siert worden! Auf dem Etappenziel Howland waren modernste Funkanlagen installiert worden, die mit Angehörigen der US-Navy, sprich: der Kriegsmarine, besetzt waren. Ursprünglich war eine völlig andere Flugroute vorgesehen gewesen. Da jedoch das Japanische Kaiserreich 1937 die Karolinen und die Marshallinseln sowie einige weitere Archipele besetzt hielt, mußte ein alternativer Flugplan erstellt werden. Die Japaner hatten ausländischen Flugzeugen die Landung auf den Flugplätzen ihrer Hoheitsgebiete strengstens untersagt.

Der CBS-Reporter fand Hinweise darauf, daß die US-Regierung Amelia Earhart womöglich überredet hatte, die nordwestlich von Howland gelegenen Marshallinseln zu überfliegen und dann weiter westwärts bis zu den Truk-Inseln vorzudringen, um den dort gelegenen, kriegswichtigen Stützpunkt der Japaner auszuspähen. Weiter fand er heraus, daß das Flugzeug während einer Etappenpause auf Java mit stärkeren Motoren bestückt worden war. Hierdurch war die Electra so schnell geworden, daß sie eine weite Schleife über die Karolinen und Marshallinseln hätte fliegen und trotzdem Howland zur vorausberechneten Ankunftszeit erreichen können.

Eine weitere Diskrepanz bestand darin, daß die Flugpioniere gemäß dem offiziellen Wetterbericht auf der ganzen Flugstrecke ausgezeichnetes Wetter gehabt haben müssen. In einem der Funkrufe war allerdings von schlechtem Wetter die Rede – und die einzige Schlechtwetterzone in dieser Region lag zu der betreffenden Zeit weiter nordwestlich.

Waren Miss Earhart und ihr Copilot Noonan abgestürzt, oder haben sie sich zu einer Notlandung auf einer unter japanischer Besatzung stehenden Insel entschlossen? Die Japaner trafen in jenen Tagen rege Kriegsvorbereitungen, und wenn die beiden verdächtigt wurden, Spionage zu betreiben, dann dürfte ihr Schicksal besiegelt gewesen sein.

Ein weiteres Faktum, das bekannt wurde, war, daß kurz nach der Eroberung der Insel Saipan im Jahre 1944 ein Marinekommando den Befehl erhielt, auf dem Friedhof zwei Leichen zu exhumieren. Waren es die Leichen der verschwundenen Flugpioniere, die heimlich in die Vereinigten Staaten geflogen wurden?

Die berühmte Fliegerin hat das Geheimnis um ihr mysteriöses Verschwinden mit in ihr (unbekanntes) Grab genommen. Unleugbar ist auch, daß sich die amerikanische Regierung bis auf den heutigen Tag weigert, Informationen über das Schicksal von Amelia Earhart und ihrem Begleiter vorzulegen.

Wurde sie von ihrem eigenen Land zuerst zur Spionin, danach zur Märtyrerin gemacht? Tote Helden geben, wie wir wissen, die besten Legenden ab.

1938
Dropas von den Sternen

Es ist das aufregendste Mysterium des zwanzigsten Jahrhunderts, das im Jahre 1938 seinen Anfang nahm. Irgendwann um die Jahreswende 1937/38 unternahm der chinesische Archäologe Dr. Chi Pu-Tei gemeinsam mit einigen Mitarbeitern eine Expedition in eine der abgelegensten und unwegsamsten Bergregionen Zentralchinas: In das *Baian-Kara-Ula-Gebirge*, das sich etwa beiderseits der Provinzgrenzen von Qinghai und Sichuan erstreckt. Die Berge dort steigen bis über fünftausend Meter an, aber selbst die Täler sind noch um die zweitausend Meter hoch gelegen. Die Winter dort sind außerordentlich streng, doch im Sommer kann es angenehm warm werden. Wissenschaftler sind sich sicher, Spuren menschlicher Besiedlung dort bis in prähistorische Zeit zurückverfolgen zu können.

In einer Reihe von Felsenhöhlen in besagtem Baian Kara Ula entdeckte die Expedition Chi Pu-Teis Anfang 1938 zahlreiche, exakt ausgerichtete Reihengräber. Darin wurden die Skelette von Geschöpfen bestattet, deren durchschnittliche Größe mit knapp ein Meter dreißig unter der normalwüchsiger Menschen lag. Diese besaßen zudem einen sehr feingliedrigen Körperbau, in Verbindung mit schmalen Schultern und dünnen Extremitäten. Ihre Köpfe waren hingegen ausgesprochen überproportioniert, wodurch sie einen höchst fremdartigen Eindruck erweckten.

Uralte Sagen und Legenden in diesem Teil Chinas wußten denn auch von kleinwüchsigen und mageren, gelben Wesen zu berichten, die aus den Wolken kamen und wegen ihrer auffallenden Häßlichkeit und absoluten Andersartigkeit von den Angehörigen der umliegenden, angestammten Volksgruppen gnadenlos gejagt und massakriert wurden. Selbst in jüngerer Zeit sind die Höhlen der Bergregion bei den abergläubischen und mißtrauischen Bewohnern ein Tabu. Dies dürfte wohl auch der Grund sein, warum die Relikte bis zu deren Entdeckung 1938 ungestört und unangetastet von Grabräubern geblieben waren.

Dem Vernehmen nach ordneten Anthropologen jene Skelettfunde den *Dropas* und den *Khams* zu, zwei Gebirgsstämmen aus dem Baian Kara Ula, deren körperliche Besonderheiten mit den oben beschriebenen übereinstimmten. Diese entzogen sich aber jeder weiteren ethnologischen Zuordnung. Das Alter der Skelette wurde mit etwa zwölftausend Jahren angegeben.

Als eigentliche Sensation sollten sich jedoch 716 steinerne Scheiben erweisen, die den in den Höhlen bestatteten Toten als Beigabe in die Gräber plaziert worden waren. Ähnlich Schallplatten, waren diese nur einen Zentimeter dicken und im Durchmesser knappe dreißig Zentimeter messenden Steinteller in der Mitte mit einem runden, fingerdicken Loch versehen. Auch Rillen fehlten nicht, allerdings führten diese, vom Mittelloch ausgehend, doppelt spiralförmig zum Rand der Scheibe. Zwischen diese Doppelrillen eingravierte Zeichen stellen die seltsamste Schriftart dar, die je ans Licht des Tages kam.

Die geheimnisvollen Gravuren bescherten den chinesischen Historikern mehr als zwanzig Jahre Arbeit und Kopfzerbrechen. Erst 1962 gelang es einem Team von fünf Archäologen unter der Leitung von Professor Tsum Um Nui von der Pekinger Akademie für

Frühgeschichte, einige wenige Passagen der Rillen-Hieroglyphen zu entziffern. Die Inschriften erzählen demnach das Abenteuer gestrandeter, außerirdischer Weltraumfahrer, die in dem Gebirge abgestürzt seien. Schenkt man den Chronisten Glauben, die ihre Mitteilungen für die Nachwelt den Steintellern anvertraut haben, so habe es eine Gruppe ihres Volkes vor von heute zurückgerechnet ungefähr zwölftausend Jahren auf den dritten Planeten dieses Sonnensystems verschlagen. Unglücklicherweise sei ihr Raumschiff bei der Havarie in dem unwegsamen Gebiet so stark beschädigt worden, daß eine Reparatur und somit ein Fortkommen unmöglich geworden seien. Gestrandet in einer für sie vollkommen fremden Welt, waren sie zudem auch noch gezwungen, sich gegen die Aggressionen der in dem Gebirge angesiedelten Stämme massiv zur Wehr zu setzen.

Wörtlich heißt es an einer Stelle: »Die Dropa kamen mit ihren Luftgleitern aus den Wolken herab. Zehnmal bis zum Aufgang der Sonne versteckten sich die Männer, Frauen und Kinder der Kham in den Höhlen. Dann verstanden sie die Zeichen und sahen, daß die Dropa diesmal in friedlicher Absicht kamen.«

Die etablierte Wissenschaft nahm den phantastisch klingenden Bericht, als er gegen den Widerstand der Akademie für prähistorische Forschung veröffentlicht wurde, als schlichte Provokation auf. In China und in der Sowjetunion wurde er nur widerstrebend zur Kenntnis genommen, und die dortigen Archäologen rieten wegen der Widersprüchlichkeit der Details zu äußerster Vorsicht. Im Westen hingegen wurde – und wird weitestgehend noch immer – das Ergebnis des Teams von Professor Tsum Um Nui ignoriert oder als Phantasieprodukt abgetan.

Nur kurze Zeit später ging dieser Gelehrte, verbittert und von den meisten seiner Zeitgenossen als Spinner abgestempelt, nach Japan, wo er um das Jahr 1965 herum gestorben ist. Es waren daher auch japanische Quellen, aus denen diese ominöse Geschichte in den Westen gelangt ist.

Danach war es lange Zeit nicht möglich, Einzelheiten dieses Jahr-

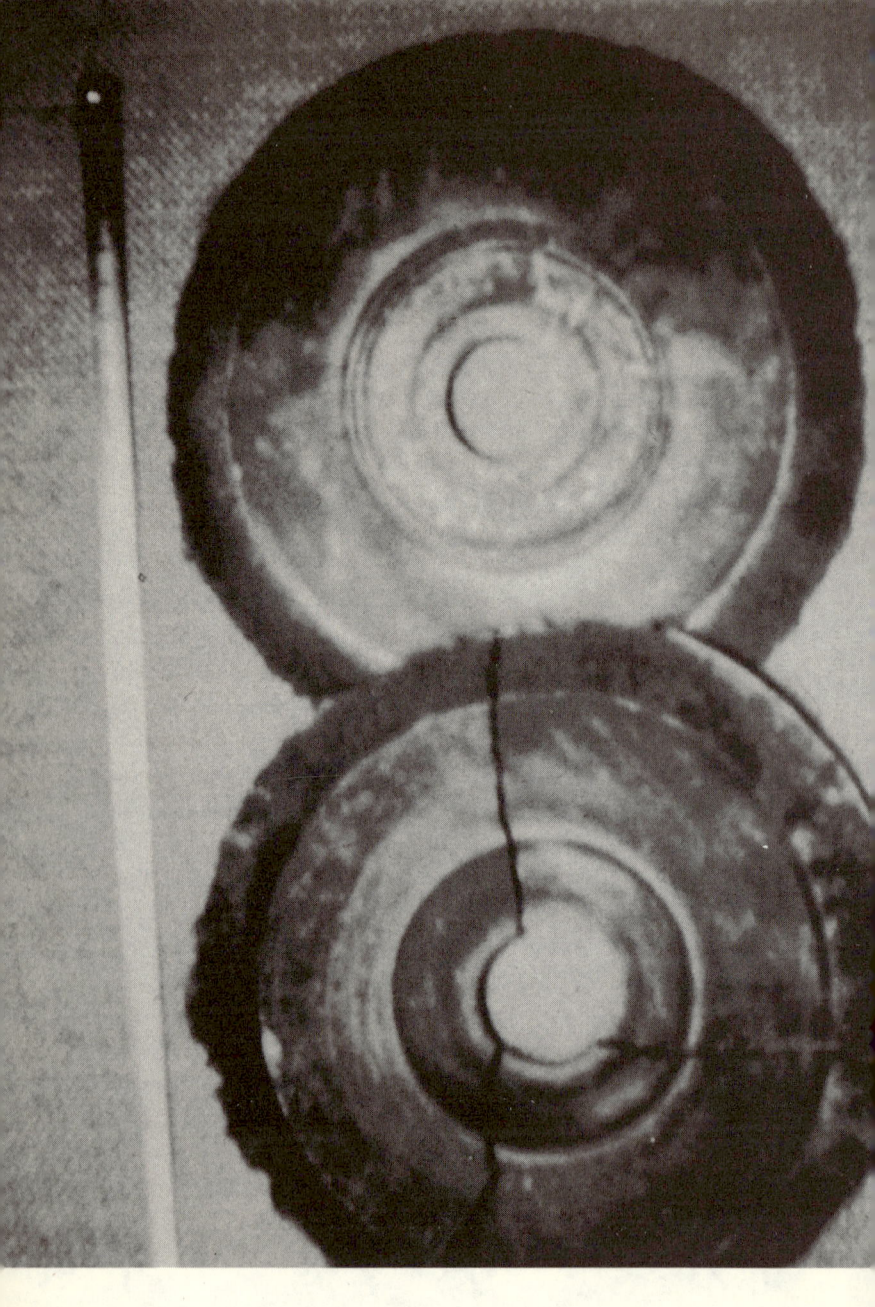

hunderträtsels zu verifizieren: China war für Forscher aus dem Ausland erst einmal tabu! Dies änderte sich erst, als der österreichische Ingenieur Ernst Wegerer 1974 ganz zufällig im »Banpo-Museum« in der Stadt Xian zwei jener 716 Steinscheiben aus dem Baian-Kara-Ula-Fund entdeckte. Als er die damalige Museumsdirektorin nach dem Zweck der Scheiben fragte, verschanzte diese sich hinter der fadenscheinigen Argumentation, daß es sich nur um »Kultobjekte« handle. Dies war höchst seltsam, wußte sie doch sonst über jeden Tonscherben im Museum bestens Bescheid. Doch sie erlaubte ihm, die Scheiben zu fotografieren. Daher stehen uns wenigstens ein paar – wenn auch nicht allzu gute – Fotografien der geheimnisumwobenen Steinscheiben zur Verfügung.

Jene Museumsdirektorin verschwand übrigens, wie ich im März 1994, als ich mit meinem Wiener Freund und Autorenkollegen Peter Krassa in Xian weilte, feststellen konnte, nur wenige Tage nach dem Gespräch mit dem österreichischen Ingenieur. Seither ist sie spurlos verschwunden, wie auch die beiden im Banpo-Museum ausgestellten Artefakte.

Wenn auch die Indizien für einen möglichen UFO-Absturz, der sich in prähistorischen Zeiten im Herzen Chinas ereignet haben soll, derzeit wieder an einem unbekannten Ort verborgen sind, so gibt es doch noch weitere Ansatzpunkte, die zu verfolgen lohnend wäre. Denn im Zusammenhang mit den Funden und Mythen aus dem Baian Kara Ula war ja stets von äußerst kleinwüchsigen, humanoiden Wesen mit Namen *Dropa* die Rede. So phantastisch das klingt: Noch heute existiert – gar nicht weit von besagter Gebirgsregion – eine zwergenwüchsige Population, die möglicherweise sogar aus Nachfahren jener Havaristen aus dem Weltall besteht. Dies ist aber eine andere spannende Geschichte, und die führt uns geradewegs in das Jahr 1996 …

Abb. 12/13 Zwei der Steinscheiben aus dem Gebirge von Baian Kara Ula (vorhergehende Seite) sowie ein Modell, das den UFO-Absturz im Herzen Chinas nachstellt (folgende Doppelseite).

1939

Wohin verschwanden dreitausend Soldaten in einer Nacht?

An anderer Stelle habe ich schon von einem Regiment berichtet, das im Ersten Weltkrieg auf schier unglaubliche Weise für immer verschwunden ist. Ein weiterer Vorfall dieser Art, der in Sachen Anzahl der Verschwundenen jeglichen Rahmen sprengte, spielte sich im Kriegsjahr 1939 ab. Allerdings nicht in Europa oder in Amerika, das sich ja zu dieser Zeit noch gar nicht mit irgendeiner Nation im Kriegszustand befand, sondern in China, das von 1937 bis 1945 mit Japan Krieg führte. Das Land der aufgehenden Sonne hatte seine Hände nach dem Reich des roten Drachen ausgestreckt.

In diesem Jahr 1939 bewegte sich die siegesgewohnte japanische Infanterie auf Nanjing zu. Nichts konnte die Elitetruppen des Tenno unter ihrem Kriegsbanner mit der roten Sonne aufhalten. Doch Oberst Li Fu Sien von der chinesischen Regierungsarmee hatte vom Oberkommando den Befehl zu genau diesem »Himmelfahrtskommando« erhalten. Ihm standen dreitausend Soldaten zur Seite, die wahrlich nicht zu beneiden waren.

Li Fu Siens Armee ging rund fünfundzwanzig Kilometer nördlich der Stadt Nanjing in Stellung und grub sich in ihre eiligst ausgehobenen Schützengräben ein. Nur einen guten Kilometer entfernt begab sich Li Fu Sien mit seinem Stab in sein Hauptquartier. Am darauffolgenden Morgen war die Überraschung perfekt: Beinahe die gesamte Truppe war spurlos verschwunden! Im Lauf weniger Stunden waren 2988 Soldaten buchstäblich vom Erdboden verschluckt worden. Nur mehr eine kleine Abteilung von hundertdreizehn Männern, die abgesondert vom Haupttroß eine Brücke zu sichern hatten, befand sich noch auf ihrem Posten.

Was war in jener Nacht vorgefallen? Waren die Soldaten massenweise desertiert, weil die zu erwartende Konfrontation mit der japanischen Übermacht auf keinen Fall zu gewinnen war und mit an Sicherheit grenzender Wahrscheinlichkeit in einem riesigen Blutbad enden mußte? Reiner Selbsterhaltungstrieb als des sinistren Rätsels einfache Lösung? Dieser Gedanke mag durchaus naheliegen und in Kriegszeiten sofort einleuchten. Aber trotzdem tauchte keiner der abgängigen Infanteristen jemals wieder auf.

Nach der bedingungslosen Kapitulation des japanischen Kaiserreiches am 14. August 1945 fand man in den Kriegsberichten des Verlierers keinerlei Hinweise auf die Gefangennahme dieses großen Truppenkontingents. Kampfhandlungen hatten in der fraglichen Nacht nicht stattgefunden, was im gut einen Kilometer entfernten Hauptquartier Oberst Li Fu Siens nicht unbemerkt geblieben wäre. Nachts sind Schüsse noch ungleich weiter zu hören als am Tage, und das Stakkato des Maschinengewehrfeuers wäre noch auf zehn Kilometer Distanz zu vernehmen gewesen.

Und wer an etwas Schlimmeres denkt – Greueltaten am Kriegsgegner ziehen sich ja wie ein roter Faden durch die Geschichte der Menschheit: Diese traurige Gewißheit haben wir nicht erst seit den Tagen der serbischen Menschenschlächterei –, kommt in diesem Fall auch nicht weiter. Massengräber fand man nicht, und ein vom verhaßten Feind verübtes Massaker wäre Wasser auf die Mühlen der eigenen Kriegspropaganda gewesen!

Die 2988 Männer der Armee von Oberst Li Fu Sien jedoch sind und bleiben für alle Zeiten verschwunden, ohne auch nur die geringste Spur hinterlassen zu haben.

1940
Mein Wille sei dein Wille!

Seit dem als »Blitzkrieg« bezeichneten Einmarsch Hitlers in Polen am 1. September 1939 wurde dem Hellseher und Telepathen Wolf Gregorewitsch Messing langsam der Boden unter den Füßen zu heiß. Als Kommunist jüdischer Abstammung hatte er gute Gründe, zu fliehen. Zudem war auf ihn eine Belohnung von zweihunderttausend Reichsmark ausgesetzt, weil er den deutschen Besatzern eine schmähliche Niederlage im eben erst begonnenen Krieg vorausgesagt hatte.

Obwohl Messing in Polen große Unterstützung genoß, stöberte ihn die Gestapo auf und brachte ihn nach Berlin ins »Reichssicherheitshauptamt«. Doch Messing gelang es, von dort zu entkommen: Er hatte den Bewachern telepathisch seinen Willen aufgezwungen und war einfach aus dem schwerbewachten Gebäudekomplex herausspaziert. Anschließend floh er in die Sowjetunion, wo er sich zunächst in Sicherheit wähnte.

Doch auch dort wurde er bald verhaftet. Ein Mitarbeiter des gefürchteten NKWD (»Volkskommissariat des Inneren der UdSSR«) teilte ihm mit, daß Hellseher nicht erwünscht seien, da es sie einfach nicht gebe. Dazu muß man wissen, daß die streng materialistische kommunistische Doktrin keine Beschäftigung mit irgendwelchen grenzwissenschaftlichen Themen erlaubte – alles war erklärbar, alles war irdisch.

Doch Messing gab nicht klein bei. Er bot an, den Gegenbeweis anzutreten, und da er seinerzeit bereits über einen nicht zu unterschätzenden Bekanntheitsgrad verfügte, schaltete sich sogar Diktator Josef Stalin selbst in die Affäre ein. Anfang 1940 befahl er die Überprüfung der medialen Fähigkeiten von Wolf Messing.

Die Demonstration, die sich der Hellseher daraufhin einfallen ließ, war phänomenal. In Begleitung zweier NKWD-Offiziere betrat er eine Bank und legte dem Kassierer ein völlig leeres Blatt Papier vor, das er zuvor aus einem Schulheft herausgerissen hatte. Ohne zu zögern, zahlte ihm der Bankmann hunderttausend Rubel in bar aus. Und als er dem Kassierer kurz darauf erklärte, was dieser soeben auf seine willentliche Manipulation hin getan hatte, erlitt der Mann noch am Bankschalter eine Herzattacke. Die anschließende Entschuldigung Messings, er sei Hypnotiseur, war ihm nur ein schwacher Trost.

Abb. 14 Der russische Hellseher und Telepath Wolf Gregorewitsch Messing (ganz rechts)

Bei dem nächsten Test floh Messing aus einem Raum, den mehrere Angehörige des gefürchteten Staatssicherheitsdienstes bewachten. Endgültig überzeugt wurde Stalin erst, als es dem Telepathen und Hellseher gelang, in die von Elitetruppen schwerbewachte Datscha des Diktators einzudringen. Doch wie war dies möglich? Auch den Leibwachen Stalins hatte er seinen unbeugsamen Willen aufgezwungen. Er hatte ihnen suggeriert, Lawrentij Berija zu sein, der berüchtigte Staatskommissar des Innern und Chef des NKWD. Berija war derart verhaßt, daß er nach dem Tod Stalins zunächst seiner Ämter enthoben, sodann zum Tod verurteilt und am 23. Dezember 1953 hingerichtet wurde. Doch zwischen ihm und Messing gab es keine äußerlichen Ähnlichkeiten. Und dennoch ließen die Wachen den Hellseher passieren, salutierten zackig, als dieser das Wochenendhaus Stalins betrat. Der wiederum war wie vom Donner gerührt.

Nach der überzeugenden Demonstration wurde Wolf Gregorewitsch Messing erlaubt, seine mediale Arbeit auch in der Sowjetunion auszuüben. Dossiers aus jener Zeit folgend, wurden seine paranormalen Fähigkeiten auch als Geheimwaffe genutzt – vielleicht war dieser »PSI-Agent« nicht gänzlich unbeteiligt an dem für die Sowjetunion günstigen Ausgang des Zweiten Weltkriegs.

Als Wolf Gregorewitsch Messing 1966 im Alter von fünfundsiebzig Jahren verstarb, wurde ihm, hochdekoriert mit den größten Auszeichnungen der einstigen Sowjetmacht, ein Staatsbegräbnis erster Klasse zuteil. Bemerkenswert für einen Mann mit Fähigkeiten, die laut kommunistischer Doktrin überhaupt nicht existieren!

1941
Stimmen am Fluß

Ab und zu öffnen sich sozusagen »Fenster« in unserer Realität, und für kurze Zeit vermögen wir vergangene oder zukünftige Szenarien wahrzunehmen. Worauf diese plötzlich und ohne jede Vorwarnung auftretenden Erscheinungen zeitlosen Seins beruhen, liegt im dunkeln. Eines aber scheint sicher: Diese »Zeitfenster« öffnen sich häufiger, als wir glauben.

Im August 1941 befand sich der Amerikaner Leonard Hall mit einigen Freunden auf einer ausgedehnten Angeltour, die sie quer durch die an der Grenze von Arkansas zu Missouri gelegenen Ozark Mountains führte. Die Nächte verbrachte die Gruppe im Zelt, da der Mittelwesten der USA während der Sommermonate mit durchweg passablen Temperaturen aufwarten kann.

Eines Morgens, noch vor Sonnenaufgang – die Freunde hatten ihr Zelt am Ufer des Upper Current River aufgeschlagen –, hörte Leonard Hall plötzlich fremde Stimmen. Er öffnete das Zelt, um mit Erstaunen festzustellen, daß sie offenbar noch während der Nacht Gesellschaft bekommen hatten. Im Schein des circa dreißig Meter von ihm entfernten Lagerfeuers konnte Hall die dort drüben versammelten Männer deutlich erkennen. Und noch weitere Lagerfeuer brannten auf der Lichtung am Flußufer, was auf die Anwesenheit einer großen Anzahl von Personen schließen ließ.

Doch nun mußte sich Leonard Hall erst einmal die Augen reiben. Denn die von ihm wahrgenommenen, nächtlichen Gäste waren zumeist Indianer, die einzig mit einem bescheidenen Lendenschurz bekleidet waren. Vereinzelt waren Gesprächsfetzen zu vernehmen, aus denen einige Brocken Spanisch herauszuhören waren. Der erstaunte Hall hatte den Eindruck, zufällig Zeuge einer Lagerszene aus der Zeit der Konquista, der Eroberung Mittel- und Südamerikas im sechzehnten Jahrhundert durch die Spanier, geworden zu sein. Die Erscheinung währte nur kurze Zeit, dann verblaßte sie allmählich. Ruhig lag die Flußlandschaft in der heraufziehenden Morgendämmerung.

Da er die ganze Zeitspanne über gebannt auf die rätselhafte Erscheinung starrte, hatte es Hall unterlassen, seine Freunde aufzuwecken. Doch im nachhinein war er nicht unglücklich darüber, denn hätten nämlich die anderen nichts gesehen, so würden sie ihn sicher für verrückt gehalten haben. Vielmehr begann er nach seiner

Rückkehr von dem Angeltrip in geschichtlichen Aufzeichnungen nach Anhaltspunkten für einen historischen Hintergrund seines frühmorgendlichen Erlebnisses zu forschen. Und er wurde tatsächlich fündig: In einer Bibliothek fand er alte Dokumente, aus denen hervorging, daß sich im August 1541 – genau vierhundert Jahre vor diesem Tag – eine kleine Gruppe der Konquistadoren tatsächlich am Upper Current River aufgehalten hatte. Diese stand unter dem Kommando des spanischen Dominikaners Domingo de Soto (1494 – 1560) und bediente sich einheimischer Indianer als Träger und Sklaven.

Das Phänomen Zeit schlägt mitunter seltsame Kapriolen. Wurde Leonard Hall mitsamt seinem Zelt und den schlafenden Freunden in der Zeit versetzt, oder erlebte er eine Art »dreidimensionaler Projektion« eines auf den Tag genau vierhundert Jahre zurückliegenden Ereignisses?

1942
Zwölf Jahre im absoluten Anderswo

Was wissen wir eigentlich von Kulturen, die seit Hunderten oder sogar Tausenden von Jahren untergegangen sind? Anders gefragt: Können wir uns überhaupt eine objektive Vorstellung machen, oder müssen uns zwangsläufig Erkenntnisse verborgen bleiben, da in unseren Augen allein die gegenwärtige Zivilisation das dafür erforderliche Maß an Technik und Kultur zu besitzen scheint? Staunend stehen wir vor Relikten, wie sie beispielsweise auf der Hochebene Boliviens in viertausend Metern über dem Meer herumstehen, und können uns nicht vorstellen, daß eine so hochentwickelte Kultur untergegangen ist. Noch unfaßbarer ist für uns die Vorstellung einer Kultur, die sich ihrem ganzen Wesen nach von der unseren so weit unterscheidet, daß wir sie kaum als solche zu erkennen vermögen. Und doch …

Sofort nach der Kapitulation des Dritten Reiches entsandten die

Siegermächte Forschergruppen durch das besiegte Land. Sie hatten den Auftrag, den Status quo aller technischen Errungenschaften Deutschlands zu eruieren, und machten dabei eine verblüffende, ja eine zutiefst erschreckende Feststellung. In den nur zwölf Jahren seit 1933 hatte sich Nazi-Deutschland vollkommen von der übrigen Welt abgesondert. Auch die technische Entwicklung hatte in dieser Zeit gänzlich andere Wege eingeschlagen. Auch wenn die Deutschen die Atombombe nicht besaßen, so verfügten sie doch über riesige Raketen, wie man sie weder in der Sowjetunion noch in den USA kannte. Wenn sie mit der Radartechnik im Rückstand waren, so hatten sie dafür Detektoren für Infrarotstrahlen, die mindestens ebenso wirksam waren.

Hinter jenen auffälligen Divergenzen auf technischen Gebieten verbargen sich jedoch noch viel verblüffendere Unterschiede im Weltbild: Die Nazis hatten Einsteins Relativitätstheorie verworfen und die Quantentheorie großenteils unbeachtet gelassen. Dafür versetzte ihre Kosmogonie die Wissenschaftler der Alliierten in grenzenloses Staunen. Da gab es etwa die Theorie vom ewigen Eis, nach der Sterne und Planeten Eisblöcke waren, die im Raum schwebten, oder die sogenannte Hohlweltlehre, die propagierte, daß die Erde in Wirklichkeit eine Hohlkugel sei, die von unendlichen Gesteinsmassen umgeben ist.

Binnen zwölf Jahren öffneten sich solche Abgründe, obwohl das Land zu dem Zeitpunkt, da Hitler die Macht übernahm, sozusagen die Heimat der exakten Wissenschaften war. Doch es wurden größte Anstrengungen unternommen, um Ideen zu untermauern, die in unseren Augen schlichtweg aberwitzig sind.

Wir schreiben April 1942. Im dritten Jahr des Weltkriegs scheint alle Arbeit einzig auf Rüstung und Endsieg fixiert zu sein. Doch in jenen Tagen verläßt eine geheimnisvolle Expedition mit ausdrücklicher Zustimmung Hitlers, Himmlers und Görings das Festland. Die Mitglieder dieser Gruppe sind die kompetentesten Radarspezialisten, die das Reich aufzubieten hat. Unter Leitung von Dr. Heinz Fischer landen sie auf der Ostseeinsel Rügen. Sie sind mit den besten Radargeräten ausgestattet, ungeachtet der Tatsache, daß die wenigen Geräte, über die das Land verfügt, an den Brennpunkten der Kriegsschauplätze sicherlich dringender benötigt würden. Aber die Beobachtungen, denen man sich auf der Insel Rügen zu widmen hat, werden im Generalstab der Marine als lebensnotwendig für jene Offensiven betrachtet, die Hitler an allen Fronten vorbereitet.

Kaum gelandet, läßt Dr. Fischer die Geräte in einem Winkel von fünfundvierzig Grad gegen den Himmel ausrichten. In dieser Richtung aber ist nichts zu entdecken. Die anderen Expeditionsteilnehmer befinden sich noch im Glauben, daß es sich nur um eine Testreihe handelt, bemerken aber voller Staunen, daß die Geräte tagelang in derselben Position justiert bleiben. Erst dann erfolgt eine Aufklärung: Der »Führer«, wird ihnen gesagt, habe gute Gründe, anzunehmen, daß die Erde nicht konvex, sondern konkav sei. Wir wohnten also nicht auf deren Außenseite, sondern seien Fliegen vergleichbar, die über die Innenfläche einer Glaskugel kriechen. Die Expedition hatte den Auftrag, den »wissenschaftlichen« Beweis für diese Annahme zu erbringen. Durch die Reflexion der Radarwellen, so hoffte man an oberster Stelle, könnte man Bilder von entfernten Punkten im Inneren der Kugel erhalten. Der praktische Nutzen wäre dann, Aufnahmen der in Scapa Flow vor Anker liegenden englischen Kriegsflotte zu erhalten, um diese mit einem Überraschungsschlag auszulöschen.

Kann man jene bizarre Andersartigkeit des Nationalsozialismus in Deutschland allein durch die ideologische Verbohrtheit ihrer führenden Köpfe erklären? Oder sind es ganz andere, viel geheimere Strömungen, die für das Entgleiten in ein »absolutes Anderswo« verantwortlich sind? Der französische Autor Jacques Bergier war der Überzeugung, daß hinter dem Medium, das Hitler darstellte, nicht ein einzelner Mensch stand, sondern vielmehr eine Gruppe, eine Art »magischer Zentrale«. Er wurde von etwas anderem angetrieben, als von dem, was er selbst zu sein schien: von Kräften und Richtungen, die sich zwar nie deutlich abzeichneten, aber zweifellos gefährlicher waren als die im Volk propagierte nationalsozialistische Ideologie. Man ist geneigt, an das Neuerwachen längst totgeglaubter Archetypen des Schreckens zu glauben, an die Wiederkunft dessen, was Religionen und Philosophien mit dem »absolut Bösen« bezeichnen.

Hitler war besessen von der Idee des unbekannten, des neuen »Übermenschen«. Vor ekstatischer Erregung zitternd, verriet er einigen wenigen Vertrauten, jenen bereits gesehen sowie panische Angst vor ihm gehabt zu haben. Alles nur Ausgeburten eines paranoiden Geistes im Verfolgungswahn?

Es ist eine phantastische Tatsache, die Historiker am liebsten verschweigen: Die erschreckende Entwicklung des Nationalsozialismus kündigte sich sehr früh in zwei Romanen eines kaum bekannten deutschen Schriftstellers an. Es sind dies die Werke *Alraune* und *Das Grauen* von Hanns Heinz Ewers. Und bereits 1896 veröffentlichte der englische Autor M. P. Shiel eine Erzählung, in der eine Rotte ungeheuerlicher Verbrecher ganz Europa verwüstet, die Familien tötet, die sie für den Fortschritt als nachteilig erachtet, und zuletzt ihre Leichen verbrennt. Shiel betitelte seine Horrorgeschichte *The S. S.*

Ist es denkbar, daß einige Romane, Gedichte oder Darstellungen, die von der Fachwelt unbeachtet blieben, uns genaue Informationen über zukünftige Ereignisse liefern können? Möglicherweise deuten Ideenströmungen, die der normale Beobachter nicht bemerkt, Schriften und Werke, auf die der Soziologe nicht aufmerksam wird, soziale Geschehen, die in seinen Augen zu abwegig oder zu unbedeutend sind, viel eindringlicher auf künftige Geschehnisse hin, als jene aufsehenerregenden Ereignisse, über die zu berichten die Medien nicht müde werden.

Dann sollten wir uns schleunigst angewöhnen, aufmerksam die subtileren Zusammenhänge zu beobachten, um eines Tages nicht wieder im *absoluten Anderswo* zu landen …

1943

Einstein, experimentell (II)

Ist es wahr, daß die Marine der Vereinigten Staaten während des Zweiten Weltkriegs in einem geheimen Versuch die »Einheitliche Feldtheorie« Einsteins angewandt hat? Dabei soll es gelungen sein, ein Kriegsschiff und dessen Besatzung visuell unsichtbar zu machen – allerdings mit verheerenden gesundheitlichen Folgen für die Männer an Bord.

Die seither kontrovers diskutierte, äußerst bizarre Angelegenheit begann 1956, als der später unter mysteriösen Begleitumständen ums Leben gekommene Astronom Dr. Morris K. *Jessup* in seinem Buch *The Case for the UFOs* ungeklärte Himmelsphänomene behandelte. Am 13. Januar 1956 erhielt Jessup einen überaus eigenartigen Leserbrief eines gewissen Carlos Miguel Allende. In dem unbeholfen verfaßten Schreiben äußerte sich der Absender zunächst zu einigen der in Jessups Buch erörterten Themen. Aber dann folgten Einzelheiten über ein angebliches Geheimexperiment der US-Navy im Oktober 1943, das für die Besatzung zum Teil tödliche Folgen gehabt habe. Allende gab sich hierbei als Augenzeuge der mysteriösen Vorgänge aus, die er vom Schiff »SS Andrew Furuseth«, auf dem er zur See gefahren sei, beobachtet haben will. Allende schien sich nicht an alle Einzelheiten der Vorgänge zu erinnern, deren Zeuge er geworden war. Doch will er wahrgenommen haben, wie die Luft um das Zerstörer-Begleitschiff, das später als »USS Eldridge« (DE 173) identifiziert werden konnte, langsam dunkler wurde. Nach ein paar Minuten soll grüner Dunst aufgestiegen sein, und schließlich will der Seemann beobachtet haben, wie die DE 173 recht rasch für das menschliche Auge unsichtbar wurde. Ebenso soll das Schiff während eines weiteren Experiments, das in einem Dock im Hafen von Philadelphia durchgeführt worden sei, zu einem anderen Dock in der Nähe der Marinebasis Newport News (Virginia) *praktisch in Nullzeit* teleportiert worden sein.

Die Versuche, jenes Schiff nicht nur für das Radar, sondern auch für das Auge unsichtbar zu machen, sollen erfolgreich gewesen sein, dafür wären jedoch die Auswirkungen auf die Besatzung um so schrecklicher gewesen. Einige der Männer hätten, als man die Generatoren abstellte, die ein gigantisches Magnetfeld an Bord erzeugten, mitten in den stählernen Schiffsplanken gesteckt. Andere seien in Flammen aufgegangen, hier und da unsichtbar oder auch wahnsinnig geworden.

Nach den Angaben Allendes erschien irgendwann zwischen 1944 und 1946 in einer Zeitung im Raum Philadelphia ein kurzer Beitrag, der das Verhalten einiger überlebender Matrosen nach dem ersten Experiment beschrieb. Dem inzwischen verstorbenen Autor Charles Berlitz, der sich eingehend mit diesem Rätsel befaßte, gelang es tatsächlich, an jenen Zeitungsartikel zu kommen. Unter der Überschrift »Eigenartige Umstände bei Zwischenfall in Kneipe« stand dort zu lesen: »Dem Ruf der Marineküstenpatrouille um Hilfe bei der Schlichtung eines Kneipenzwischenfalls nahe der US-Marinewerft folgend, erlebten letzte Nacht einige Beamte der Stadtpolizei eine unerwartete Überraschung, als sie bei ihrer Ankunft den Schauplatz ohne Gäste vorfanden. Den beiden sehr verwirrten Kellnerinnen zufolge war die Küstenpatrouille als erste eingetroffen und hatte das Lokal geräumt, allerdings erst, nachdem zwei der beteiligten Seeleute angeblich einen Akt des Verschwindens vorführten. ›Sie wurden ganz einfach zu Luft … genau hier‹, berichtete eines der verängstigten Mädchen, ›und ich hatte wirklich nichts getrunken.‹ In diesem Moment habe die Küstenpatrouille eingegriffen, und alle kurzerhand aus dem Lokal gedrängt …«

Doch zunächst zurück zu den Vorgängen um Dr. Jessup und den eifrigen Leserbriefschreiber. Jessup hielt die Angaben Carlos Allendes zuerst für einen schlechten Scherz oder die Ausgeburt seiner Phantasie. Doch dann trat eine überraschende Wende in, als Jessup einer Einladung des »Office for Naval Research« (Marineforschungsamt, ONR) nachkam. Dort wurde er mit einem Exemplar seines Buches konfrontiert, das zahlreiche Randbemerkungen verschiedener Kommentatoren enthielt, zwischen denen dieses Buch offenbar eine Zeitlang kursiert war. Diese Kommentare befaßten sich vornehmlich mit Leben im Weltraum, UFOs und deren Antrieb, aber ebenfalls mit dem angeblich von der Navy durchgeführten Experiment im Herbst 1943.

Äußerst seltsam war, wie sich die US-Marine diesbezüglich verhielt: Sie ließ von der Varo Manufacturing Company in Garland (Texas) insgesamt 127 Kopien des kommentierten Buches nachdrucken, die sämtlich in Marine- und Regierungskreisen kursierten. Der Ausgabe beigefügt waren auch die ersten zwei einer ganzen Anzahl von Briefen, die Dr. Jessup von dem geheimnisvollen Seemann Carlos Allende erhalten hatte.

Wenn aber die Angaben über das sogenannte »Philadelphia-Experiment« nichts als Phantasie waren, wie die US-Marine in einem Standardbrief auf Anfragen mitteilte, was steckte dann hinter der aufwendigen Nachfertigung des Jessup-Buches, die unter dem Namen »Varo-Ausgabe« bekannt wurde?

Weitere Diskrepanzen ergaben sich, wenn man sich mit dem angeblich seinerzeit verwendeten Zerstörer-Begleitschiff, der DE 173 »Eldridge« näher befaßt. Nach den offiziellen Schiffsunterlagen wurde sie am 25. Juli 1943 in Newark (New Jersey) mit einer *Standardverdrängung* von 1240 Tonnen und einer *Ladeverdrängung* von 1520 Tonnen vom Stapel gelassen. Nach ihren Einsätzen bei der US-Navy wurde sie am 17. Juni 1946 aus dem Verkehr gezogen und bis zum 15. Januar 1951 (!) aufs Dock gelegt. Danach wurde sie im Rahmen des NATO-Verteidigungsabkommens für gegenseitige Zusammenarbeit an Griechenland verkauft, wo sie in »Léon« (»Löwe«) umgetauft wurde. Vermutlich ist sie noch immer im Besitz der griechischen Marine.

Doch hier gab es neue Ungereimtheiten: Den griechischen Unterlagen über das Schiff zufolge hatte dessen Stapellauf nicht am 25. Juli 1943, sondern bereits einen ganzen Monat zuvor, am 25. *Juni* 1943, stattgefunden. Und nicht nur das. Die Unterlagen der Griechen belegen auch, daß für die »Eldridge« bei der Übergabe eine

Standardverdrängung von 1240 Tonnen, aber eine Ladeverdrängung von 1900 Tonnen angegeben wurde. Dies bedeutet eine Diskrepanz von 380 Tonnen zu der obengenannten Ladeverdrängung von 1520 Tonnen! Nun wäre jedoch die einzige Möglichkeit, wie ein Schiff 380 Tonnen zusätzliche Ladeverdrängung erhalten kann, daß etwas sehr Schweres mit exakt diesem Gewicht aus dem Schiff entfernt worden war, bevor es den Griechen überstellt wurde. Waren es die überdimensionalen Generatoren, die den Berichten zufolge der Erzeugung des Magnetfeldes dienten, welches letztlich zur Unsichtbarkeit der DE 173 führte?

Dem Vernehmen nach sollen bei der DE 173/Léon auch großflächige Teile der Beplankung ausgetauscht worden sein, was zudem nur in der außergewöhnlich langen Zeit vorgenommen worden sein konnte, als die »Eldridge« auf Dock lag. Wurden womöglich jene Rumpfpartien entfernt und durch neue ersetzt, in denen Berichten zufolge etliche Matrosen steckten, als das Schiff nach dem Abschalten des Magnetfeldes wieder sichtbar wurde? Womit sonst will man die ungewöhnlich lange Liegezeit nach der Außerdienststellung der DE 173 erklären?

Die schrecklichen Vorgänge, die seinerzeit stattgefunden haben sollen, werden nach wie vor absolut kontrovers diskutiert. Was den Spekulationen, daß jenes »Philadelphia-Experiment« wirklich durchgeführt wurde, Nahrung gibt, ist außer den genannten Diskrepanzen die Tatsache, daß die Logbücher sowohl der DE 173 als auch der »SS Andrew Furuseth«, die sich während eines Versuchs in der Nähe befunden haben soll, laut Angaben der Marine nicht mehr vorhanden sind.

Spielt die US-Marine auf Zeit, bis all jene, die noch etwas sagen können, nicht mehr am Leben sind? Wenn nicht die US-Navy eines Tages ihre Archive öffnet, werden wir nie mit letzter Sicherheit sagen können, was sich im Oktober 1943 tatsächlich an Bord der »USS Eldridge« abgespielt hat.

1944

Amerikas dunkles Geheimnis

In der Nacht des 17. Juli 1944 verschlang eine gigantische Explosion zwei Transportschiffe der US-Navy, die in Port Chicago (Kalifornien) mit Munition beladen worden waren. Die unglaublich heftige Detonation verwüstete die gesamte Marinebasis, und zog auch die drei Kilometer entfernte Kleinstadt gleichen Namens schwer in Mitleidenschaft. Etwa 23 Marinesoldaten wurden auf der Stelle getötet, mehrere hundert verletzt. Die zwei Schiffe sowie der gesamte Ladepier wurden buchstäblich atomisiert. In dreißig Kilometern Entfernung zerbarsten Fenster durch die Druckwelle, und noch im sechzig Kilometer entfernten San Francisco vermochte man den Lichtschein der Explosion zu beobachten. Nach dem, was unsere Geschichtsbücher vermelden, haben die Vereinigten Staaten ihre erste Atombombe am 16. Juli 1944 in der Wüste bei Alamogordo (New Mexico) gezündet. Demgegenüber könnte die Explosion von Port Chicago in Wirklichkeit ihre erste Atomexplosion gewesen sein. Es fragt sich nur, ob unbeabsichtigt oder nicht …

Die »E. A. Bryan«, ein EC-2-Liberty-Schiff mit einer Tonnage von 7212 Bruttoregistertonnen, lag bereits seit vier Tagen in Port Chicago angedockt, um Munition zu laden. Die beinahe hundert Männer – fast alles Schwarze –, die zu dieser Arbeit abkommandiert waren, hatten die E. A. Bryan bis gegen 22.00 Uhr am 17. Juli mit 4600 Tonnen Munition beladen.

Daneben lag die »Quinalt Victory«, ein neues Schiff, welches für seine Jungfernfahrt vorbereitet wurde. Auch auf diesem Schiff waren an die hundert, zumeist schwarze Marinesoldaten im Einsatz. Und am Pier sah man zahlreiche Mannschaften, ebenso eine Tenderlokomotive mit sechzehn Waggons, die für die Beladearbeiten im Einsatz war. Die meisten Männer waren in großer Angst wegen der immensen Munitionsmengen, doch wurde ihnen versichert, daß es keine Gefahr einer Explosion gebe, da Bomben und Granaten noch nicht mit den hierzu erforderlichen Zündvorrichtungen versehen seien.

Und doch zerriß um 22.20 Uhr eine gigantische Explosion die abendliche Szenerie. Zeugen sprachen später von zwei Detonationen im Abstand von wenigen Sekunden: zuerst eine kleinere, der sodann ein wahrer Kataklysmus folgte, in dessen Verlauf eine vier Kilometer hohe Feuersäule zum Himmel stieg. Jeder, der sich auf den Schiffen und auf dem Pier befunden hatte, wurde auf der Stelle getötet, von den Leichen wurden, wenn überhaupt, nur noch kleinste Fetzen gefunden.

Die E. A. Bryan wurde in kleine Stücke gerissen – man konnte fast nichts mehr von ihr finden. Die Quinalt Victory wurde von der Druckwelle aus dem Wasser gehoben, umgedreht und ebenfalls in Stücke gerissen. Das größte Stück, das man von ihr auffand, war ein nicht ganz zwanzig Meter langes Teil des Kiels, an dem noch ein Fragment der Schiffsschraube hing. Aber von der Lokomotive mit ihren sechzehn Waggons, die auf dem Pier stand, wurde überhaupt nichts mehr gefunden – sie war ganz einfach verschwunden. Eine zehn Meter hohe Flutwelle zerschmetterte noch Boote, die kilometerweit entfernt, landeinwärts im Sacramento River ankerten, der bei Port Chicago in den Pazifik mündet.

Am Morgen des 18. Juli ging man daran, die Leichen zu bergen. Ein Überlebender erinnerte sich an diese grauenhafte Aufgabe: »Ich war am folgenden Morgen vor Ort, als wir zurück zu den Docks geschickt wurden. Es war schrecklich: Man sah einen Schuh mit einem Fuß darin und erinnerte sich plötzlich, wie vor dem Unglück die üblichen Witze gerissen wurden. Man konnte Köpfe auf dem Wasser schwimmen sehen – nur den Kopf, oder auch einen Arm. Zerfetzte Körper – einfach schrecklich!«

Nach Abschluß einer Untersuchung durch das US-Marinegericht wurde offiziell erklärt, daß eine »spontane Explosion von 1780 Tonnen hochexplosiven TNT-ähnlichen Substanzen« in Port Chicago erfolgt sei. Im selben Atemzug dementierten die Behörden, daß es sich um eine Atomexplosion gehandelt haben könnte, da zu jenem Zeitpunkt noch nicht genügend spaltbares Uran-235 verfügbar gewesen sei. Was aber nicht den Tatsachen entsprach: Denn den Aufzeichnungen des *U. S. Department of Energy* zufolge verfügten die USA schon im Dezember 1943 über vierundsiebzig Kilogramm dieses brisanten Stoffes – wovon nur 15,5 Kilogramm für einen Sprengsatz vom Typ der Hiroshima-Bombe erforderlich war.

Ein weiterer Hinweis, daß die Explosion von Port Chicago möglicherweise auf nukleare Sprengstoffe zurückzuführen ist, erwächst aus der Tatsache, daß zur vollständigen »Atomisierung« eines der Schiffe und der Lokomotive 1780 Tonnen hochexplosives, konventionelles Material nicht ausreichend gewesen wäre. Augenzeugen sprachen von einem *enorm blendenden, weißen Glühen,* und selbst der Bericht der Navy hielt fest, daß der »erste Explosionsblitz blendend weiß« gewesen sei.

Derartige Blitze sind charakteristisch für Nuklearexplosionen, die in Millisekunden einige Millionen Grad Celsius erreichen. Konventionelle Explosionen erreichen »nur« Temperaturen von etwa fünftausend Grad Celsius und erzeugen keinen blendendweißen Blitz. Es sei denn, das Explosivmaterial war mit Magnesium gemischt. Doch Magnesiumbomben waren nicht auf der Ladeliste der E. A. Bryan zu finden. Rätsel geben hingegen zwei Container auf der Ladeliste dieses Schiffes auf, die mit den Codes *DLW 44755* und *GN 46324* bezeichnet waren. Ein Stern auf den Papieren verwies auf eine Fußnote mit verwirrendem Inhalt. Demzufolge wurden die zunächst beladenen Container vernichtet, so daß ihr Inhalt nicht in der Aufstellung erscheint.

Gleichfalls beobachteten Zeugen der Explosion von Port Chicago eine *pilzförmige Wolke* – charakteristisch für Atombomben, die in der Atmosphäre detonieren. Und die seismischen Aufzeichnungen ergaben einen äußerst schnellen Detonationsverlauf, der absolut untypisch für konventionelle Explosionen ist. Nach all dem, was Überlebende und Augenzeugen aussagten, nach sorgfältiger Abwägung aller festgestellten Schäden und Charakteristiken des Detonationsablaufes sowie einiger anderer Indizien ist es schwierig, *nicht* zu der Schlußfolgerung zu gelangen, daß an jenem 17. Juli 1944 ein Nuklearsprengsatz zur Explosion gekommen ist. Die heikle Frage aber, die uns in der Folge erwächst, ist, ob diese Detonation ein Unfall war oder aber voller Absicht herbeigeführt wurde, um die Auswirkungen der Bombe an unfreiwilligen »Versuchskaninchen« zu testen.

In diesem Fall wäre die Katastrophe von Port Chicago in der Tat Amerikas *dunkelstes* Geheimnis!

1945
Was geschah mit Flug 19?

Der 5. Dezember 1945 war ein schöner, sonniger Tag. Auf der US Naval Air Base Fort Lauderdale wurden mittags fünf Bomber vom Typ TBM Avenger für einen Übungsflug aufgetankt. Die Flugzeuge waren, wie spätere Zeugenaussagen belegten, sorgfältigst durchgecheckt worden: Motoren, Steuerung, Instrumente und Kompasse waren in tadellosem Zustand. Jede der Maschinen hatte darüber hinaus ein Rettungsfloß an Bord, und jeder der vierzehn Männer, die sich auf die fünf Maschinen verteilten, war mit einer sich selbst aufblasenden Schwimmweste ausgerüstet. Zudem konnten alle auf eine Flugerfahrung zwischen dreizehn Monaten und sechs Jahren zurückblicken.

Um 14.02 Uhr schloß der Flugleiter, Lieutenant Charles Taylor, sein Kabinendach, stellte die Drosselklappen auf vollen Schub und hob von der Startbahn ab. Die vier anderen Avengers folgten rasch, und kurz darauf befanden sich alle Flugzeuge in Richtung auf den offenen Atlantik.

Es sollte ein Routine-Spähflug werden. Nach dem Navigationsplan sollte die Formation zunächst hundertsechzig Meilen genau nach Osten fliegen, alsdann vierzig Meilen nach Norden und schließlich in südwestlicher Richtung zum Stützpunkt zurückkehren. Die vorgesehene Zeit für diesen »Dreiecksflug« war auf annähernd zwei Stunden berechnet worden.

Der erste Funkspruch von »Flug 19«, wie jener Übungsflug in den Unterlagen der Naval Air Base geführt wurde, erreichte den Tower um 15.45 Uhr. Doch anstatt um Landeerlaubnis zu bitten, rief Lt. Taylor um Hilfe: »Notruf an Kontrollturm. Wir scheinen vom Kurs abgekommen zu sein. Sehen kein Land ... ich wiederhole: Sehen kein Land.«

Der Mann im Tower fragte den Flugleiter nach der Position. »Keine Ahnung. Wir wissen nicht einmal, wo wir sind. Scheinen uns verirrt zu haben«, war die hilflose Antwort.

Die Männer im Kontrollturm waren verwirrt. Wie konnten fünf Flugzeuge, die mit erfahrenen Männern besetzt waren, sich bei idealen Flugbedingungen verirren? Also ordneten die Fluglotsen an, direkten Kurs nach Westen einzuschlagen. Doch anstatt die Weisung zu befolgen, antwortete Lt. Taylor noch verunsicherter: »Wir wissen nicht, wo Westen ist. Alles ist verkehrt ... seltsam. Wir können keine Richtung bestimmen. Sogar das Meer sieht anders aus, als es sollte.«

In den folgenden Minuten hörten die Männer im Tower das Gespräch zwischen den beiden Piloten mit. Offenbar hatten sie untereinander Sichtkontakt, waren aber äußerst verwirrt. Aus den Funksprüchen der Flieger konnte man Verwunderung hören, die zuerst in Furcht, dann in regelrechte Hysterie umschlug.

Kurz nach 16.00 Uhr trat ein offenkundig in Panik geratener Lt. Taylor das Kommando an einen anderen Piloten ab. Aber auch dieser war mit der Situation überfordert, und er gab folgenden Funkspruch an den Kontrollturm durch: »Wir wissen nicht genau, wo wir sind. Wir müßten jetzt etwa 225 Meilen nordöstlich vom Stützpunkt sein ... es sieht aus, als wären wir ...« Plötzlich herrschte Funkstille.

Sofort gab der Tower Suchalarm. Binnen weniger Minuten war ein riesiges Wasserflugzeug vom Typ Martin Mariner mit kompletter Not- und Bergungsausrüstung sowie dreizehn Männern Besatzung gestartet. Die Maschine war dreiundzwanzig Meter lang, besaß eine Spannweite von siebenunddreißig Metern und war auch für Notwasserungen ausgelegt. Der Tower versuchte noch, die fünf Avengers zu benachrichtigen, daß Hilfe unterwegs sei, doch Flug 19 meldete sich nicht mehr.

Von der Martin Mariner gingen mehrere Positionsmeldungen an die Bodenstation. Doch zwanzig Minuten nach dem Start herrschte auch hier unvermittelt Funkstille. Irgend etwas Unheimliches mußte da draußen geschehen – was immer es war, es hatte offenbar sein nächstes Opfer gefunden!

Jetzt wurde die Küstenwache alarmiert. Ein Bergungsflugzeug verfolgte den Kurs des Flugbootes und erreichte die geschätzte, letzte Position der vermißten Maschinen. Doch nichts wies auf die sechs Flugzeuge hin. Das Meer war ruhig, und endlos dehnte sich der Horizont. Die Küstenwache setzte ihre Flotte noch am selben Abend in Marsch, und etliche weitere Schiffe schlossen sich der Suche an. Am Morgen des 6. Dezember erreichte der Flugzeugträger »Solomons« das entsprechende Gebiet.

An diesem Tag durchkämmten einundzwanzig Schiffe die See, und über dreihundert Flugzeuge suchten von der Luft aus nach Trümmern, Überlebenden oder wenigstens den Leichen der siebenundzwanzig verschollenen Flieger. Auch die britische Luftwaffe beteiligte sich an der Suche, die zur ausgedehntesten Suchaktion in Friedenszeiten wurde. Aber nicht das geringste wurde gefunden – Flug 19 und das Wasserflugzeug blieben verschollen.

Ein Offizier, der an der Aktion beteiligt war, äußerte halb im Scherz: »Die sind so gründlich verschwunden, als wären sie zum Mars geflogen.«

Diese Bemerkung wurde von manchen, die sich mit dem Rätsel des verschwundenen Flug 19 befaßten, als ein Hinweis gewertet. Denn im Lauf der Jahre wurde ein – allerdings nicht unumstrittener – Funkspruch in die Diskussion eingebracht, den Lieutenant Robert Cox, der leitende Flugausbilder in Fort Lauderdale, empfangen haben will. Cox befand sich gerade im Landeanflug auf den Stützpunkt, als er Flug 19 anfunkte und seine Hilfe anbot. Doch anstatt sich darüber zu freuen, soll Lt. Taylor geantwortet haben: »Kommen Sie mir nicht nach. Sie sehen aus, als wenn sie aus dem Weltraum wären!«

Dieser bizarre Funkspruch hat bis auf den heutigen Tag für andauernde Spekulationen gesorgt. So wurde angenommen, Flug 19 sei von Außerirdischen entführt worden. Andere wiederum vermuteten eine Art »Loch im Himmel« oder ein Zeitverschiebungsphänomen. Weniger »exotische« Erklärungsversuche gehen davon aus, daß den Piloten ganz einfach der Treibstoff ausging und sie notwassern mußten. Unvorhergesehener Wellengang habe dann zum Ertrinken der Männer geführt.

Warum aber waren diese vierzehn Flieger, zum Teil Kriegsveteranen mit großer Erfahrung, so verwirrt und gaben Beschreibungen ab, daß selbst das Meer »anders aussieht, als es sollte«?

Das *Bermuda-Dreieck*, wie dieses Meeresgebiet häufig genannt wird, hütet seine sinistren Geheimnisse.

1946
Geisterraketen über Skandinavien

Schon seit den frühen dreißiger Jahren war Skandinavien, im besonderen aber Schweden, Schauplatz einer speziellen Art des UFO-Phänomens, das unter der Bezeichnung *Geisterraketen* in die Geschichte eingegangen ist. Der absolute Höhepunkt dieser Welle wurde im Jahre 1946 verzeichnet: Weit über zweitausend Beobachtungen jener Flugobjekte wurden aus Schweden, Norwegen, Dänemark und Finnland gemeldet.

Immer wieder bemerkte die ansässige Bevölkerung ungewöhnliche Lichterscheinungen, die man zuerst den Aktivitäten von internationalen Schmugglerbanden zurechnete. Doch die Zollbehörden vermochten keinerlei Anhaltspunkte für diese Vermutung zu finden. Statt dessen führten raketenförmige Objekte – zuweilen mit einem feurigen Schweif versehen – unglaubliche Flugmanöver durch, rasten manchmal mit phantastischer Geschwindigkeit über den Himmel oder bewegten sich gemächlich dahin. Manchmal kam es auch zu Abstürzen dieser Objekte, wie am 19. Juli 1946, als zwei Zeugen beobachteten, wie eine dieser »Geisterraketen« in den Kolmjärv-See in Schweden stürzte.

Gegen Mittag an diesem Tag schreckte ein Geräusch am Himmel den Bauern Knut Lindbäck und seine Magd Beda Persson von ihrer Arbeit am Seeufer auf. Beide konnten ein kleines Objekt ausmachen, das sie zuerst für ein Flugzeug hielten. Gleich darauf konnten sie aber erkennen, daß es sich um eine Art Rakete handelte, die auf den See zuraste. Beim Aufprall entstand eine gewaltige Wasserfontäne.

Bauer Lindbäck und seine Magd schätzten die Länge des Flugobjekts auf knappe zwei Meter und gaben darüber hinaus an, daß es an der Seite kleine Stabilisierungsflossen gehabt hätte. An einer anderen Stelle des Seeufers konnte ein Zeuge namens Frideborg Tagebo den Einschlag hören, der ihm wie eine Bombenexplosion vorkam.

Den darauffolgenden Morgen riegelte eine Abteilung Soldaten das gesamte Ufer rund um den Kolmjärv-See ab. Diese Absperrung wurde volle zwei Wochen lang aufrechterhalten. Schließlich gab das Militär einen Bericht heraus, demzufolge jedoch keine Trümmer geborgen worden seien – was allerdings aufgrund der Zeugenberichte unwahrscheinlich sein dürfte. Fest stand aber, daß im Luftraum über Skandinavien etwas höchst Ungewöhnliches geschehen war. Deshalb gab die schwedische Regierung im Oktober 1946 die Ergebnisse ihrer Untersuchung bekannt:

»Die schwedischen Militärbehörden erklärten heute, daß sie nach viermonatiger Untersuchung weder Herkunft noch Wesen der Geisterraketen, die seit Mai 1946 über Schweden flogen, herausfinden konnten. In einem Sonderkommuniqué hieß es, von tausend Berichten über jene Raketen könnten achtzig Prozent Himmelsphänomenen zugeschrieben werden. Radargeräte hätten jedoch einige

Objekte aufgespürt, die weder Naturphänomene noch Phantasieprodukte sind, noch als schwedische Flugzeuge identifiziert werden konnten. Dem Bericht wurde auch hinzugefügt, daß es sich bei jenen Objekten nicht um die von den Deutschen in den letzten Tagen des Krieges eingesetzten V-Waffen handelte.«

Jahre später wurde nochmals versucht, jene »Geisterraketen-Welle« einer Klärung näherzubringen und eine amtliche Untersuchungskommission ins Leben gerufen. Erik Malmberg, Mitglied dieser Gruppe, faßte seinerseits die Ergebnisse zusammen:

»Sofern alle Einzelheiten korrekt beobachtet wurden, spricht viel dafür, daß es sich hier um so etwas wie Marschflugkörper handelt, die auf Schweden gerichtet waren. Allerdings verfügte keine Nation der Erde im Jahr 1946 über eine solchermaßen fortgeschrittene Technologie.«

Übrigens wurden 1946 nicht nur im Norden Europas unbekannte Flugkörper beobachtet. Auch in Nordgriechenland kam es zu Sichtungen jener Geisterraketen, und am 1. September 1946 beobachtete kein Geringerer als der ehemalige Premierminister Michael Tsaldaris über der Stadt Thessaloniki eines dieser als Vorläufer des »modernen« UFO-Phänomens geltenden Objekte. Das führte in der Folge dazu, daß der Wissenschaftlicher Paul Santorini von der griechischen Armee zu untersuchen beauftragt wurde, was man zunächst für russische Raketen im griechischen Luftraum hielt. Offenbar kam man rasch von dieser Meinung ab, denn der Professor stellte fest, daß es sich *nicht* um Raketen handelte. Doch plötzlich befahl die Armee nach Rücksprache mit amerikanischen Behörden die Einstellung der Untersuchungen.

Jahre danach ließ der Wissenschaftler anklingen, daß ein *weltweites Stillschweigen* diese Frage vertuscht habe, weil die Behörden nicht gewillt seien, die Existenz einer Macht zuzugeben, gegen die »wir keine Möglichkeit der Verteidigung« besitzen. Was flog damals über Europa, nur ein knappes Jahr vor dem Beginn jener ersten großen UFO-Sichtungswelle, die die Vereinigten Staaten »überzog«?

Glatt durchstochen

Im Frühjahr 1947 hätte ein Holländer mit Namen Arnold Meuskers, der unter dem Künstlernamen Mirin Dajo in verschiedenen Abendvarietés von Zürich und Basel auftrat, um ein Haar den gesamten Rationalismus, dem die hehren Wissenschaften verschrieben sind, ins Wanken gebracht. Denn Mirin Dajo war ein veritables medizinisches Wunder.

Seine atemberaubenden Vorstellungen pflegten stets nach einem bestimmten Schema abzulaufen: Mit zwei gleichfalls aus den Niederlanden stammenden Helfern betrat er die Bühne, entblößte seinen Oberkörper – und ließ sich dann von einem seiner Begleiter mehrmals mit einem siebzig Zentimeter langen Florett durchstechen! Der Einstich erfolgte hierbei stets hinten, etwas oberhalb der Gürtellinie. Vorn, direkt unterhalb des Brustkorbes, trat die Florettspitze wieder heraus, und ragte beinahe dreißig Zentimeter aus seiner Brust. Am gespenstischsten jedoch war, daß bei der Vorführung kein Tropfen Blut floß.

Zunächst glaubte man noch an optische Tricks im Dämmerlicht des Varietés. Doch Mirin Dajo forderte die entsetzten Zuschauer auf, sich auf der Bühne davon zu überzeugen, daß seine Vorführung keine Illusion war.

Hans Hubert, der Impresario jenes Züricher Varietés, in dem der Holländer bis zum Verbot durch die Kantonalbehörden aufzutreten pflegte, bat ihn, sich von den Ärzten der chirurgischen Abteilung des Züricher Kantonsspitals gründlich untersuchen zu lassen. Am 31. Mai 1947 betraten Mirin Dajo und seine zwei Assistenten sowie Direktor Hubert das Spital, wo sich schon eine Schar Beobachter eingefunden hatte. Es waren neben Pressevertretern und Medizinstudenten die diensthabenden Ärzte, mit ihnen auch Professor Dr. Alfred Brunner, der Chefarzt der chirurgischen Abteilung.

Mirin Dajo begab sich nun in die Mitte des Raumes und entblößte

Abb. 15 Mirin Dajo mit Florett im Leib.

seinen Oberkörper. Ohne zu zögern, stach ihm sein Assistent von hinten das Florett in den Leib. Es trat etwa in Höhe der Nieren in den Rücken und kam vorn zwei Fingerbreit unterhalb der letzten Rippe wieder heraus.

Die Anwesenden waren geschockt. Als erster gewann Dr. Brunner seine Fassung wieder und fragte den Holländer, ob er sich einer Röntgenaufnahme unterziehen wolle. Wobei ihm im nächsten Moment einfiel, daß die Röntgenabteilung des Spitals ja im darüberliegenden Stockwerk war. Doch Mirin Dajo stimmte dem Vorschlag sofort zu, und alsbald bildete sich eine ungewöhnliche Prozession, die durch die Korridore des Krankenhauses zog. An deren Spitze der noch immer von dem Florett durchbohrte Niederländer, in den Gängen entsetztes Personal und Patienten, denen die Ungläubigkeit ins Gesicht geschrieben stand.

Das Röntgenbild brachte es an den Tag: Leber und Niere waren glatt durchstochen – vom medizinischen Standpunkt aus mußte diese Verletzung Meuskers' alsbaldigen Tod zur Folge haben. Als man jedoch, ganze zwanzig Minuten später, das Florett herauszog, waren an den Einstichstellen vorn und hinten nur ganz kleine Wunden zu erkennen, die sich rasch schlossen. Nach wenigen Minuten waren nur mehr geringfügige Narben zu erkennen. Und eine weitere Röntgenaufnahme zeigte, daß Leber und Niere vollkommen unverletzt geblieben waren.

Die anwesenden Mediziner waren ratlos. Auf diese Vorführung konnten sie sich keinen Reim machen. Denn der Mensch vor ihnen hätte diese Stichverletzungen normalerweise nicht überlebt: Er wäre entweder am Blutverlust und dem damit verbundenen Verletzungsschock gestorben, oder an einer Sepsis, einer Wundentzündung des Bauchraums.

Doch nichts dergleichen geschah. Mehr noch: Während der darauf folgenden Vorstellungen benutzte Mirin Dajo, um auch wirklich den letzten Skeptiker zu überzeugen, einen *hohlen* Degen. Nach dem Durchstechen ließ er die Spitze abschrauben, und einen Wasserstrahl durch die Waffe rinnen. Schließlich erhielt er von den Schweizer Behörden Auftrittsverbot – zu schockierend und unser Weltbild erschütternd waren die atemberaubenden Vorführungen jenes offenbar unverwundbaren Holländers.

Leider wurde der »Wundermann« übermütig. Von seinem Erfolg berauscht, verschluckte er im nächsten Jahr eine fünfunddreißig Zentimeter lange Nadel. Diese sollte sich, wie er ankündigte, in seinem Magen dematerialisieren. Doch das Experiment mißlang. Er mußte operiert werden und starb zehn Tage danach an den durch die Nadel verursachten Verletzungen. Sein Geheimnis aber, wie er die Florettstiche unbeschadet überstand, hat Mirin Dajo, dessen Name übersetzt soviel wie »der Wunderbare« bedeutet, mit ins Grab genommen.

1948
Wer tötete Captain Mantell?

Das »moderne« UFO-Zeitalter, das nach vorherrschender Meinung mit der berühmt gewordenen Sichtung von Ken Arnold am 24. Juni 1947 begann, manifestierte sich keineswegs nur mit »harmlosen« Beobachtungen fliegender Scheiben. Schon bald sollte sich die erste Katastrophe ereignen.

Am frühen Nachmittag des 7. Januar 1948 sahen Hunderte von

Augenzeugen ein rötliches Glühen über Madisonville im amerikanischen Bundesstaat Kentucky. Es ging von einem riesigen Flugobjekt unbekannter Herkunft aus, dessen Durchmesser auf ungefähr hundertfünfzig bis dreihundert Meter geschätzt wurde. Das UFO schien orangefarbene Flammen auszustoßen, welche die tieferliegenden Wolken erhellten. Eine halbe Stunde später tauchte das Objekt auf den Radarschirmen der Luftwaffenbasis Godman Field, nicht weit von Fort Knox gelegen, auf.

Die Besatzung im Tower alarmierte Captain Thomas Mantell sowie drei weitere Piloten der Nationalgarde. Diese waren gerade mit ihren Jagdmaschinen vom Typ Mustang P-51 auf einem Übungsflug und erhielten den Befehl, jener mysteriösen Angelegenheit auf den Grund zu gehen.

Die Flugzeuge nahmen Kurs auf das sogar vom Boden aus deutlich erkennbare UFO und begannen, in kühnem Steigflug daraufzuhalten. In einer Höhe von etwa fünfzehntausend Fuß (4500 Meter) mußten Mantells Begleiter jedoch umkehren, weil deren Flugzeuge nicht über die hierfür erforderliche Sauerstoffversorgung verfügten und für kurze Zeit der Funkkontakt abriß. Allein Captain Mantell blieb dem unidentifizierten Flugobjekt auf den Fersen. Im Tower von Godman Field wurden die Fluglotsen nun zu Zeugen der sich anbahnenden Tragödie.

Thomas Mantell, der ungeachtet der großen Höhe seinen Steigflug fortsetzte, mußte dem Objekt recht nahe gekommen sein. Im Funk verriet seine Stimme höchste Erregung: »Ich habe das Ding gesichtet. Es sieht metallisch aus und ist von gewaltiger Größe ... jetzt beginnt es zu steigen!« Nach kurzer Pause berichtete der Pilot weiter: »Es ist über mir, und ich komme ihm nun näher. Ich gehe jetzt auf zwanzigtausend Fuß.«

In dieser Phase der Verfolgung hielt die Scheibe eine Geschwindigkeit von etwas über zweihundert Meilen, dies entspricht etwa vierhundert Kilometern in der Stunde. Das lag durchaus im Rahmen der Möglichkeiten damaliger, propellergetriebener Militärflugzeuge, und so hoffte Mantell, das Ding einholen zu können. Aber sobald sich der furchtlose Flieger dem UFO näherte, begann es mit etwa siebenhundert Stundenkilometern steil nach oben zu steigen. Noch immer verfolgte der junge Captain wie versessen das fremde Objekt, das ihn abzuhängen versuchte. Plötzlich brach der Funkkontakt ab.

Das nächste, was man über Captain Mantell in Erfahrung bringen konnte, war, daß kleinste Fragmente seiner Maschine aufgefunden wurden, die in einem Radius von einigen Kilometern verstreut lagen. In späteren Untersuchungsberichten wurde der Umstand beschrieben, daß außergewöhnlich tiefe Rillen und Löcher in jenen Flugzeugtrümmern gewesen seien. Beinahe so, als sei Mantells Mustang P-51 nicht einfach explodiert, sondern in den Wirkungsbereich irgendeiner furchtbaren, elementaren, gänzlich unirdischen Kraft geraten.

Sogleich traten die Militärbehörden auf den Plan. Offiziell verlautete, Captain Mantell habe den *Planeten Venus* verfolgt. Natürlich blieben die Behörden der beunruhigten Öffentlichkeit bis heute die Erklärung schuldig, wie es unser Abendgestirn zuwegebringen konnte, als Scheibe mit bis zu dreihundert Metern Durchmesser am hellen Tag über den Himmel von Kentucky zu schießen. Und seit wann gibt unser Nachbarplanet rotleuchtende Flammen von sich?

Wahrscheinlich sahen die Kolporteure derartiger »Erklärungen« bald ein, daß diese Version, handelte es sich nicht um eine Tragödie, allenfalls als groteske Lachnummer in die Annalen der Luftfahrt eingehen könnte. Darum beeilte man sich, Version Nummer zwei zu präsentieren. Der staunenden Welt gab man nun bekannt, der unglückliche Air-Force-Pilot habe einen »Skyhook«-Wetterballon gejagt und sei im Eifer des Gefechtes so hoch gestiegen, daß er aufgrund akuten Sauerstoffmangels ohnmächtig geworden und abgestürzt sei.

Die hehre Wissenschaft der Meteorologie muß schon eine sehr bedrohliche Angelegenheit sein, wenn deren Wetterballone geeignet sind, orangerote Flammen speiend und mit aberwitziger Geschwindigkeit beschleunigend, Militärflugzeuge in Tausende von kleinen Stücken zu zerlegen! Wie dem auch sei: Offiziell hatte Captain Mantell den Planeten Venus gejagt, der sich kurze Zeit später auf wundersame Weise in einen Beobachtungsballon, Marke »Skyhook«, verwandelte.

Eine äußerst armselige Erklärung, welche der amerikanischen Bevölkerung für den ersten Todesfall bei der Verfolgung eines unbekannten Flugobjekts vorgesetzt wurde. Und auch ein Schlag ins Gesicht aller Luftwaffenpiloten einer Nation, die knappe drei Jahre vor jenem tragischen Vorfall einen Krieg gewann – nicht zuletzt aufgrund ihrer Überlegenheit in der Luft. Captain Mantell war – dies nur nebenbei – ein hochdekorierter Flieger während der Invasion in der Normandie. Und plötzlich sollte jener vormalige Kriegsheld nicht mehr in der Lage gewesen sein, festzustellen, was er dort am Himmel verfolgte? Ein wenig zuviel für die strapazierte Gutgläubigkeit!

Eine seltsame Tatsache konnte der pensionierte Major des US-Marine-Korps, Donald E. Keyhoe, noch in Erfahrung bringen. Er erhielt von einem Informanten im Geheimdienst eine Mitteilung, die sich auf das Verbot der Veröffentlichung von Aufnahmen der Leiche Mantells bezog. Demnach seien dessen sterbliche Überreste zwar »nicht schwer verstümmelt« gewesen, »jedoch gab es eine Einzelheit, welche die Luftwaffe nicht an die Öffentlichkeit dringen lassen wollte, obgleich nichts Geheimnisvolles an der Wunde war«.

Ich bin sicher, daß zum Fall Mantell bisher nicht veröffentlichte Geheimakten der Air Force zu einer anderen Schlußfolgerung kommen als die recht dürftigen, offiziellen »Erklärungen«. Nach mehr als fünfzig Jahren ist noch immer nicht bekannt, wer für den tragischen Tod des jungen Piloten verantwortlich zu machen ist. Am Ende niemand von *dieser* Welt?

Abb. 16 Das erste Opfer des »modernen« UFO-Phänomens: Captain Thomas Mantell.

Auch Astronomen sehen UFOs

Wie das mit Gerüchten immer so ist: An den einen ist etwas dran, an anderen eher nicht. Ein ebenso zählebiges wie unhaltbares Gerücht ist, daß noch kein unidentifiziertes Flugobjekt von professionellen Astronomen beobachtet worden sei. Einer, der nicht nur ein UFO beobachtet hat, sondern darüber hinaus sich sein Leben lang auch zu dieser Sichtung bekannte, war der legendäre Astronom Dr. Clyde W. Tombaugh.

Geboren am 4. Februar 1906 in Illinois, kam der Astronom im Alter von zweiundzwanzig Jahren an das Lowell-Observatorium in Flagstaff, Arizona. Berühmt wurde Dr. Tombaugh durch seine Entdeckung des Planeten Pluto, des neunten und bislang sonnenfernsten Planeten unseres Systems, am 23. Januar 1930. Von der Regierung der Vereinigten Staaten wurde er wiederholt als Fachberater in Sachen Weltraumforschung berufen. Hochbetagt starb Dr. Clyde Tombaugh am 17. Januar 1997.

Am 10. August 1949 saß der Astronom zusammen mit seiner Gattin und seiner Schwiegermutter auf der Terrasse seines Hauses in Las Cruces, New Mexico. Gegen 22.45 Uhr wurde ihre Aufmerksamkeit von einem dunklen, zigarrenförmigen Objekt angezogen, das sich schwach gegen den spätabendlichen Himmel abhob. Wie Dr. Tombaugh und seine Familie später übereinstimmend aussagten, verfügte das Flugobjekt über mindestens eine Reihe wie Luken aussehender, gelb leuchtender Öffnungen, die etwa in der Mitte des UFOs von vorn nach hinten verliefen.

In einem Brief an Richard Hall, den stellvertretenden Leiter des »National Investigation Committee on Aerial Phenomena« (NICAP), vom 10. September 1957 schrieb Tombaugh: »Die von mir gesehenen Rechtecke hatten genaue Abstände voneinander, was auf einen festen Körper schließen ließ. Ich bezweifle, daß die Erscheinung auf Reflektierung von der Erde beruhte, da sie sonst viele Male aufgetreten wäre. Obwohl ich auf meinem Grundstück sehr viel beobachte, und zwar mit dem Teleskop ebenso wie mit bloßem Auge, habe ich bisher nie etwas Ähnliches gesehen. Wie bereits erwähnt, war ich so unvorbereitet auf den seltsamen Anblick, daß ich vor Überraschung fast gelähmt war. Wahrscheinlich habe ich deshalb einige Details übersehen.«

Und in der Zeitschrift »Life«, für die Tombaugh sein Erlebnis niederschrieb, erklärte der berühmte Astronom, daß er und seine Familie »ein zigarrenförmiges Objekt mit erleuchteten, rechteckigen Fenstern an der Seite« beobachtet hätten. In den langen Jahren, seit er den Himmel studierte, habe er nie solch ein ungewöhnliches Fahrzeug gesehen.

Dr. Clyde W. Tombaugh war indes nicht der einzige Astronom von Beruf, der ein nichtidentifiziertes Flugobjekt beobachtet hat. Ein Kollege von ihm am eingangs erwähnten Lowell-Observatorium, Dr. Seymour Hess, hatte eine Sichtung einer »Daylight Disk« am Mittag des 20. Mai 1950. Und viele Jahre vorher, nämlich am 12. August 1883, gelangen dem Astronomen José A. Y. Bonilla vom Observatorium in Zacatecas (Mexiko) die ersten Fotografien unbekannter fliegender Objekte.

Die Annalen der Erforschung des Jahrhunderträtsels *UFO* füllen mittlerweile so zahlreiche Beobachtungen auch durch professionelle Astronomen (und ebenfalls sogar durch Astronauten der Weltraumprogramme sowohl der USA als auch Rußlands), daß jenes eingangs erwähnte Gerücht mit einem einzigen Wort adäquat charakterisiert werden kann: *Unsinn*.

1950

Jenseits aller Zweifel: Die Trent-Fotos

Am Abend des 11. Mai 1950 gegen 19.45 Uhr, gelang dem Ehepaar Trent auf deren Farm bei Salmon River, knapp zwanzig Kilometer südwestlich von McMinnville im US-Bundesstaat Oregon, ein unbekanntes Flugobjekt zu fotografieren. Mrs. Trent befand sich gerade im Garten, um die Kaninchen zu füttern, als sie plötzlich ein in westlicher Richtung fliegendes, scheibenförmiges Objekt sah. Sofort rief sie ihren Mann Paul, der mit seinem Fotoapparat in der Hand aus dem Haus lief. Der eingelegte Film war zum Teil bereits belichtet.

Das sich nähernde Objekt lag leicht schräg in der Luft, und glänzte silbrig hell. Es glitt völlig lautlos dahin, wobei die Trents weder Rauch noch Auspuffgase wahrzunehmen vermochten. Mr. Trent machte ein Bild, spulte den Film weiter und trat ein Stück nach rechts, um das Objekt im Sucher zu behalten. Nur dreißig Sekunden später schoß er ein zweites Foto.

Als das UFO über sie hinwegflog, glaubten die Trents einen Luftzug verspürt zu haben. Nachdem Mr. Trent innerhalb von ein paar Tagen den restlichen Film verknipst hatte, brachte er ihn in das örtliche Fotogeschäft zum Entwickeln. Doch nur wenigen Freunden gegenüber erwähnte er sein Erlebnis – er mied die Publicity, um, wie er befürchtete, »keine Scherereien mit der Regierung« zu bekommen. Trotzdem erfuhr ein Reporter der lokalen Zeitung *Telephone Register* von der UFO-Sichtung, und er fand schließlich die Negative im Hause der Trents auf dem Fußboden, wo die Kinder damit gespielt hatten.

Am 8. Juni 1950 erschien die Story im *Telephone Register*, tags darauf griffen Zeitungen in Portland und Los Angeles den Bericht auf, und eine Woche später zeigte die Zeitschrift »Life« die Fotos. Die zwei Bilder der einfachen Farmersleute aus Oregon waren zur Weltsensation geworden!

Die zwei Aufnahmen waren übrigens die einzigen UFO-Fotografien, die der bekanntermaßen gegen die Existenz von UFOs eingenommene Condon Report nicht so einfach ignorieren konnte. Der vom Condon Committee eingesetzte Experte, William K. Hartmann, kam zu dem Schluß, daß sämtliche Untersuchungen, die sich auf die Fotos wie auch den Schauplatz der damaligen Beobachtung erstreckten, die Behauptung nicht erschüttern konnten, daß »ein ungewöhnliches, silbrig-metallisch glänzendes, scheibenförmiges und offenbar künstlich geschaffenes Flugobjekt von mehreren -zig Metern Durchmesser vor den Augen der Zeugen über den Himmel geflogen sei«. Das vorliegende Material ließe nicht definitiv auf eine Fälschung schließen, fügte Hartmann hinzu.

In den achtziger Jahren wurden die Trent-Fotos einer weiteren, noch genaueren Prüfung unterzogen. Mittlerweile waren besonders genaue und computergestützte Methoden zur Analyse entwickelt worden, die für das Auge unsichtbare Informationen herauszuarbeiten vermögen.

Die erste dieser Techniken, die man gut dreißig Jahre nach deren Entstehung an den Aufnahmen anwandte, war die der Farbkonturierung. Hierbei wurden alle Grautöne des Originals in verschiedene Farben umgesetzt, um die Verteilung von Licht und Schatten auf dem Objekt leichter erkennbar zu machen. So zeigte die Unterseite der Scheibe keine auffällige Schattierung, was auf eine gleichmäßig beleuchtete, ebene Fläche schließen läßt. Beim zweiten Foto, das die Scheibe von der Seite darstellt, ergab sich, daß das Zentrum des Objektes deutlich dunkler schattiert erscheint als der äußerste Rand, was wiederum auf einen runden und schräg nach oben zulaufenden Körper hindeutet.

Die nächste Analyse bestand darin, herauszufinden, ob diese Scheibe möglicherweise mit Drähten aufgehängt oder abgestützt war. In diesem Fall hätte es sich wohl um ein relativ nahe vor der Kamera plaziertes Modell gehandelt. Um das herauszufinden, machten sich die Forscher der Gruppe »Ground Saucer Watch« die Fähigkeit des Computers zunutze, Konturen schärfer hervorzuheben. Die dabei entstandenen Bilder ähneln auf den ersten Blick einem aus rauhem Stein herausgearbeiteten und aus einem flachen Winkel beleuchteten Halbrelief. Hellere und dunklere Linien markieren darin die Konturen der Einzelheiten des UFOs sowie selbst winzige Fehler im Negativ. Mit dieser Technik kann man Drähte einer Stärke von einem viertel Millimeter auf eine Entfernung bis zu drei Metern sichtbar machen – die jedoch in der Umgebung des von Paul Trent aufgenommenen Flugobjekts eindeutig nicht feststellbar sind!

Abb.17, Abb. 18 Eine der beiden Aufnahmen, die Paul Trent am 11. Mai 1950 von einem nichtidentifizierten Flugobjekt machte (oben), sowie eine Computerumsetzung: Alle Grauschattierungen des Originals werden hier fein definiert wiedergegeben (unten). Die Trent-Fotos sind auch nach modernsten Prüfungsmethoden nicht als Fälschungen anzusehen.

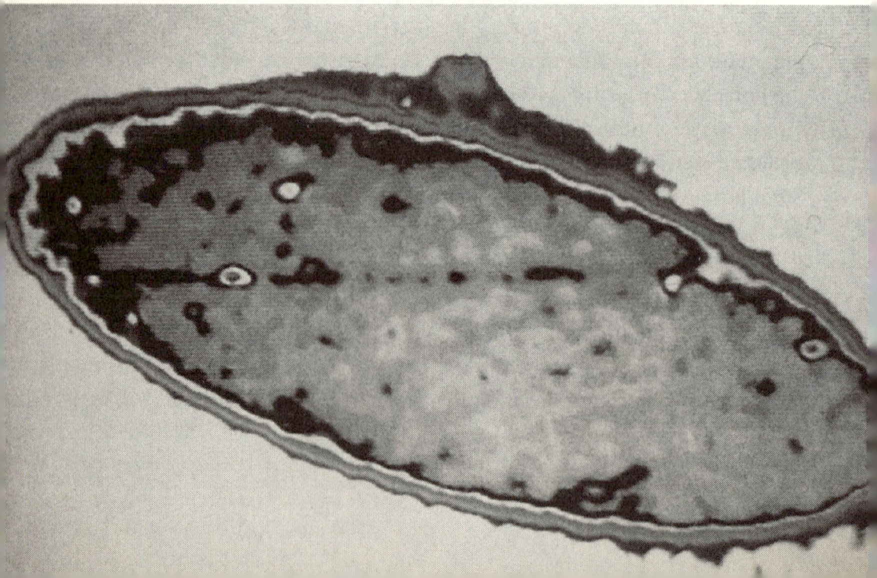

Auch die sogenannte Kantenverstärkungsmethode, durch welche ausgeschnittene und übereinandermontierte Bilder gnadenlos demaskiert werden können, brachte keine Hinweise auf eine Fälschung. Abschließend kam die Studiengruppe Ground Saucer Watch zu dem Ergebnis, daß diese Fotos eine fliegende Scheibe von zwanzig bis dreißig Metern im Durchmesser zeigen, die – wie Laborversuche mit der Reflektion von Licht ergaben – höchstwahrscheinlich aus poliertem Metall bestand.

Die Trent-Fotos sind auch nach heutigen Standards nicht als Fälschungen anzusehen und ergo als Beweis geeignet, daß an jenem 11. Mai 1950 tatsächlich ein großes Objekt über die kleine Farm bei McMinnville geflogen ist – möglicherweise ein Objekt, das nicht von irdischer Herkunft war.

1951
Der unsichtbare Peiniger

Auch auf den Philippinen war 1945 der Zweite Weltkrieg mit der Vertreibung der japanischen Besatzungsmacht zu Ende gegangen. Doch die Kriegsjahre hatten dort gleichfalls ihre Wunden hinterlassen. Noch lange Zeit trieben sich ungezählte Kriegswaisen in den Städten herum, Straßenkinder, die der Krieg entwurzelt und denen der Frieden keine Verbesserung ihrer Lage gebracht hatte. Die damals knapp achtzehnjährige Clarita Villanueva gehörte zu diesen Unglücklichen, und sie stand im Mittelpunkt eines geradezu abartig grauenhaften Vorfalles, der nicht nur sie selbst an den Rand des Wahnsinns brachte.

Für eine des Weges kommende Polizeistreife sah es zunächst nach einer jener Schlägereien aus, wie sie im Manila der Nachkriegsjahre an der Tagesordnung waren. Eine kleine Menschenmenge scharte sich um ein junges Mädchen, das sich laut schreiend auf der Straße hin und her wälzte. Offenbar eine junge Prostituierte, die sich mit einer »Konkurrentin« um einen Freier prügelte, oder eine Drogensüchtige auf Entzug. Doch bereits bald mußten die Ordnungshüter zur Kenntnis nehmen, daß es etwas völlig anderes war, das da spätabends am 10. Mai 1951 in den Straßen der philippinischen Hauptstadt wütete. Etwas Unsichtbares hatte zugeschlagen, und sowohl das Opfer als auch jene, die zu Zeugen des Vorfalles wurden, standen dem beispiellos aggressiven Phänomen völlig hilflos gegenüber.

So wurde die vermeintlich Randalierende erst einmal zur Ausnüchterung in das nächste Revier gebracht, wo sie in eine Zelle gesteckt wurde. Als sich die Tür hinter ihr schloß, begann das Mädchen wieder hysterisch zu schreien, flehte die Beamten an, ihr doch zu helfen. Sie streckte ihnen ihre Arme entgegen, die mit ungezählten Bißwunden übersät waren. Da sie glaubten, die Achtzehnjährige hätte einen epileptischen Anfall, in dessen Verlauf sie zur Selbstverstümmelung neigte, holten die Polizisten das Mädchen aus der Zelle und führten es in den Vorraum. Doch während sie die sich wie toll Gebärdende fest im Polizeigriff hatten, erschienen auf Claritas Nacken, Schultern und Oberarmen wie aus dem Nichts deutlich erkennbare Bißspuren. Blaugrau, mit unübersehbaren Abdrücken der Zähne und umgeben von widerwärtig riechendem Speichel. Den Männern wurde angst, und so alarmierten sie auf der Stelle den obersten Chef der Polizei von Manila.

Der wiederum verständigte den obersten Polizeiarzt, Dr. Mariana Lara. Jener war alles andere als erbaut, wegen einer offenbar geistesgestörten Randaliererin nachts aus dem Bett geholt zu werden. Als er auf der Polizeistation ankam, wartete dort auch bereits der ebenfalls verständigte Bürgermeister der Hauptstadt, Arsenio Lacson. Nur kurz und oberflächlich begutachtete Dr. Lara das Mädchen, konstatierte Epilepsie und machte sich wieder auf den Heimweg.

Hierauf besahen sich der Polizeichef und der Bürgermeister abermals die Wunden von Clarita Villanueva und mußten bestürzt feststellen, daß Selbstverwundung keineswegs der Grund für ihre schlimmen Bißverletzungen sein konnte. Wie sollte sie sich selbst in

Nacken und Schultern gebissen haben? Von steten Angriffen des unsichtbaren Peinigers gequält, weinte sich Clarita auf einer Bank des Reviers in den Schlaf.

Am nächsten Tag sollte sie vor Gericht gebracht werden, da sie ja wegen Anzettelung eines Tumults festgenommen worden war. Doch als Clarita, von zwei Polizisten gepackt, weggebracht werden sollte, begann sie wieder zu schreien. Vor den entsetzten Augen der Polizisten, einiger Zeitungsreporter und des erneut hinzugezogenen Polizeiarztes Dr. Lara bohrten sich unsichtbare Zähne in die Handflächen, Arme und den Nacken des Mädchens. Es folgten fünf Minuten grausamen Wütens der geisterhaften Bestie, bis Clarita vor Schmerzen ohnmächtig wurde.

Noch einmal nahm sich Dr. Lara das Opfer vor und mußte seine in der Nacht abgegebene Diagnose widerrufen. Clarita konnte unmöglich die Verursacherin ihrer Bißwunden sein. So rief man außer dem Bürgermeister auch noch den Erzbischof zum Ort des Geschehens. Bis zu deren Eintreffen schwollen die Bißverletzungen des Mädchens unnatürlich an.

In ihrer Ratlosigkeit beschlossen die Herren, die Jugendliche in das Gefängnishospital zu bringen. Hierbei kam es zu einer neuerlichen Attacke: Erneut erschienen die unheimlichen blaugrauen Bißwunden am Körper der Unglücklichen, und zwar auf den Seiten ihres Halses und auf einer Hand, die der Bürgermeister fest in der seinen hielt. Die Fahrt zum Krankenhaus wurde zum unbeschreiblichen Horrortrip für das Mädchen. Doch selbst dem Bürgermeister, dem Polizeiarzt und dem Fahrer setzten jene unerklärlichen Vorfälle ungemein zu. Dr. Mariana Lara charakterisierte seinen eigenen Zustand später unverblümt mit den Worten: »Ich habe mir vor Angst beinahe in die Hose gemacht.« Und Bürgermeister Lacson gab unumwunden zu, daß hier eine Erscheinung wütete, für die es keine Erklärung gebe.

Als sie endlich am Gefängnisspital ankamen, hörten die bösartigen Angriffe auf. Der Alptraum war vorüber.

Wer der Urheber war, darüber läßt sich allenfalls spekulieren. Ein

Poltergeist, ein Angriff aus einer Parallelwelt oder eine Lebensform, die nicht an eine materielle Erscheinungsform gebunden ist? Fest scheint indes nur eins zu stehen: »Es« kann jeden von uns überall und zu jeder Zeit treffen ...

1952
UFO-Landung jenseits der Zonengrenze

In den Jahren kurz nach dem Ende des Zweiten Weltkriegs war die Grenze zwischen der sowjetischen Besatzungszone sowie der aus den besetzten Zonen Frankreichs, der USA und Großbritanniens bestehenden Bundesrepublik noch relativ durchlässig. Viele Bürger der späteren DDR entschlossen sich in jener unruhigen Zeit, über die »Grüne Grenze« nach Westen und in die Westsektoren Berlins zu flüchten. Zu ihnen zählte auch der damals achtundvierzigjährige Oskar Linke, ehemals Major der Deutschen Wehrmacht, der in jenen Tagen Bürgermeister der Gemeinde Gleimershausen in Thüringen war.

Dieser plante im Frühjahr 1952, sich mit seiner Frau sowie den sechs Kindern in den Westen abzusetzen. Deshalb war er oft mit seinem Motorrad in Grenznähe unterwegs, um die russischen Soldaten, die vor der Gründung der »Nationalen Volksarmee« die deutsch-deutsche Grenze bewachten, an seine Anwesenheit zu gewöhnen. In seiner Funktion als Bürgermeister erweckte er dabei keinerlei Mißtrauen.

An einem dieser Tage fuhr er, mit seiner damals elfjährigen Tochter Gabriele auf dem Soziussitz, durch den Wald bei Haselbach in der Nähe von Meiningen. Auf einmal platzte der hintere Reifen des Motorrads, und Oskar Linke beeilte sich, das Fahrzeug in die nächste Ortschaft zu schieben. Die zwei waren erst wenige Meter weit gekommen, als Gabriele ihren Vater auf einen knapp hundertfünfzig Meter entfernten Gegenstand aufmerksam machte, welchen Linke im Zwielicht für ein Reh hielt. Nachdem sie das Motorrad an einen Baum gelehnt hatten, schlichen sich die beiden näher, um das vermeintliche Waldtier zu beobachten.

Doch Zwielicht kann leicht täuschen. Bei etwa sechzig Metern entpuppte sich das »Reh« als zwei unheimlich silbrig schimmernde, menschenähnliche Gestalten von nur etwa ein Meter zwanzig Größe. Beide standen vornübergebeugt und betrachteten irgend etwas am Boden. Eines der beiden Geschöpfe hatte in Brusthöhe eine Lampe, die regelmäßig aufleuchtete. Linke schlich sich bis auf knappe zehn Meter an die seltsame Szenerie heran. Da bemerkte er hinter den Humanoiden ein riesiges, diskusförmiges Objekt, das einer »gewaltigen Bratpfanne« ähnelte, dessen Durchmesser er auf fünfzehn Meter schätzte. Am Rand hatte das »Ding« zwei Reihen Löcher von etwa dreißig Zentimeter Breite; jede der Vertiefungen war einen knappen halben Meter von der jeweils nächsten entfernt. Auf dem Objekt erhob sich ein schwarzer, kegelförmiger Turm von ungefähr einem Meter Höhe.

Linke fühlte sich nicht wohl in seiner Haut. Schließlich befand er sich in der sowjetischen Zone, wo es nicht gerade ungefährlich war, außergewöhnliche Dinge zu sehen oder darüber Bescheid zu wissen. Häufig verschwanden solche Leute auf Nimmerwiedersehen in den »Gulags«, den Gefangenen- und Arbeitslagern der Sowjets im fernen Sibirien.

Im nächsten Augenblick rief ihn seine Tochter Gabriele, die ein paar Meter hinter ihrem Vater geblieben war. Davon offenbar aufgeschreckt, erhoben sich die beiden silbern gekleideten, kleinwüchsigen Gestalten und eilten zu dem gelandeten Flugobjekt. Durch den erwähnten Turm auf der Oberseite gelangten diese ins Innere des Objekts und waren somit den Blicken von Vater und Tochter Linke entschwunden.

Der äußere Rand des UFOs begann im selben Moment zu glühen, außerdem wurde ein leises Summen vernehmbar. Das Glühen änderte seine Farbe von ursprünglich Blau-Grün in Rot. Das Leuchten wie auch das Summen wurden stärker, und der kegelförmige Turm versank allmählich in der Mitte des Objekts. Dieses erhob sich beständig vom Boden, wobei es den Eindruck erweckte, als drehe es sich wie ein Kreisel. Linke beschrieb es so, als stünde beziehungsweise rotierte der Apparat auf dem kegelförmigen Turm, der von oben durch die Mitte jenes Objekts nach unten gefahren war, und nun an der Unterseite auftauchte.

Dann schwebte das UFO einige Zentimeter über dem Boden, und schien von einem Flammenkreis umgeben. Erneut verschwand jener Turm, dieses Mal von der Unterseite, und kam letztendlich wieder oben zum Vorschein, wo er sich auch zu Beginn der Beobachtung befunden hatte. Schließlich beschleunigte der Apparat mit atemberaubender Geschwindigkeit nach oben, wobei Linke und dessen Tochter ein Geräusch »wie von einer fallenden Bombe« hörten. Nur Sekunden später war das UFO außer Sicht.

Von der Beobachtung äußerst verwirrt, begab sich Bürgermeister Linke, nachdem das UFO gestartet und am Himmel verschwunden war, an den Landeplatz. Er fand einen kreisrunden Eindruck im Boden, der noch ganz frisch war. Dieser hatte genau dieselbe Form wie der kegelförmige Turm, der im Verlauf der Sichtung von oben nach unten und wieder zurück gefahren war.

Zur Bestätigung der unheimlichen Begegnung der Dritten Art gab es noch weitere Aussagen. So berichtete beispielsweise der Vorarbeiter einer Sägemühle, er hätte einen kometenartigen Gegenstand von jenem leichten Hügel fortrasen sehen, wo sich der Hauptzeuge befunden hatte. Und ein Schäfer, der nur wenige hundert Meter vom Ort des Geschehens entfernt war, sagte aus, daß er »einen Kometen von der Erde abprallen« gesehen habe.

Oskar Linke, dem nur eine Woche danach die Flucht in den Westen gelang, gab sein unheimliches Erlebnis dort den amerikanischen Besatzungsbehörden zu Protokoll. Die betrachteten es als derart bedeutsam, daß sie den Geheimdienst CIA einschalteten, welcher ein ausführliches Dossier darüber anlegte. Linke selbst hatte zuvor nie etwas über UFOs gehört oder gelesen und hielt seine Beobachtung damals für die Konfrontation mit einer neuentwickelten, russischen Geheimwaffe.

Bemerkenswert an dem Fall ist, daß schon Anfang der fünfziger Jahre kleinwüchsige Humanoide beobachtet wurden – denjenigen nicht unähnlich, die heutzutage bei den weltweit zunehmenden Entführungsszenarien *(Abductions)* auftreten.

1953
Shanti Devi: Erinnerungen an ein früheres Leben?

»Nach allen uns vorliegenden Erkenntnissen, die sich in der Untersuchung der Angaben von Shanti Devi ergeben haben, dürfen wir hier eine Bestätigung für eine echte Reinkarnation sehen. Die Rückerinnerungen bei diesem neunjährigen Mädchen an ein fünfundzwanzig Jahre zurückliegendes Leben sind mit normalen, wissenschaftlichen Mitteln nicht zu erklären.«

Dieses Kommuniqué gaben namhafte Professoren der Universitäten von Benares, Lucknow und Allahabad (alle in Indien) im Jahre 1953 gemeinsam heraus. Die unmittelbare Konfrontation sowie die Arbeit mit einer inkarnierten Persönlichkeit durch so viele Experten haben den »Fall Shanti Devi« zu dem *beweiskräftigsten* Beispiel in der Literatur über das erregende Phänomen der Wiedergeburt werden lassen.

Shanti Devi wurde am 17. Januar 1944 in der indischen Hauptstadt Neu-Delhi geboren. Als das Mädchen sprechen lernte, weigerte es sich standhaft, den ihr zugedachten Namen zu akzeptieren. Im Gegenteil: Mit größter Selbstsicherheit behauptete sie vor den erstaunten Eltern, daß sie in Wirklichkeit Annes hieße und mit dem Stoffhändler und Kaufmann Ahmed Lugdit verheiratet sei. Shanti Devi fuhr fort, daß sie einen Sohn habe und in der Stadt Muttra gelebt hätte.

Anfangs schenkten die Eltern den Beteuerungen des Mädchens keinen Glauben, wollten ihr vielmehr beibringen, daß man nicht lügen dürfe. Niemand kannte die Stadt Muttra, genausowenig wie einen Kaufmann mit Namen Ahmed Lugdit.

Das Kind wurde neun Jahre alt, und kein Tag verging, an dem es nicht bat, nach Muttra reisen zu dürfen. Übrigens sprach es auch nicht den für Delhi typischen Dialekt: Erst später stellte sich heraus, daß ihr Dialekt in Muttra gesprochen wird. Dabei war das Mädchen bis zu diesem Zeitpunkt noch kein einziges Mal aus Delhi herausgekommen.

Die Eltern wurden indes immer verzweifelter und konsultierten mehrere Ärzte. Schließlich wurde Shanti Devi einem brahmanischen Arzt vorgestellt, der sie auf mögliche Geisteskrankheiten hin untersuchen sollte. Der sonderte sie sofort von ihren Eltern ab und unterhielt sich sehr tiefgehend mit dem Mädchen. Eine geistige Störung, wie von den Eltern vermutet, konnte ausgeschlossen werden. Dafür zeichnete sich immer deutlicher eine völlig andere Erklärung ab: Ein echter Fall von Reinkarnation, also Seelenwanderung oder Wiedergeburt!

Dank der Mitarbeit der Meldebehörden, die man zwischenzeitlich in die Ermittlungen eingebunden hatte, konnten bald recht konkrete Ergebnisse vorgewiesen werden. Muttra ist ein mittelgroßer Ort, nördlich der Stadt Agra im Bundesstaat Uttar Pradesh gelegen. In der Tat lebte dort ein gewisser Ahmed Lugdit, der dreißig Jahre lang als Stoffhändler tätig war. Die Prüfung der Melderegister ergab zudem, daß Lugdit am 25. Oktober 1928 Witwer geworden war. Dessen verstorbene Frau hieß Annes und war nach der Geburt ihres Sohnes am Kindbettfieber gestorben. Ein weiteres Ergebnis der ersten Untersuchungen war, daß sich das Mädchen an sehr persönliche Details im Hause und auch an Ahmed Lugdit selbst erinnern konnte. Sogar gewisse Speisen, die dieser bevorzugte, konnte sie benennen.

Nachdem Shanti Devi auch noch behauptete, daß »ihr Mann« einen Oberlippenbart besitze, eine sehr hohe Stirn und auch eine Narbe am rechten Oberarm habe, begannen die sie untersuchenden Professoren ein Experiment. Auf Kosten der indischen Regierung wurden Ahmed Lugdit, dessen zweite Frau sowie sein Sohn aus erster Ehe mit Annes nach Delhi gebracht. Der Stoffhändler wurde in eine Gruppe von fünfzehn weiteren Männern gestellt, dann ließ man Shanti Devi in den Raum.

Nur kurz musterte das Mädchen die Männer, dann stürzte sie zielsicher auf Ahmed Lugdit zu und umarmte ihn innigst. Sie freute sich, daß er gekommen war und sich an sie erinnert hatte. Auch Lugdit zeigte sich tief ergriffen, denn er vernahm in den Worten jenes Mädchens die Stimme seiner fünfundzwanzig Jahre vorher verstorbenen Frau. Zwischen beiden entspann sich nun eine ausführliche Unterhaltung, die sich auf Intimitäten bezog, welche nur Menschen wissen konnten, die sich sehr nahegestanden sind und die der Tod unerbittlich getrennt haben mußte.

Wieder sprach Shanti Devi in dem Dialekt, der in Muttra geläufig ist. Ergriffen schloß Lugdit sie in seine Arme, in voller Überzeugung, daß sie die Wiederverkörperung seiner ersten Frau ist. Weder für ihn noch für die anwesenden Professoren gab es die geringsten Zweifel. Mittlerweile war auch der Sohn von Annes und Lugdit hinzugekommen. Shanti kümmerte sich rührend um ihn, wollte ihn bei sich behalten und sogar ihre Eltern verlassen, um zu Ahmed und »ihrem« Sohn zurückzugehen.

Danach führten die Wissenschaftler noch ein Gegenexperiment durch. Nach zehn Tagen fuhren sie mit Shanti Devi und ihrem Vater nach Muttra – getrennt von Ahmed Lugdit. Die Ankunft in jener fremden Stadt war für das Mädchen nichts Außergewöhnliches. Ungezwungen wanderte sie umher, benannte im voraus Straßen, Plätze, Gassen und markante Häuser. Dann ging sie zielstrebig auf jene Straße zu, in der sich Geschäft und Wohnung von Ahmed Lugdit befanden. Viele Menschen, die ihr unterwegs auf der Straße begegneten, grüßte sie mit Namen, wie den Vater Lugdits. Alle hatten bereits vor fünfundzwanzig Jahren in Muttra gelebt.

Im Haus angekommen, ging sie ohne zu zögern in ihr früheres Zimmer. Auch sonst wußte sie über jede Ecke und Nische genauestens Bescheid. Plötzlich hob sie ein Bodenbrett hoch, um Geld zu suchen, das sie vor Jahren als heimliche Notreserve verborgen hatte. Doch das Versteck war leer. Erschüttert erklärte Ahmed, der die

Szene beobachtet hatte, daß er genau an der Stelle nach dem Tod seiner Frau ein Bündel Banknoten gefunden hatte. Diesen unverhofften Geldsegen verwendete er damals für den Ausbau seines Geschäfts.

Nun war für alle Beteiligten auch der letzte Anflug irgendeines Zweifels endgültig zerstreut. Schlußendlich erkannte das Mädchen auch die Eltern von Annes, die ebenfalls noch in Muttra lebten, und umarmte diese herzlich. Sie bekamen ihre Tochter zurück.

Shanti Devis Fall gilt heute als Paradebeispiel für die mögliche Wiederkehr unseres Bewußtseins in einer neuen Existenz. Shanti Devi hat, wie ich von Professor Dr. Ian Stevenson, der weltweit größten Kapazität auf dem Gebiet der Reinkarnationsforschung, erfuhr, im Jahr 1991 ihren »irdischen Weg« beendet. Wird sie ein weiteres Mal zurückkehren? Werden wir sie bald in einer neuen Existenz erleben können?

Vielleicht wächst irgendwo auf dieser Welt, während Sie diese Zeilen lesen, gerade ein kleines Kind heran, das sich plötzlich seiner Existenz als Shanti Devi erinnern wird ...

1954
Trouble in Quarouble

Quarouble ist ein kleiner französischer Ort, im Département Nord nahe der Grenze zu Belgien gelegen. Bergbau und Stahlindustrie sind die Haupterwerbszweige in dieser Region rund um die Stadt Lille, und so war die Hauptfigur der nachfolgend geschilderten Ereignisse ein Stahlarbeiter, der an der Eisenbahnlinie außerhalb von Quarouble ein kleines Haus bewohnte.

Am Abend des 10. September 1954, etwa um 22.30 Uhr, saß der damals vierunddreißigjährige Marius Dewilde in der Küche seines Häuschens, als sein Hund urplötzlich wie wild zu bellen begann. Dewilde, der einen Einbrecher vermutete, griff nach einer Taschenlampe und ging in die Dunkelheit hinaus, und neben ihm kroch sein

Hund, ein für das Tier höchst ungewöhnliches Verhalten. Links bemerkte er auf den Eisenbahnschienen schemenhaft ein Objekt, das er zuerst für einen Lastwagen hielt.

Dann vernahm er ein leises Geräusch zu seiner Rechten. Als er sich umdrehte, erblickte er im Lichtschein der Taschenlampe, kaum sechs Meter von ihm entfernt, zwei kleine, sehr eigenartig anzusehende Gestalten. Die zwei maßen etwa ein Meter zwanzig und waren mit einer Art Taucheranzug und Helm bekleidet. Dewilde erkannte recht breite Schultern, aber keine Arme bei diesen kleinen Kreaturen. Diese versuchten, zu dem dunklen Objekt zu gelangen, das auf dem Bahndamm stand.

Als Marius sein erstes Erstaunen überwunden hatte, versuchte er den Eindringlingen entgegenzulaufen, um ihnen den Weg zu dem Objekt abzuschneiden. Er war nur noch etwa zwei Meter von ihnen entfernt, da erfaßte ihn ein gleißend heller Lichtstrahl, der aus dem Objekt kam, dessen Durchmesser er später auf ungefähr sechs Meter beziffern sollte. Dewilde war auf der Stelle wie gelähmt; er konnte sich nicht mehr bewegen und auch nicht mehr schreien. Dann verlosch das Licht wieder.

Als Dewilde wieder imstande war, seine Muskeln zu bewegen, versuchte er abermals, hinter jenen kleinen Wesen herzulaufen. Doch er sah nur noch, wie sich an der Seite des Objekts etwas wie eine Luke schloß. Dann stieg das UFO senkrecht nach oben. Der Stahlarbeiter vernahm ein pfeifendes Geräusch und sah eine Wolke, die das Objekt einhüllte. Nachdem es etwa dreißig Meter hochgestiegen war, schoß es rotglühend in den Himmel und verschwand sehr rasch in östlicher Richtung.

Völlig verwirrt und geschockt rannte Marius Dewilde zur Polizei, wo die Beamten zuerst an seinem Geisteszustand zweifelten und ihn wieder nach Hause schicken wollten. Dewilde bestand jedoch darauf, mit dem Dienststellenleiter zu sprechen, der schließlich erkannte, daß Dewilde weder betrunken noch in einem Zustand geistiger Umnachtung.

Spätere Nachforschungen ergaben denn auch, daß er zum Zeitpunkt seiner ungewöhnlichen Begegnung weder an Halluzinationen gelitten, noch gelogen hatte. Denn auf den Gleisschwellen, auf denen das unbekannte Flugobjekt gestanden hatte, vermochte man deutliche Einkerbungen festzustellen. Experten bestimmten den darauf einwirkenden Druck auf mindestens dreißig Tonnen. Verbrannte und verkalkte Kiesbrocken zwischen den Schwellen erwiesen sich als außerordentlich brüchig, was die Schlußfolgerung zuließ, daß sie einer enormen Temperatur ausgesetzt gewesen sein müssen. Dieser Fall reiht sich in eine lange Sammlung ähnlicher Fälle ein, bei denen konkrete und nachprüfbare Spuren gelandeter UFOs festgestellt werden konnten.

1955
»Copyright Castle Films, 1948«

Dies ist eine mysteriöse Geschichte aus erster Hand, die dem mir persönlich bekannten amerikanischen Autor Brad Steiger direkt von den Betroffenen berichtet wurde. Sie reizt übrigens ungemein zu Gedankenspielen über das Wesen der Zeit – und auch der Realität an sich.

Charles W. Ingersoll aus Cloquet/Minnesota berichtete Brad, daß er und seine Eltern schon seit einigen Jahren davon träumten, zum Grand Canyon zu fahren. Im Sommer 1948 schien es, als würde es endlich klappen. Doch es kam anders: Ingersoll wurde in diesem Jahr zum stolzen Besitzer einer Radiostation in Ely/Minnesota, und weil er noch nicht über das notwendige Personal zu seiner Entlastung verfügte, blieb ihm nichts anderes übrig, als den Trip ein weiteres Mal zu verschieben.

Es sollte 1955 werden, also sieben Jahre danach, bis die Ingersolls endlich ihren langgeplanten Besuch des Grand Canyon realisieren konnten. Charles hatte keine Filmkamera, ein Umstand, den er sehr bedauerte, als er von der Schönheit des Naturwunders regelrecht überwältigt wurde. Dann ging er vorsichtig zum Rand des

Canyons, lehnte sich über das Geländer und machte ein Bild mit seinem Fotoapparat der Marke *Bosley*.

Zehn Tage später war er mit seinen Eltern wieder nach Minnesota heimgekehrt. Ingersoll hatte sich dazu durchgerungen, eine Filmkamera zu erstehen, und so kaufte er am Tag nach seiner Rückkehr im Fotogeschäft am Ort eine 8-mm-Schmalfilmkamera der Marke Bell & Howell. Gleichfalls kaufte er auch einen Schwarzweißfilm über den Grand Canyon, den sein Händler zufällig auf Lager hatte. »Der Film stammt aber aus dem Jahre 1948«, warnte der Händler Ingersoll, bevor er diesem den Streifen aushändigte. Worauf dieser erwiderte: »Das geht in Ordnung. Ich bin sicher, der Grand Canyon hat sich in den sieben Jahren nicht allzusehr verändert. Übrigens war dies das Jahr, in dem meine Eltern und ich so gerne zum Canyon gefahren wären, leider jedoch nicht konnten.«

Am selben Abend noch führte Charles Ingersoll seinen Eltern den Film vor. Wie groß war die Überraschung, als auf einem Abschnitt des Films zu sehen war, wie Charles vorsichtig an den Rand des Canyon ging und mit seiner »Bosley« ein Foto machte! Im Hintergrund konnte man Autos des Modelljahres 1948 erkennen, und auch die Menschen auf dem Film waren gemäß der Mode dieser Zeit gekleidet. Doch auf genau diesem Filmabschnitt war Charles Ingersoll eindeutig zu erkennen – ein Mann, der *in persona* nicht vor 1955 am Grand Canyon war!

Verwirrt griff Ingersoll nach der Schachtel, in welcher der ominöse Film steckte. »Copyright Castle Films, 1948«, stand in großen Buchstaben aufgedruckt.

Der Rundfunkmann aus Minnesota zeigte etlichen seiner Bekannten den Film, ohne sie darauf hinzuweisen, daß er darauf zu sehen sei. Doch die Reaktion war jedesmal dieselbe: »Da ist ja Charlie! Hat dein Vater den Film gedreht?«

Skeptiker, die von diesem verwirrenden Fall hörten, argwöhnten, daß der Film hergestellt wurde, als Ingersoll und dessen Familie vom Grand Canyon zurückgekehrt waren – also erst 1955. Doch dies ist nicht möglich, da zwischen dem Antritt der Heimreise und dem Kauf des Films nicht einmal eine Woche vergangen war. Auch das nachträgliche Einkopieren der fraglichen Stelle kommt aller Wahrscheinlichkeit nicht in Frage, denn es stellte sich heraus, daß das ganze Filmmaterial eine durchgehend gleiche Körnung aufwies. Auch Schnittstellen waren nicht zu erkennen. Last, not least schwor der Inhaber des Fotogeschäfts, daß er den bewußten Film seit mehr als einem Jahr im Regal gehabt hatte.

Was wissen wir wirklich über das Wesen jener oft unbegreiflichen Manifestationen, die wir *Realität* nennen? Wer kann ausschließen, daß sich Wünsche und Hoffnungen selbständig machen können, eine Art Eigendynamik entwickeln? Im »normalen« Bewußtseinszustand unerfüllt, finden sie vielleicht Mittel und Wege, sich auf anderen Daseinsebenen zu verwirklichen. Könnte es möglich sein, daß der sehnliche Wunsch, zum Grand Canyon zu fahren, einen wie immer gearteten »mentalen Doppelgänger« auf die Reise schickte, während der »richtige« Charles W. Ingersoll mit Arbeit in seinem Sender in Minnesota eingedeckt war?

1956
Die Fahrt der »Yamacraw«

Erfahrene Radarspezialisten wissen, daß ihre hochempfindlichen Geräte ihnen mitunter die seltsamsten Streiche spielen – etwa, wenn Radarstrahlen von Inversionswetterlagen reflektiert werden, oder auch von Insektenschwärmen. Doch was soll man von derartigen Vorkommnissen halten, wenn Geisterbilder auf dem Radar plötzlich unheimlich konkret werden? Wie im Fall des amerikanischen Küstenwachbootes *Yamacraw*, das am 8. August 1956 ein solches Erlebnis in der Sargassosee hatte.

Die Sargassosee ist ein durch dauernde Flauten beinahe unbewegtes Meeresgebiet nördlich der Bahamas, welches sich zudem durch ungeheure Mengen von an der Oberfläche treibenden Algen von den anderen Meeresgebieten der Region unterscheidet. Schon von altersher gilt die Sargassosee als Schiffsfriedhof, ängstlich gemieden von den Seefahrern, die sich Geschichten von gesunkenen oder verlassen treibenden Schiffen in den Kneipen der umliegenden Inseln zuraunen.

Am 8. August 1956 befand sich die erwähnte *Yamacraw*, die als Kabelverlegungs- und Forschungsschiff im Dienste der US-Küstenwache stand, auf dem offenen Ozean nahe der Sargassosee. Mit einem Mal entdeckte der Radarbeobachter auf seinem Schirm etwas, das sich wie eine riesige Landmasse in einer Distanz von achtundzwanzig Meilen auf direktem Kurs des Schiffes ausnahm. Sowohl der wachhabende Offizier als auch der Kapitän überprüften das Radarbild und kamen zum selben Resultat.

Neugierig geworden, hielt man auf diese Erscheinung zu, und nach einigen Stunden Fahrt näherte sich die *Yamacraw* einer gigantischen Masse, die allem Anschein nach Land war, abgesehen von einer für Landmassen oder Inseln ungewöhnlichen, nicht mehr enden wollenden Höhe, denn diese ragte ohne Begrenzung bis zum Himmel empor. Gleichsam schien diese »Geisterinsel« ein wenig über der Wasseroberfläche zu stehen, und sie ließ sich weder von Radar noch von leistungsstarken Scheinwerfern durchdringen. In südwestlicher Richtung erstreckte sich diese Masse in einer großen, nicht abschätzbaren Entfernung.

Der Kapitän gab den Befehl, Kurs in die seltsame Masse hinein zu nehmen. Sobald sich das Schiff hineinbewegte, erlosch die Beleuchtung an Bord, als ob irgend etwas die Energie absaugen würde. Die starken Scheinwerfer glühten nur mehr kaum wahrnehmbar; hierzu mußte man direkt in sie hineinsehen. Und schon nach kurzer Zeit begann die Mannschaft zu husten, und auch der Dampfdruck der Maschinen fiel bedrohlich ab. In der Angst, die seltsame Zone nicht mehr aus eigener Kraft verlassen zu können, gab der Kapitän den Befehl zum Umkehren. Nur mit äußerster Anstrengung vermochte die *Yamacraw*, etwa dreihundert Meter von der Stelle entfernt, wo sie in die Masse hineingefahren war, jene auch wieder zu verlassen.

Bis zum folgenden Morgen zeichnete sich die »Geisterinsel« noch auf dem Radarschirm ab, mit dem Sonnenaufgang jedoch verschwand diese, ohne irgendeine Spur zu hinterlassen. Bis heute konnte das Phänomen, dem die *Yamacraw* begegnet war, nicht zufriedenstellend erklärt werden. Schwefeldämpfe oder Industrieemissionen, die man anfangs dafür verantwortlich machte, dürften unmöglich eine so dichte Konsistenz erlangen. Eine andere Theorie erklärte jene nebulöse »Insel« als Wolke aus kleinsten Teilchen aus dem All, welche auf die Erde herabgefallen seien. Immerhin weist das unheimliche Erlebnis der *Yamacraw* und ihrer Besatzung Parallelen auf zu ebenfalls bisher ungeklärten »Dunkelheiten«, die plötzlich und ohne Vorwarnung über ganze Landstriche hereingebrochen sind und den Tag binnen kurzer Zeit in schwärzeste Nacht verwandelten.

1957
Der Geist des Präsidenten

Dr. Juho Kusti Paasikivi wurde im Herbst 1944 zum Ministerpräsidenten Finnlands gewählt, und schon im Frühjahr 1946 bekleidete er das Amt des ersten Präsidenten des nordosteuropäischen Landes nach dem Zweiten Weltkrieg. Erst im Februar 1956 wurde er von seinem Nachfolger Urho Kekkonen abgelöst, und am 14. Dezember desselben Jahres starb Dr. Paasikivi im hohen Alter von sechsundachtzig Jahren.

Vier Monate später erschien der Präsident zwei Frauen und wechselte im Verlauf dieser Begegnung sogar ein paar Worte mit ihnen. Am 19. April 1957 gingen Frau E. Sinisalo und ihre Tante Maja in einem großen Wohnblock in Helsinki auf den Lift zu, als sie dort an der Tür den Präsidenten stehen sahen. Frau Sinisalo öffnete ihm die Tür, doch Dr. Paasikivi sagte höflich: »Nach Ihnen, meine Damen.«

Frau Sinisalo beschrieb ihn später als ein wenig jünger und schlanker als zu dem Zeitpunkt, als sie ihn zum letztenmal lebendig gesehen hatte. Auch sprach er unverkennbar mit seiner kräftigen, stets ein wenig heiseren Stimme. Alle drei stiegen in den Aufzug und fuhren zunächst in die vierte Etage. Dort sprach er beim Hinausgehen: »Sie werden sich doch sicher fragen, warum ich hier bin, meine Damen, obwohl ich doch in meinem Grab sein sollte. Aber ich bin es wirklich!« Mit diesen Worten verließ er den Aufzug. Während die beiden Frauen in das nächste Stockwerk fuhren, konnten sie noch deutlich erkennen, wie Paasikivi ihnen durch die Glastür hindurch zulächelte.

Bemerkenswert an dem ganzen Zusammentreffen ist, daß Präsident Paasikivi den Aufzug nicht selbst bediente: Im Erdgeschoß öffnete ihm Frau Sinisalo die Tür, und im vierten Stock hielten sie an, ohne daß jemand den Knopf gedrückt hatte. Auch da mußte die Frau die Tür aufstoßen, damit der Präsident den Lift verlassen konnte. Während der Erscheinung schienen sich weder Frau Sinisalo noch ihre Tante der Tatsache bewußt zu sein, daß sie es offenbar mit einem Geist zu tun hatten. Trotzdem erkannten sie Dr. Juho Paasikivi und müssen auch gewußt haben, daß dieser vier Monate zuvor verstorben war.

Später sagte Frau Sinisalo, noch vollkommen verwirrt: »Ich habe gar nicht begriffen, daß er ein toter Mann war, bis er es von sich aus sagte … Doch ich finde es noch immer sonderbar, daß weder meine Tante Maja noch ich in diesem Augenblick daran dachten, daß Paasikivi eigentlich tot war.«

Gerieten die Frauen beim Betreten des Wohnhauses gleichzeitig in eine Art Trancezustand, und hatten sie gemeinsame Halluzinationen, ihren toten Präsidenten zu erblicken? Spielte ihnen ein unbekannter Doppelgänger einen üblen Streich? Doch was für ein Aufwand, um zwei einfachen Frauen eine makabre Show vorzugaukeln! Oder fuhr tatsächlich der Geist Paasikivis mit ihnen vier Stockwerke im Aufzug nach oben?

Bizarre Begegnung am Südpol

Es hat den Anschein, daß eine fremde Intelligenz auf unserem »Sechsten Kontinent«, der Antarktis, agiert. Diese scheint auch von recht bizarrer Natur zu sein – oder über für uns vollkommen unbekannte Techniken zu verfügen.

Im *Geophysikalischen Jahr* 1958, als eine rege Forschungstätigkeit am Südpol eingesetzt hatte, befanden sich eines Nachmittags zwei Geologen aus den USA mit ihrem Raupenfahrzeug unweit ihres Stützpunktes an der Küste des Knox-Landes. Die beiden diskutierten gerade miteinander, als sie plötzlich in einer Entfernung von gut einem Kilometer einen heftigen Wirbel erblickten. Zuerst dachten sie an ein meteorologisches Phänomen. Das jedoch konnte es schwerlich sein, denn das Wetter war sehr gut, und eine atmosphärische Störung hätte sich kaum auf einer so eng begrenzten Fläche abspielen können.

Dann vermuteten die zwei Geologen, daß die Sowjets oder die Japaner irgendwelche Versuche betrieben, und beschlossen, nachzusehen. Als die Forscher näher kamen, bemerkten sie, daß jener Wirbel nicht aus Schneekristallen bestand, sondern aus warmem, weichem Dampf mit einem scharfen, undefinierbaren Geruch. Dieser Wirbel begann nun, sich aufzulösen, und in seinem Innersten wurde ein kuppelförmiges Gebilde mit einer Höhe von knapp zwei Metern und einem Durchmesser von acht Metern sichtbar.

Noch vermuteten die Wissenschafter, es hier mit einem unbekannten Naturphänomen möglicherweise vulkanischen Ursprungs zu tun zu haben, und liefen auf die wie Glas glänzende Kuppel zu. Als sie diese erreicht hatten, dachten sie zunächst, ihnen sei jemand zuvorgekommen, denn sie erblickten zwei sich bewegende Gestalten. Doch dann erstarrte ihnen das Blut in den Adern: Es waren keine menschlichen Gestalten, sondern zwei runde gelbliche Objekte von etwa einem Meter Höhe, die wie schlecht aufgeblasene

Luftballons wirkten. Unbeholfen schwankten und drehten sie sich auf dem Eis hin und her.

Neben und über ihnen leuchtete ein Licht wie von einer Sauerstoffflamme. Dann schien eines der beiden Objekte zu platzen, wobei eine aus blauen Funken bestehende »Rose« frei wurde. Von panischem Schrecken erfaßt, fingen die beiden Geologen zu laufen an, bis sie sich im Schutze ihres Geländefahrzeugs befanden. Als sie von dort aus zurückblickten, sahen sie noch einige Augenblicke lang den Widerschein der Kuppel sowie den eingangs erwähnten weißen Wirbel. Am Himmel über dem unheimlichen Vorgang zeigte sich ein schwacher Glanz, und als sich der ganze Spuk aufgelöst hatte, war nichts mehr auf dem Eis zu erkennen. Die weiße Wüste lag wieder friedlich da.

Über manches bizarre Geheimnis hat der ewige, antarktische Winter sein weißes Leichentuch gebreitet. Wie es scheint, hebt er es ab und zu ein wenig an.

1959

Stimmen aus dem Reich der Toten?

Es ist ein milder Sommerabend im Jahre 1959 auf Gut Nysund in Schweden. Friedrich Jürgenson, Schriftsteller, Filmemacher und Amateurforscher, schaltet sein Tonbandgerät ein, um Vogelstimmen anzuhören, die er tags zuvor im Wald aufgenommen hatte. Mitten in der Aufnahme spricht ihn auf einmal eine Stimme an, die er als die seiner verstorbenen Mutter erkennt: »Friedel, kannst du mich hören?«

Das ist alles. Voller Zweifel spielt Jürgenson das Band zurück, um feststellen zu können, ob ihm seine Ohren nicht einen bösen Streich gespielt haben. Und wieder ist die Stimme seiner Mutter deutlich auf dem Band zu hören. Auf dieses Erlebnis hin beginnt er mit einer langen Reihe von Experimenten, um Stimmen Verstorbener aufzuzeichnen.

Seitdem tauchten auf Jürgensons Aufnahmen auf geheimnisvolle Weise Hunderte von Stimmen auf. Für gewöhnlich äußerten sie ein Wort oder bestenfalls kurze, einfache Sätze. Mit der Zeit begannen auch weitere Experimentatoren, seine Versuche nachzuvollziehen. Die bemerkenswertesten Erfolge erzielte Konstantin Raudive, ein in Lettland geborener Psychologe, der in den späten fünfziger Jahren in Schweden lebte und danach bis zu seinem Tod in Deutschland arbeitete.

Das Phänomen der Tonbandstimmen ist zu einer der aufregendsten Erscheinungen des zu Ende gehenden Jahrhunderts geworden: Was das UFO-Phänomen für die Diskussionen über Leben außerhalb der Erde sein mag, sind die Tonbandstimmen für die Frage über das Leben nach dem Tod.

Bis zum Jahr 1973 ließ Jürgenson übrigens die Welt im Glauben, daß die Stimme seiner Mutter auf der Aufnahme mit den Vogelstimmen ein unerwartetes Erlebnis gewesen sei. Dann gab er zu, daß er bereits Monate vor diesem denkwürdigen Sommerabend herumexperimentiert hatte, mit dem Ziel, »irgend etwas« auf den Magnetbändern zu empfangen. »Irgendwie und völlig ohne mir bekannten Grund keimte in mir der überwältigende Wunsch, mit irgendeinem ›Unbekannten‹ einen elektronischen Kontakt herzustellen. Es war ein sonderbares Gefühl, fast so, als hätte ich einen Kanal für etwas geöffnet, das noch verborgen war, aber ans Licht wollte.«

Heute wissen wir, daß schon 1952 die Benediktinerpater Ernetti und Gemelli mit heimlicher Duldung des Vatikans Tonbandstimmenforschung betrieben haben.

Nach deren Tod wurden Jürgenson und Raudive selbst zu wortstarken »Freunden von Drüben«, die ihren Nacheiferern Ratschläge gaben, wie der Kontakt zum Jenseits verbessert werden könnte. Es hat beinahe den Anschein, als sei das »Jenseits« an einer weiteren Verständigung mit uns interessiert. So berichtete der Tonbandstim-

Abb. 19 Konstantin Raudive experimentiert in seinem Labor.

menforscher Fidelio Köberle, daß er – nach ersten Erfolgen mit einem geliehenen Gerät – seine »jenseitigen Gesprächspartner« fragte, welches Tonbandgerät er sich zulegen sollte. Woraufhin eine dunkle Männerstimme deutlich vernehmen ließ: »Kauf dir 'n Uher!« Diese Aufnahme befindet sich übrigens noch heute im Archiv der Firma Uher in München.

Mittlerweile geben sich die Toten nicht mehr mit Manifestationen von Stimmen allein zufrieden, sondern schicken sich an, das Medium Fernsehen zu erobern. *Transkommunikation* lautet die Bezeichnung für mediale Kontakte auf allen Kanälen.

Im November 1994 war der deutsche Elektroakustiker Hans-Otto König bei einem großen Privatsender zu Gast. Schon seit dem Jahre 1974 beschäftigt sich König mit der Aufzeichnung geheimnisvoller Stimmen auf Magnetband. In jüngster Zeit ist er dazu übergegangen, diese Manifestationen aus einer offenbar anderen Daseinsebene auch zu visualisieren.

In der Sendung demonstrierte König seine Versuchsanordnung, die aus einem Fernsehapparat und einem Videorecorder bestand. Um die Möglichkeit einer Täuschung zu minimieren, arbeitet König stets ohne Verbindung des Fernsehers zu Antenne und Kabel, so daß im Grunde nur ein Flimmern auf den Videoaufzeichnungen erscheinen dürfte. Im Laufe der Zeit fing er jedoch eine bemerkenswerte Vielzahl von »Videoaufnahmen aus dem Jenseits« ein. Auch der Aachener Rentner Klaus Schreiber empfing mit ähnlichen Versuchsanordnungen zahlreiche Bilder – sowohl von verstorbenen Angehörigen als auch von fremden Personen.

Die Wissenschaft ist heute, an der Schwelle zum dritten Jahrtausend, noch uneins über die Bewertung derartiger Erscheinungen. Während ein skeptischerer Teil Stimmen wie auch Bilder aus dem Unterbewußtsein des jeweiligen Durchführenden erklärt (»animistisches Prinzip«), halten andere es für durchaus möglich, daß die Seele in einer Art »Parallelwelt« mit uns koexistiert. Der Physiker Dr. Ledermann warf als erster die Frage auf, wo diese Daseinsebene wohl existieren könnte. Seinen Überlegungen nach muß sie unter uns, neben uns, in unmittelbarer Nähe sein. Diese Parallelwelt könnte unsere Welt durchdringen, ohne physikalische Wechselwirkungen zu erzeugen.

Je weiter die moderne Wissenschaft in den Makro- und in den Mikrokosmos eindringt, desto phantasievoller werden die Erklärungsmöglichkeiten. Die Ansätze zu derlei Erkenntnissen jedoch wurden bereits in der Antike diskutiert ...

1960
Nicht alle kommen wieder herunter!

»Keine Angst, es ist noch keiner oben geblieben!« Dieser bereits zum festen Repertoire jeden Flugbegleiters gewordene Ausspruch muß spätestens dann herhalten, wenn es gilt, Passagiere mit akuter Flugangst zu beruhigen. Wie aber würden die dergestalt Beruhigten reagieren, würde man ihnen verraten, daß der banale Spruch alles andere als korrekt ist? Denn es ist tatsächlich passiert, daß Flugzeuge nicht mehr vom Himmel heruntergekommen sind ...

Im Januar 1960 verschwand ein Kampfbomber der amerikanischen Luftwaffe vom Typ *Super Sabre* unter geradezu unglaublichen Umständen in Sichtnähe der Bermuda Islands. Der haarsträubende Vorfall wurde zudem von zahlreichen Augenzeugen beobachtet – und zwar sowohl vom Boden aus, wie auch von anderen Flugzeugen sowie einigen Booten. Einer der Augenzeugen war der Brite Victor Haywood, der 1960 im Auftrag der Firma *English Electric* an einem Satelliten-Zielverfolgungsprogramm arbeitete und zu dieser Zeit auf den Bermudas lebte. Haywood, der später in seine britische Heimat zurückkehrte und zuletzt in der Stadt Wakefield in der Grafschaft Yorkshire wohnte, schilderte diesen Vorfall aus seiner Sicht der Dinge:

»Gegen dreizehn Uhr an jenem sonnigen, fast wolkenlosen Tag starteten fünf Super Sabres der US-Air-Force vom Luftwaffenstützpunkt Kindley Field auf den Bermudas. Ich beobachtete zusammen mit vier oder fünf anderen, die auf den Inseln arbeiteten, sehr interessiert den Start, da die Super Sabre damals ein verhältnismäßig seltenes Flugzeug war – zumindest auf den Bermudas.

Durch ihre Nachverbrennung starteten die Kampfbomber besonders schnell, formierten sich und verschwanden in einer großen Wolke, die eine knappe halbe Meile von der Küste entfernt war. Diese Wolke war – wenigstens in ihrem zweidimensionalen Umfang – für uns Beobachter voll und ganz wahrzunehmen. Die fünf Flugzeuge wurden gleichzeitig auf den Radarschirmen der Flugüberwachung verfolgt, wie es von den Militärbehörden für jeden Start und jede Landung Vorschrift ist.

Fünf Kampfflugzeuge flogen in die Wolke – nur vier tauchten jedoch wieder aus ihr auf. Auf den Radarschirmen wurde kein Absturz beobachtet, obwohl ihre Flughöhe bereits mehrere hundert Fuß betrug. Auch wir sahen nichts herunterfallen. Nach wenigen Minuten wurde die Super Sabre als vermißt gemeldet und auf der Stelle eine Suchaktion eingeleitet. Das Suchgebiet befand sich ja nur eine halbe Meile von der Küste entfernt, wo das Wasser ganz flach war. Es wurde aber nie etwas gefunden, was auf den Absturz eines Flugzeuges hingewiesen hätte, mit Ausnahme einer Schwimmweste in der üblichen Standardausführung der amerikanischen Luftwaffe. Dieser Fund wurde jedoch nie als zu dem vermißten Flugzeug gehörend betrachtet, da ungezählte Segler und Bootsbesitzer auf den Bermudas unrechtmäßig im Besitz von Air-Force-Schwimmwesten waren wegen Tausender dort stationierter US-Soldaten. Diese bei der Suche gefundene Schwimmweste konnte sehr gut auch anderen Ursprungs sein.«

Was den Verbleib der Super Sabre der US-Air-Force betrifft, konnte bis auf den heutigen Tag keine befriedigende Erklärung dafür gefunden werden, was mit dem Piloten und seiner Maschine geschah. Auch die vom Kongreß angeordnete und von der Luftwaffe durchgeführte, äußerst gründliche Untersuchung konnte keine Aufschlüsse über den beängstigenden Vorfall erbringen.

1961

Eine prähistorische Zündkerze?

Am 13. Februar 1961 brachen Mike Mikesell, Wallace Lane und Virginia Maxey zu den Coso Mountains auf, die sich etwa zehn Kilometer nordöstlich von Olancha im US-Bundesstaat Kalifornien erstrecken. Sie suchten *Geoden* – dies sind Steine mit Hohlräumen, in denen sich Kristalle befinden –, um sie in dem von ihnen gemeinsam betriebenen »LM & V Rockhound Gem and Gift Shop« als Andenken zu verkaufen. Was sie indes fanden, sollte unsere Vorstellungen über die Technik der Vergangenheit gänzlich über den Haufen werfen.

Zunächst sah jeder den Stein, den sie zusammen mit zahlreichen anderen am Gipfel eines tausenddreihundert Meter hohen Berges aufgelesen hatten, der hundert Meter vom ausgetrockneten Lake Owens liegt, als Geode an. Das einzig bemerkenswerte an ihm war eine Verkrustung mit versteinerten Muschelschalen darauf, die auf ein hohes Alter schließen ließ. Zurück in ihrem Andenkengeschäft, gab es jedoch eine wirkliche Überraschung: Mike Mikesell ruinierte bei dem Versuch, die vorgebliche Geode in zwei Teile zu zersägen, seine teuerste Diamantsäge.

Es war sicher nicht der Stein selbst, der dem teuren Werkzeug den Garaus machte. Vielmehr enthielt er *keinen* Hohlraum, sondern einen perfekt runden Zylinder aus einer Art Hartkeramik, in dem ein zwei Millimeter dicker, glänzender und deshalb nicht korrodierter Metallstab eingebettet war. Dieser Keramikzylinder war, wie die drei Schatzsucher bei genauerem Hinsehen feststellen konnten, von einem Kupferring eingeschlossen, welcher gleichfalls nicht korrodiert schien.

Nun war die Neugier der drei erst recht geweckt. Die weitere Untersuchung brachte zwei nichtmagnetische, metallene Objekte zum Vorschein, die an einen Stift und eine Unterlegscheibe erinnerten. Das innere Drittel der sedimentierten Umhüllung schien aus einer Art versteinertem Holz zu bestehen, doch war es weicher als Achat

Abb. 20, Abb. 21 Die auseinandergeschnittene Geode (oben) und die Röntgenaufnahme des mysteriösen »Coso-Artefakts« (unten).

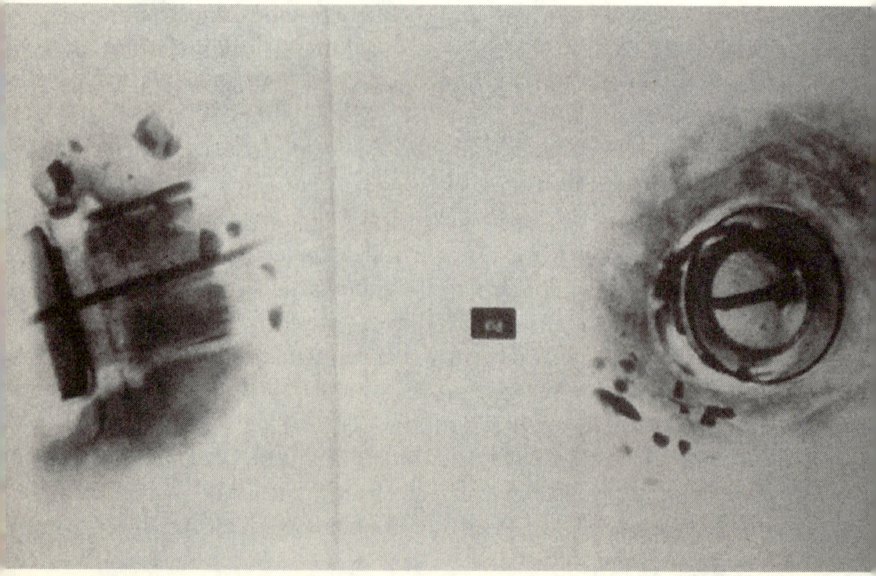

oder Jaspis – zwei Halbedelsteine, die oftmals das Endprodukt der Versteinerung von Holz bilden. Diese Umhüllung war sechseckig und hüllte den äußerst harten Keramikkern ein.

Mikesell, Lane und Maxey schickten den rätselhaften Fund an die »Charles Fort Society«, eine Organisation, welche die Untersuchung mit dem traditionellen Weltbild in Widerspruch stehender Phänomene betreibt. Dort machte der Forscher Ron Calais mehrere Röntgenaufnahmen von dem Coso-Artefakt, und veröffentlichte seine Resultate und Schlußfolgerungen in Heft Nr. 4 der Zeitschrift *INFO Journal*. Deren Herausgeber Paul J. Willis und dessen Bruder Ron stellten mit Verwunderung fest, daß dieses Artefakt in seiner gesamten Ausführung noch am ehesten mit einer *Zündkerze* vergleichbar war:

»Ich war wie vom Donner gerührt«, schrieb Ron Willis, »denn so schienen die Teile zusammenzupassen. Das in zwei Teile geschnittene Objekt zeigte einen hexagonalen Teil, einen aus Keramik oder Porzellan bestehenden Isolator sowie einen Stift in der Mitte: Die wichtigsten Komponenten einer jeden Zündkerze.« Sodann machten sich die Brüder Willis daran, eine normale handelsübliche Zündkerze an deren hexagonalen Sektion auseinanderzuschneiden. Das Porzellan des Isolators erwies sich als fast zu hart für ihre Säge, doch irgendwie schafften sie es endlich doch, die Zündkerze zu zersägen.

»Wir konnten sehen, daß alle Teile ähnlich jenen des ›Coso-Artefakts‹ waren, allerdings mit einigen Unterschieden«, fuhr Ron Willis fort. »Der kupferne Ring um den Keramikzylinder des Coso-Artefakts schien einem Kupferring zu entsprechen, der den oberen Teil der stählernen Umhüllung umschließt, den jede Zündkerze besitzt.« Ihrer Meinung nach besteht die hexagonale Sektion aus Rost, der von einer einstigen Stahlumhüllung übriggeblieben ist. Sie bemerkten auch, daß der zentrale Stift im Inneren des Objekts aus Messing besteht.

Der obere Teil schien in einer Art Feder oder »Schnecke« zu enden. Paul und Ron Willis stellten hierfür die Theorie auf, daß das, was auf der Röntgenaufnahme zu sehen ist, »die Reste eines korrodierten Metallstücks mit einem Gewinde darin« sind. Obwohl das größere Metallfragment am oberen Ende des Coso-Artefakts nicht völlig dem Aufbau heutiger Zündkerzen entspricht, deutet der Gesamteindruck des Fundstücks doch zweifelsfrei auf eine Art elektrischer Apparatur hin.

Wenn auch der einstige Verwendungszweck dieses staunenswerten Fundes Spielraum für Spekulationen läßt – sein Alter konnte ziemlich genau bestimmt werden: etwa fünfhunderttausend Jahre. Was erneut Anlaß zu gewagten Spekulationen gibt!

1962
Der Puma von Surrey

Die Grafschaft Surrey, südlich von London gelegen, ist eine »typisch englische« Landschaft: weites, fruchtbares Land, das nur von kleineren Städten unterbrochen wird. Zudem ist es eine der bewaldetsten Gegenden der Britischen Inseln. In dieser idyllischen Gegend erregten Anfang der sechziger Jahre unzählige Beobachtungen einer großen Wildkatze, die dort normalerweise nicht beheimatet ist, größtes Aufsehen. Der *Surrey-Puma* trieb sein Unwesen.

Der Puma, auch unter dem Namen »Berg«- oder »Silberlöwe« bekannt, ist ein scheues Tier, das seine Beute überwiegend nachts jagt. Seine Heimat ist Amerika, wo diese anpassungsfähige Raubkatze überwiegend in den Bergen und Wäldern lebt. Ein ausgewachsener Puma erreicht eine Länge von eineinhalb sowie eine Höhe von rund einem Meter. Sein Fell besitzt eine beige- bis ockerbraune Färbung. Der Morgen des 16. Juli 1962 schien einen sehr schönen Sommertag zu versprechen. Ernest Jellett arbeitete damals für die Mid-Wessex-Wasserbehörde und sollte das Heathy Park Reservoir nahe der Kleinstadt Farnham kontrollieren. Jellett kannte sich recht gut in dieser Gegend aus und war auch mit der heimischen Tierwelt gut vertraut. Deswegen war es nicht das sich auf der Flucht befindliche

Abb 22 Ein Beispiel für Riesenwuchs bei Wildkatzen.

Kaninchen, das seine Aufmerksamkeit erregte, sondern vielmehr die riesige Raubkatze, die dem Nager dicht auf den Fersen war.

Alles ging rasend schnell. Das Kaninchen entdeckte Jellett, schlug einen Haken und machte kehrt – um direkt auf die Katze zuzulaufen, die die günstige Situation ausnutzte und zuschnappte. Im letzten Moment konnte das Kaninchen wieder ausweichen, und nun liefen beide Tiere auf Mr. Jellett zu. Diesem wurde es etwas unheimlich, und er verjagte beide Tiere durch lautes Geschrei.

Sein morgendliches Erlebnis meldete er im Polizeirevier von Farnham, wo er die Raubkatze als beigefarben und in der Größe einem kleinen Löwen ähnlich beschrieb. Sie besaß ein rundes Gesicht und einen langen dicken, jedoch nicht buschigen Schwanz. Als Polizisten später das Gebiet durchkämmten, fanden sie niedergedrücktes Gras, wo ein »scheinbar sehr großes Tier« gelegen haben mußte.

Nur wenige Tage vor dem Erlebnis von Mr. Jellett beobachtete ein gewisser Mr. Burningham, gleichfalls aus der Gegend von Farnham stammend, eine »riesige Katze«. Diese überquerte ungefähr vierzig Meter vor ihm eine Straße, die er in den Abendstunden befuhr. Sie war etwas größer als ein Labrador (eine recht große Hunderasse), doch ihr Gang war deutlich geschmeidiger. Burningham hielt seinen Wagen an und beobachtete das Tier, wie es sich im Schutz einiger Bäume an eine Schafherde heranpirschte. Wegen der Größe des unbekannten Raubtieres wagte er aber nicht auszusteigen und verließ eilends den Schauplatz.

Und wenig später sah eine Frau in der Nähe des Dorfes Crondall auf einem Feld ein Tier, das sie anhand eines Tierbuches als Puma oder Jaguar identifizierte.

Dies war erst der Auftakt zu ungezählten Sichtungen des Pumas von Surrey, der sich jedoch nicht auf diese Grafschaft zu beschränken schien, sondern die ganze Region zwischen Cornwall und Norfolk unsicher machte. Allein das Diensttagebuch des Polizeireviers von Godalming (Surrey) enthält in den zwei Jahren zwischen September 1962 und August 1964 nicht weniger als 362 Sichtungsmeldungen von geheimnisvollen Raubkatzen, die als Pumas identifiziert wurden.

Das Rätsel jenes Surrey-Pumas, an dessen Existenz aufgrund der ungezählten, zum Teil sehr gut dokumentierten Sichtungsberichte nicht zu zweifeln ist, konnte bis heute niemals zufriedenstellend aufgelöst werden. Bei näherer Betrachtung der ökologischen Gegebenheiten haben wir es hier nämlich mit dem Phänomen zu tun, daß eine Population von Tieren (denn um ein einziges kann es sich wohl kaum gehandelt haben) zwar *im*, jedoch nicht *vom* Lande lebt! Denn es wurden keine Anzeichen für die massive und anhaltende Dezimierung von Wild- und Haustieren gefunden, die eine Kolonie Pumas unvermeidbar herbeiführen würde. Eine Reihe von Fotos allerdings, die bis in die achtziger Jahre hinein gemacht wurden, zeigen eindeutig, daß ein großes katzenähnliches Raubtier in jener Gegend sein Unwesen trieb und es möglicherweise noch immer treibt.

Allein die Jagd nach dem Surrey-Puma erinnert nur zu deutlich an die Jagd auf Phantome – denn auch diese konnten bisher nicht gefangen und wissenschaftlich untersucht werden.

1963

Der Tote aus dem Fluß

Am Nachmittag des 1. Februar 1963, gegen 14.00 Uhr, verließ der achtunddreißigjährige Thomas P. Meehan, Rechtsanwalt aus Concord/Kalifornien und Beisitzer am Arbeitsgericht, das Städtchen Eureka, um nach Hause zu fahren. Er war noch nicht lang unterwegs, als er sich plötzlich sehr elend zu fühlen begann.

Thomas Meehan erreichte die Ortschaft Myers Flat, wo er anhielt und seine Frau anrief. Er teilte ihr mit, daß er an diesem Tag nicht mehr in der Lage sei, bis Concord zu fahren, und er sich deshalb ein Zimmer in einem Motel suchen würde. Seine Frau stimmte zu. Es war etwa 17.00 Uhr, als Thomas Meehan im »40 Winks Motel« in Redway eincheckte.

Eine Stunde danach fühlte sich der Anwalt so schlecht, daß er sich entschloß, einen Arzt aufzusuchen. An der Rezeption empfahl man ihm, zum *Southern Humboldt Community Hospital* in das nahegelegene Garberville zu fahren. Dort erinnerte sich später eine Schwester, daß ihr gegen 18.45 Uhr ein Mann, der sich als Thomas P. Meehan vorstellte, gesagt hatte, daß er sich fühlte, als ob er tot sei. Doch bevor sie seine Personalien aufnehmen und sich ein Arzt um ihn kümmern konnte, war der Patient spurlos verschwunden.

Szenenwechsel. Gegen 19.00 Uhr informierte ein Paar aus dem bereits erwähnten Myers Flat die Verkehrspolizei, daß sie die Rückleuchten eines Wagens gesehen hätten, der vom Highway 101 in den Eel River gefahren sei. Die Stelle ist übrigens etliche Meilen von Redway und Garberville entfernt – dies nur zum besseren Verständnis des weiteren Ablaufs.

Und gegen 20 Uhr wurde Thomas Meehan erneut im »40 Winks

Motel« gesehen, wo er sich mit dessen Eigentümer Chip Nunnemaker unterhielt. Diesem kam es sonderbar vor, daß der Anwalt plötzlich das Gespräch unterbrach, um ihn zu fragen, ob er wie tot aussehe, da er das Gefühl habe, verstorben zu sein. Der Motelbesitzer konnte sich ebenfalls erinnern, daß Meehans Hosenbeine und Schuhe mit Schlamm verdreckt waren. Meehan versuchte im Motel noch einmal, seine Frau telefonisch zu erreichen. Als er nicht durchkam, ging er gegen 21 Uhr auf sein Zimmer.

Eine halbe Stunde später klopfte der Motelangestellte Harry Young an Meehans Tür, um diesem mitzuteilen, daß die Verbindung nach Concord nicht zustandegekommen sei, da ein Sturm das Telefonnetz lahmgelegt habe. Dem Mann war aufgefallen, daß Meehan sich umgezogen haben mußte; er trug nun einen schwarzen Anzug und ein weißes Hemd.

Es wurde 22.45 Uhr, als die Polizei Thomas Meehans Wagen im Eel River barg – die noch brennenden Rücklichter hatten den Helfern den Weg gewiesen. Auf der Fahrbahn kündeten Bremsspuren von dem vergeblichen Versuch, das ins Schleudern geratene Auto wieder abzufangen. Als man den Wagen aus dem Fluß gezogen hatte, entdeckte man Blutspuren, und die Windschutzscheibe war auf der rechten Seite zerborsten. Die blutigen und schlammigen Fußabdrücke des Fahrers konnten noch auf etwa zehn Meter auf der Kiesbank am Flußufer verfolgt werden – dann jedoch hörten sie ganz plötzlich auf.

Am 20. Februar wurde Thomas Meehans Leiche gefunden, beinahe fünfundzwanzig Kilometer flußabwärts von der Stelle, an welcher der Unfall passiert war. Die Autopsie ergab, daß er nur eine leichte Kopfverletzung davongetragen hatte und sein Tod durch Ertrinken eingetreten war. Wie man später rekonstruieren konnte, war er mit seinem Wagen exakt zur selben Zeit im Fluß gelandet, als er im Krankenhaus vor den Augen der Schwester verschwand, die gerade seine Personalien aufnehmen wollte.

Was für geheimnisvolle Kräfte vermochte der Körper von Thomas Meehan im Todeskampf aufzubieten? Wie war es möglich, daß er zur selben Zeit, da sein physischer Körper verzweifelt versuchte, den schleudernden Wagen wieder unter Kontrolle zu bringen und danach im eisigen Wasser ums Überleben kämpfte, ärztliche Hilfe im Krankenhaus suchte? Löste sich ein »astraler Doppelgänger«, der mehrere Male vor etlichen Augenzeugen auftauchte? Tatsache ist, daß er nach seinen »Auftritten« im Hospital und im Motel erst wieder *neunzehn Tage später* gesehen wurde, als man seine Leiche aus dem Eel River zog.

1964
Fotografierte Gedanken

Üblicherweise sind wir gewöhnt, daß jene Dinge und Situationen, die wir mit dem Fotoapparat für die Nachwelt festzuhalten trachten, auch auf den von uns gemachten Fotografien auftauchen. Um so mehr muß es wie Hexerei erscheinen, was dem Amerikaner Ted Serios in den sechziger Jahren gelang: Serios war fähig, Fotos auf Polaroidfilmen zu erzeugen, indem er mit intensiver Konzentration in die Linse des Apparates starrte.

Diese seine Begabung, »Gedankenfotos« zu produzieren, wirkte anfangs so absurd, daß selbst Parapsychologen es nicht wagten, sich offiziell mit ihm zu beschäftigen. Doch trotz absoluter Skepsis wagte sich Dr. Jule Eisenbud, seinerzeit Professor für Psychoanalyse an der Universität von Denver/Colorado, eines Tages schließlich daran, sich das ebenso unglaubhafte wie staunenswerte Phänomen einmal vorführen zu lassen.

So traf er sich mit Ted Serios – einem kettenrauchenden und alkoholabhängigen, ehemaligen Hotelpagen – erstmals am 3. April 1964 im »Palmer-House« in Chicago. Dr. Eisenbud ahnte nicht, daß hieraus eine sich über mehrere Jahre erstreckende Zusammenarbeit werden sollte, in deren Verlauf er seine Skepsis völlig aufgeben würde.

Da er in der Überzeugung nach Chicago gekommen war, irgend-

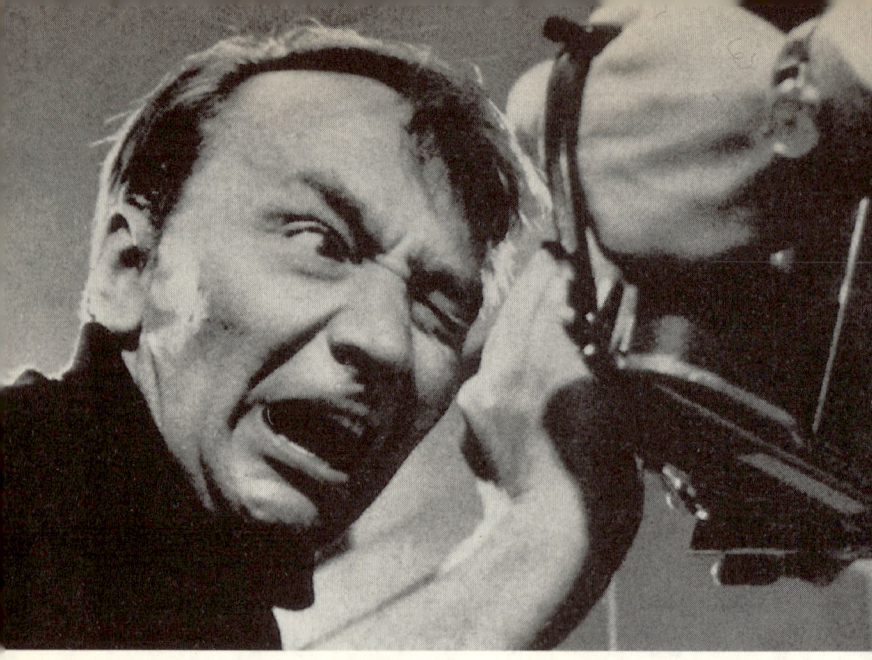

Abb. 23 »Gedankenfotograf« Ted Serios während eines Experiments.

einen ausgemachten Schwindel zu erleben, wollte er es dem Mann nicht allzueinfach machen. Deshalb brachte er selbst die Filme mit, die er originalverpackt gekauft hatte. Er zog also einen dieser Filme aus dem versiegelten Behälter und steckte ihn in seine gleichfalls mitgebrachte Polaroidkamera, die er nicht einen Moment aus den Augen gelassen hatte. Immer darauf gefaßt, einem Betrugsmanöver auf die Schliche zu kommen, konzentrierte er sich auf sein Gegenüber. Serios selbst schien ebenfalls äußerst konzentriert; er verzog das Gesicht, stöhnte und schien regelrecht zu leiden. Dann gab er die Anweisung, die auf sein Gesicht gerichtete *Polaroid* auszulösen. Kaum war der eingebaute Blitz aufgeflammt, nahm Dr. Eisenbud das Gerät und zog das Foto heraus. Nach wenigen Minuten war die Überraschung perfekt: Es zeigte nicht das verzerrte Gesicht von Ted Serios, es ließ vielmehr ein Gebäude erkennen!

Dr. Eisenbuds Überzeugung, es hier mit Betrug zu tun zu haben. kam ins Wanken. Also beschloß er, die merkwürdige Begabung jenes kleinwüchsigen Mannes auf Herz und Nieren zu prüfen, und lud ihn zu sich nach Denver ein. Wenige Monate später begann man mit ausgiebigen Testreihen, die drei Jahre lang andauern sollten. Bei diesen waren ständig Wissenschaftler als Zeugen geladen: Physiker, Psychologen und Psychiater und auch Optiker und Fernsehteams. Unter ihrer strengen Aufsicht wurden ungezählte Filme entwickelt. Filme, auf denen immer wieder die unerwartetsten Dinge auftauchen: Straßen und Häuser, der Pariser Eiffelturm und die Türme der Münchner Frauenkirche, selbst ein Satellit in seiner Umlaufbahn um die Erde.

Meist handelte es sich, wie man feststellen konnte, um Bilder oder Szenen, die Serios kannte; die er entweder selbst erlebt oder in der Zeitung gesehen hatte. Manchmal aber waren es auch Eindrücke, die er Jahre zuvor unbewußt aufgenommen hatte, an die er sich nur nicht mehr erinnern konnte.

In Denver entstanden unter strengster Kontrolle durch denkbar kritische Zeugen Hunderte solcher »fotografierter Gedanken«. Die Qualität dieser Fotos ist recht unterschiedlich: Mitunter erschienen nur verschwommene Umrisse, bei denen spekuliert werden mußte, was sie darstellen. In anderen Fällen gelang es Ted Serios, nahezu gestochen scharfe Bilder beinahe »in Serie« zu produzieren. Doch wie kamen sie zustande?

Mehr als zwanzig Experten haben Serios bei seinen »Gedankenfotografien« strengstens überwacht. Anfangs erregte ein aus Pappe gefertigtes Röllchen, das er »Gismo« nannte, den Verdacht, daß gemogelt würde. Nach seinen eigenen Worten wollte Serios damit verhindern, daß seine Hände die Linse verdeckten und auch, daß von der Seite Licht eindringt. Doch keiner der Experten, weder Dr. Eisenbud selbst, noch die geladenen Zeugen, hat im Lauf der Testreihen auch nur einen Hinweis auf Betrug finden können. Außerdem gelangen oft genug auch Aufnahmen, die er ohne Zuhilfenahme seines »Gismo« machte, und die Versuche wurden im Laufe der Zeit immer schwieriger gestaltet. Zum Schluß erzielte man sogar Bilder mit Kameras, bei denen die Optik abgeschraubt

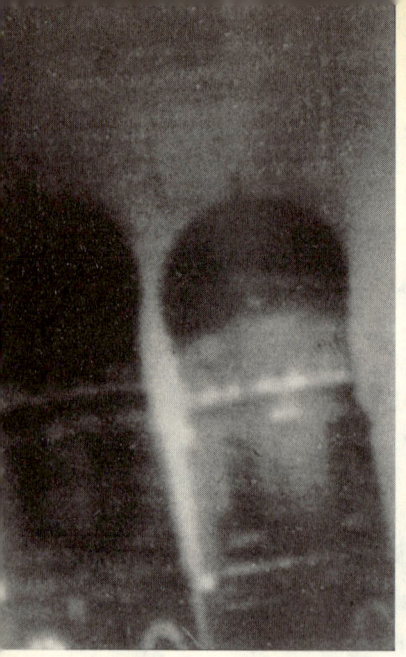

Abb. 24, Abb. 25 Ein Beispiel für Serios' Gedankenfotografie: Das »mentale« Bild der ungleich hohen Türme der Münchner Frauenkirche (links) und im Vergleich dazu ein normales Foto (rechts).

worden war oder die sich in einer Entfernung von bis zu zwanzig Metern von Serios befanden.

Gegen die Verwendung von in jenes Pappröhrchen geschmuggelten Mikrofotos, wie einige Skeptiker argwöhnten, sprechen auch ein paar sehr merkwürdige Eigenheiten mancher Gedankenfotografien. So waren beispielsweise auf einem Foto zwei Etagen eines Gebäudes mit einer unscharfen, jedoch gerade noch entzifferbaren Beschriftung zu sehen. Das Bild konnte von der kanadischen Polizei als einer ihrer Air Division Hangars identifiziert werden – doch enthielt es einige grobe Schreibfehler. Anstatt wie im Original »Air Division, Royal Canadian Mounted Police« war auf dem Serios-Foto »Air Division Cainadain Moun« zu erkennen. Hätte es sich um die Verwendung eines »eingeschmuggelten« Mikrofotos gehandelt, so hätte Serios zuerst die Beschriftung des Zielobjekts verfälschen müssen. Doch derartige charakteristische Fehler scheinen zu beweisen, daß die Fotografien des Chicagoers in der Tat dessen Gedanken abbildeten.

Das Phänomen Ted Serios gehört heute der Vergangenheit an – der »Gedankenfotograf« hat nämlich 1967 seine einzigartige Begabung verloren. Doch diese einstigen paranormalen Kräfte, die solch verblüffende Bilder zu erzeugen fähig waren, bieten noch heute Stoff für kontroverse Diskussionen und geben den Parapsychologen nach wie vor große Rätsel auf.

1965
UFO-Rätsel der Antarktis

Wir Menschen des zu Ende gehenden zwanzigsten Jahrhunderts wiegen uns nur allzugern in dem trügerischen Glauben, daß wir unserem Heimatplaneten alle Geheimnisse entrissen und all seine Winkel erforscht hätten. Mitnichten: Das genaue Gegenteil ist der Fall!

Eine Region auf dieser Erde, für die das in ganz besonderem Maße zutrifft, sind die eisigen Weiten des Südpols. Für dauerhafte Besiedlung zu unwirtlich, unterhalten einige Nationen im ewigen Eis Forschungsstationen. Trotz einiger, wiederholt vorgebrachter Gebietsansprüche hat es die Staatengemeinschaft doch geschafft, den »Sechsten Kontinent« als eine Art internationaler Schutzzone zu erhalten.

Immer wieder werden Vorfälle vom Südpol gemeldet, die so ganz und gar nicht in das übliche Bild dieser einsamen, weiten Schneewüste zu passen scheinen (siehe dazu auch die Kapitel zu den Jahren 1929 und 1958). So wurden Seeleute, Wissenschaftler und Techniker aus drei Nationen Zeugen einer aufsehenerregenden UFO-Sichtung, die sich Anfang Juli 1965 ereignet hatte. Von argentinischer Seite wurde sogar ein offizielles Statement darüber veröffentlicht:

»Die Garnison der argentinischen Antarktis-Marine der Insel Deception hat am 3. Juli 1965 um 19.14 Uhr Ortszeit einen riesigen, linsenförmigen, offenbar festen Flugkörper von vorherrschend roter und grüner Farbe, die gelegentlich in blaue, gelbe, weiße und orangefarbene Töne wechselte, beobachtet. Das Objekt bewegte sich im Zickzackkurs ostwärts, wechselte jedoch mehrmals die Richtung und flog mit verschiedenen Geschwindigkeiten west- und nordwärts, ohne Geräusche zu verursachen. Mit dem Horizont bildete es einen Winkel von ungefähr fünfundvierzig Grad, und seine Entfernung vom Lager mochte zehn bis fünfzehn Kilometer betragen haben. Während das Objekt seine Operationen durchführte, konnten die Augenzeugen seine unglaubliche Geschwindigkeit feststellen sowie die Tatsache, daß es etwa fünfzehn Minuten lang in einer Höhe von fünftausend Metern unbeweglich verharrte.«

Nur knapp zwei Monate vor dieser UFO-Sichtung war es zu einem noch immer ungeklärten Fall spurlosen Verschwindens gekommen, welchem nach dem Ermessen unseres »gesunden Menschenverstandes« von Rechts wegen die Bezeichnung »unmöglich« zustehen müßte. Am 7. Mai 1965 verschwand der zu jenem Zeitpunkt sechsundzwanzig Jahre alte Hochfrequenztechniker Carl R. Dish, der im Auftrag des »United States National Bureau of Standards« (der US-Behörden für Normenkontrolle, H. H.) in der Byrd-Station einen Spezialsender ausprobierte.

Nachdem er sein Kommen telefonisch angekündigt hatte, machte er sich auf den nur wenige Meter messenden Weg von der Funkhütte zur Basisstation. Dieser war sogar mit einem Leitseil abgesichert, um bei Schneestürmen zusätzliche Sicherheit zu gewährleisten. Als Dish nach fünfundvierzig Minuten noch immer nicht eingetroffen war, machte sich die Besatzung der Byrd-Station in Kettenfahrzeugen und mit Schlittenhunden auf die Suche. Sie dauerte drei Tage und wurde schließlich auf ein Gebiet im Umkreis von sechzig Kilometern ausgedehnt.

Carl R. Dish wurde nicht gefunden – und ist bis heute spurlos verschollen. Wenige Tage danach verschwand auch noch dessen Hund »Gus«, der sich seinem Herrn stets besonders treu und anhänglich gezeigt hatte. Einige der Männer wollen während der Suchaktion Lichter von unbekannter Herkunft gesehen und in der Ferne Motorengeräusch vernommen haben.

Wurde der Funktechniker entführt? Wenn ja, von wem? Und was geht dort unten am Südpol vor sich? Wer ist für jene seltsamen Phänomene verantwortlich zu machen, die gelegentlich sogar bedrohliche Formen annehmen? »Irgendwer« scheint ein ganz besonderes Interesse an diesem Erdteil zu haben.

1966
Der »Mottenmann« von West-Virginia

Es hätte der »Teaser« zu einer Episode der schon legendären Kultserie *Akte X* sein können – statt dessen war es der Auftakt einer Welle des Horrors, die den US-Bundesstaat West-Virginia überrollen sollte. Bizarre Realität.

Am 12. November 1966 schaufelten fünf Männer nahe Clendenin ein Grab aus, als plötzlich ein groteskes Wesen von einem Baum herniederflatterte. Es zog ein paar Kreise über den Köpfen der aufgeschreckten Arbeiter, die dieses Wesen später als »braunen Mann mit Flügeln« beschrieben. Nach einer Minute des Dahingleitens verschwand dieses unheimliche Geschöpf, das keinerlei Ähnlichkeit mit einem »normalen« Vogel aufwies, wieder zwischen den Bäumen.

Das seltsame Erlebnis der fünf Totengräber war natürlich an diesem Abend *das* Gesprächsthema in der Gegend. Hierbei stellte sich heraus, daß das Wesen zuvor bereits andere Einwohner aufs übelste erschreckt hatte. So wurde im Sommer desselben Jahres eine Arztfrau im Hinterhof ihres Anwesens durch den Anblick eines knapp zwei Meter großen Wesens in Angst versetzt, das rasch über sie hinwegschwebte. Es erinnerte sie an einen überdimensionierten

Schmetterling, oder besser noch, an eine *Kreuzung zwischen einem Menschen und einer Motte.*

Richtig los ging es jedoch im November 1966. Drei Tage nach dem Auftritt auf dem Friedhof hatten zwei junge Paare eine unheimliche Begegnung mit dem »Mottenmann«. Die Ehepaare Mallette und Scarberry fuhren gegen Mitternacht durch eine unwirtliche Gegend, die aufgrund ihrer Nutzung als Sprengstofflager im Zweiten Weltkrieg als »TNT-Area« bezeichnet wurde. Die bewußte Region liegt ungefähr elf Kilometer außerhalb der Stadt Point Pleasant (West-Virginia) und schien, wie sich noch herausstellen sollte, das bevorzugte »Jagdrevier« jener Kreatur zu sein. In der Nacht vom 15. auf den 16. November 1966 stand diese am Straßenrand und starrte auf den Wagen, der mit den beiden Ehepaaren an ihr vorbeifuhr.

Einer der Zeugen, Roger Scarberry, beschrieb das Wesen später als »um die zwei Meter oder mehr« mit großen, am Rücken zusammengefalteten Flügeln. Und die großen, roten, geradezu hypnotischen Augen bescherten den Leuten noch längere Zeit regelrechte Alpträume. Von Entsetzen gepackt, beschleunigte Scarberry seinen Wagen auf über hundertfünfzig Kilometer in der Stunde und fuhr in Richtung Point Pleasant. Der Schrecken wurde aber noch größer, als die vier Flüchtenden feststellen mußten, daß die Kreatur ihnen in geringer Höhe folgte. Ihre Flügel, die etwa drei Meter Spannweite hatten, waren dabei voll entfaltet.

Erst an der Stadtgrenze drehte der »Mottenmann« ab. Die von Panik erfaßten Leute suchten auf der Stelle das Büro das Sheriffs von Point Pleasant auf. Der kannte die vier und glaubte ihrer »abgefahrenen« Geschichte. Gemeinsam begaben sich Deputy Millard Halstead und alle vier Augenzeugen auf Monstersuche in die TNT-Area. Der »Mottenmensch« ließ sich in derselben Nacht nicht mehr blicken, doch das Funkgerät im Streifenwagen des Deputy zeigte plötzlich seltsame Störungen. Es begann Töne von sich zu geben, die ähnlich wie eine zu schnell abgespielte Schallplatte klangen.

Der Alptraum aller Spätheimkehrer wurde in den hierauf folgenden sechs Wochen häufig in der Gegend am Ohio, der auch die Grenze zum ebenso genannten Nachbarstaat bildet, beobachtet. So bemerkte das Ehepaar Wamsley, das mit seiner Freundin Marcella Bennett und deren Baby Tina auf dem Wege zu einer befreundeten Familie war, ein seltsames, rotes Licht, das über der TNT-Area kreiste. Am Anwesen der Freunde angekommen, stieg Mrs. Bennett mit ihrer Tochter als erste aus – und erlitt einen fürchterlichen Schock! Hinter dem Auto hatte sich ein unheimliches Wesen erhoben, größer als ein Mensch sowie mit schreckenerregenden, rotleuchtenden Augen.

Wie von Furien gehetzt, stürmten die Wamsleys, die ohnmächtig gewordene Mrs. Bennett samt deren Kind hinter sich herziehend, in das Haus. Dort waren sie zusammen mit den Kindern der Hausherren vor Angst fast gelähmt, als das alptraumhafte Wesen auf der Veranda umherschlurfte und durch das Fenster ins Haus starrte. Die Eingeschlossenen riefen die Polizei, doch bei deren Eintreffen war der »Mottenmann« bereits verschwunden. Dieses Erlebnis hatte Marcella Bennett so fürchterlich traumatisiert, daß sie sich für Monate in psychiatrische Behandlung begeben mußte.

Der mysteriöse Spuk dauerte bis Ende Dezember 1966, danach zog sich die schreckliche Kreatur in jene ebenso unheimlichen wie unbekannten Gefilde zurück, aus denen sie gekommen war. Einige selbsternannte »Experten« traten nun auf den Plan und »erklärten« das Geschöpf als Kranich. Aber auch Truthähne, Bären, Eulen und andere Viecher mußten als des großen Mysteriums simple Lösung herhalten.

Doch das Geheimnis um jenen personifizierten Alptraum konnte bis auf den heutigen Tag nicht zufriedenstellend aufgeklärt werden. Eines jedoch erscheint recht sicher: Weder war es eine Massenhysterie – dagegen sprechen zu viele gleichlautende, gut belegte und zum Teil von der Polizei bestätigte Beschreibungen –, noch das Auftreten einer unseren Biologen bekannten Lebensform. Wir mögen noch heute spekulieren, ob die Kreatur nun außerirdischen Ursprungs oder eine bislang unentdeckte, irdische Spezies war. Eines hat sie uns jedoch ein weiteres Mal in eindringlicher Form klargemacht: Daß unser Weltbild eine Erweiterung *dringend* nötig hat – mit Platz auch für derlei bizarre Erscheinungen!

»Irgend etwas« ist da draußen ...

1967
Der Poltergeist von Rosenheim

Ende November 1967 kam es in der Kanzlei des Rechtsanwaltes Adam im oberbayerischen Rosenheim zu vollkommen unglaublichen, allen Gesetzen der Physik zuwiderlaufenden Vorfällen. Neonröhren, die in zweieinhalb Metern Höhe an den Decken montiert waren, gingen unentwegt aus. Der eilends herbeigerufene Elektriker stellte fest, daß diese aber nicht ausgebrannt, sondern um neunzig Grad aus deren Fassungen gedreht worden waren. Noch während der Handwerker die Röhren untersuchte, knallte es, und die Sicherungen sprangen selbsttätig und offenbar ohne Grund heraus. Ein Kopiergerät verspritzte Flüssigkeit.

Aber weitaus schlimmer wirkten sich Störungen in der Telefonanlage aus, die das Arbeiten in der Anwaltskanzlei bisweilen unmöglich machten. Alle vier Apparate klingelten gleichzeitig, Telefonate wurden einfach unterbrochen. Und der Gebührenzähler notierte Gesprächseinheiten, wie sie in dieser Höhe nie anfallen konnten. Die astronomisch hohen Telefonrechnungen drohten Rechtsanwalt Adam zu ruinieren.

So benachrichtigte man die Stadtwerke Rosenheim, da man Störungen im elektrischen Netz als Ursache vermutete. Mehrere Mitarbeiter rückten an und installierten Meßgeräte, die eine permanente Überwachung der Büroräume ermöglichten. Die Angestellten wurden aufgefordert, sämtliche ungewöhnlichen Beobachtungen auf der Stelle zu melden.

Sobald die Meßgeräte angeschlossen waren, kam es zu äußerst verblüffenden Beobachtungen. Die Registrierstreifen der durch Verplombung gesicherten Geräte wiesen vollkommen unerklärliche Ausschläge bis zu den Höchstwerten der Skaleneinteilungen auf. Im Prüfbericht der Rosenheimer Stadtwerke wurde hierzu festgehalten: »Am Montag um 7.30 Uhr ist im Chefzimmer nach starkem Knall eine Leuchtstoffröhre aus der Fassung herausgefallen und am Boden zerschellt. Die Stromkreisabsicherungen hatten jedoch nicht ausgelöst. Der Stromschreiber registrierte diese Meldungen mit zwei Vollausschlägen bis etwa fünfzig Ampere. Das war unerklärlich, speziell der Umstand, daß die Sicherungen nicht auslösten. Höchst rätselhaft ist die Tatsache, daß die Umkehr der Schreibfeder am maximalen Ausschlagspunkt in Schleifenform erfolgte und nicht, wie üblich, geradlinig.«

Anstelle der Neonröhren wurden nun normale Glühbirnen angebracht, doch diese zerplatzten meist sofort. Alle Bemühungen, die immer massiver auftretenden Störungen einzudämmen, zielten ins Leere. Selbst ein von der Kanzlei direkt zu den Stadtwerken gelegtes Kabel sowie ein wenig später in den Räumen installiertes Notstromaggregat vermochten den unheimlichen Phänomenen keinen Einhalt zu gebieten. Die Techniker waren ratlos, ihre Bemühungen an einem toten Punkt angelangt.

Inzwischen hatte man aber Hilfe aus einer vollkommen anderen Richtung angefordert: Professor Hans Bender von der Universität Freiburg, der in diesen Jahren den einzigen Lehrstuhl in Deutschland für Parapsychologie innehatte. Als Bender am 1. Dezember 1967 mit den Untersuchungen begann, schwangen die Hängelampen auf den Gängen, bis sie an der Decke anschlugen. Schon zu Anfang konnte der Professor eine bedeutende Beobachtung machen: Die rätselhaften Phänomene und die unerklärbaren Skalenausschläge der Instrumente zeigten sich nur während der Bürozeiten der Anwaltskanzlei. Außerhalb dieser Zeiten waren keine derartigen Erscheinungen präsent. Professor Bender schloß daraus schon im Vorfeld seiner Untersuchungen, die sich zu den gründlichsten entwickeln sollten, die je in einem Spukfall gemacht worden

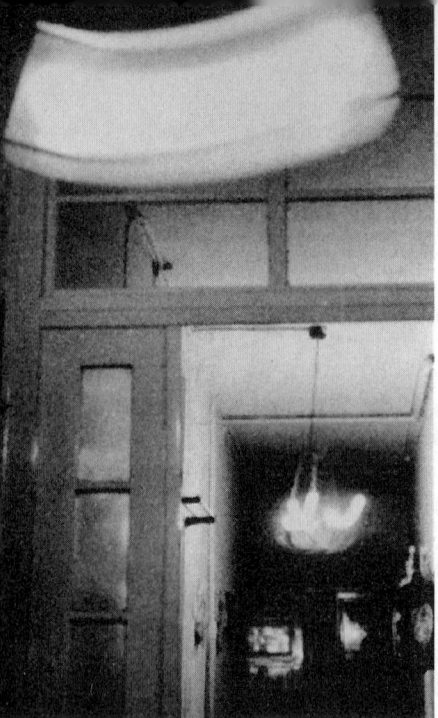

Abb. 26 Die schwingenden Lampen verraten die Anwesenheit des Poltergeistes.

waren, daß die mysteriösen Vorgänge nur von einer Person ausgehen konnten, die in dem Büro arbeitete.

Und schon bald sollte sich sein Verdacht auf eine bestimmte Person konkretisieren. Die Instrumente registrierten stets den ersten Ausschlag, wenn die damals neunzehnjährige Auszubildende Annemarie Sch. am Morgen das Büro betrat. Auch andere Beobachtungen bestätigten, daß der Spuk einzig und allein von Annemaries Aufenthalt in der Kanzlei abhängig war. Ging das Mädchen über den Flur, fingen die Lampen hinter ihr zu schwingen an, explodierten Glühbirnen und flogen die Splitter um sie herum. Annemarie mußte der unbewußte Auslöser jener mysteriösen Phänomene sein. Und die Vorgänge, die Rechtsanwalt Adam fast in den Ruin getrieben hätten, mußten auf psychokinetische Einwirkungen zurückzuführen sein.

Alle während der Untersuchungen gewonnenen Resultate ließen nur den Schluß zu, daß sämtliche Störungen von derselben Kraft ausgingen. Eine unheimliche Kraft, die auf die Zeiger von Meßinstrumenten ebenso wirkte wie auf Glühbirnen und Neonröhren, die Hängelampen schwingen sowie Bilder an den Wänden rotieren ließ. Jene Kraft machte nicht einmal halt vor einem etwa dreieinhalb Zentner schweren Aktenschrank, welcher zweimal um etwa dreißig Zentimeter von der Wand gerückt wurde.

Auch die Störungen des Telefons gingen auf jene psychokinetischen

Kräfte von Annemarie Sch. zurück. Das Fernmeldeamt der Deutschen Bundespost installierte ein Kontrollgerät, das sämtliche von der Kanzlei aus angerufenen Nummern registrierte. Es ergab sich dabei, daß oft während einer einzigen Minute bis zu fünfzigmal die örtliche Zeitansage »0119« gewählt wurde, ohne daß auch nur ein Mensch die Wählscheibe des Apparates berührt hätte. Überdies erlaubten die alten Telefone seinerzeit kein derart schnelles Anwählen. Das Kontrollgerät aber zeichnete diese Nummer 0119 bis zu fünfzigmal hintereinander auf, ohne daß gesprochen wurde.

Nach Weihnachten 1967 kam Annemarie Sch., die aufgrund der für die Kanzlei destruktiven Aktivitäten beurlaubt worden war, noch einmal für knappe zwei Wochen ins Büro. In dieser Periode steigerten die Phänomene nochmals ihre Intensität zur Höchstform. Schubläden schossen aus den Registraturen, Bilder und Kalender rotierten an den Wänden, bis sie herabfielen. Lampen explodierten, und das Mädchen wurde hysterisch. Von dem Tag jedoch, da Annemarie die Anwaltskanzlei nicht mehr betrat, blieben die Phänomene schlagartig aus und das Leben verlief wieder in geordneten Bahnen.

Für die damals noch junge Wissenschaft der Parapsychologie bedeutete der Spukfall unglaubliches Glück, konnte man doch psychokinetische Fähigkeiten gewissermaßen im »Echtbetrieb« untersuchen. Annemarie Sch. selbst litt darunter; und es ging eine Beziehung kurzerhand in die Brüche. Doch sie fand einen anderen Mann und gründete eine Familie; seit etlichen Jahren ist sie Mutter von zwei Kindern, und seit damals wird sie auch nicht mehr von paranormalen Vorgängen heimgesucht.

Die Rechtsanwaltskanzlei Adam gibt es schon seit einer Reihe von Jahren nicht mehr. Aber noch immer können sich zahlreiche Einwohner der oberbayerischen Kreisstadt an die bewegenden Vorgänge Ende 1967 erinnern. Damals geschah wirklich etwas Besonderes: Da hatte nämlich die Macht des Geistes den Beweis angetreten, daß sie stärker ist als alle Materie!

Kriegsveteran aus dem Streckverband verschwunden

Es geschah in einem Militärhospital der US-Army auf Hawaii, im Jahre 1968. Der Zeuge dieser unglaublichen Begebenheit, den ich hier *William* nenne, da er heute in einer renommierten Klinik im Mittelwesten der USA arbeitet und daher Wert auf größte Vertraulichkeit legt, war zum Zeitpunkt des Geschehens neunzehn Jahre alt. Er diente im medizinischen Korps der Streitkräfte und hatte Nachtdienst, als jene unheimlichen Vorgänge ihren unaufhaltsamen Lauf nahmen.

Zu dieser Zeit war ein damals sechzigjähriger Patient in stationärer Behandlung. Er hatte LSD genommen und war im Rausch vor einen Lieferwagen gelaufen. Mit zahlreichen komplizierten Brüchen an Ober- und Unterschenkeln wurde er in das Militärhospital eingeliefert. Schließlich hatte er als Veteran des Zweiten Weltkriegs einen Anspruch auf lebenslange medizinische Versorgung durch die Army.

Durch Streckverbände an beiden Beinen war der Patient vollkommen unfähig, sich von seinem Krankenlager zu entfernen. Der ihm verbliebene Aktionsradius war auf die Länge seiner Arme beschränkt. Denn *Fixateure* – dies sind lange, dünne Gestänge aus Edelstahl – waren durch die Knochen geführt, was jede Bewegung überdies zum Martyrium werden ließ.

William erinnerte sich, häufig mit jenem Mann gesprochen zu haben, der, wie es Ende der sechziger Jahre nicht ungewöhnlich war, zur Hippie-Bewegung gezählt werden durfte. Sein Name hörte sich spanisch an, etwa *Espinia* oder so ähnlich. Hier und da bekam er Besuch von jüngeren Hippies, und so machten schon mal »Joints« die Runde. Oft sprach er mit *William* über ausgefallene Meditationstechniken, doch in jener Nacht, als das Weltbild des jungen Mediziners ins Wanken geriet, kam er auf das Thema UFOs zu sprechen. *William* faßte dies anfänglich als Scherz auf und widmete sich dann den übrigen Patienten auf seiner Station. Später beschrieb er diese unvergeßliche Nachtschicht:

»In der Nacht seines Verschwindens hatte ich von 23 Uhr bis 7 Uhr am folgenden Morgen Dienst. Als ich die erste Runde drehte, sagte mir Espinia, daß er eine Stunde mit seinen Freunden in einem UFO verbringen würde. Ich könne gleichfalls mitgehen, wenn ich wollte. Etwas verärgert schüttelte ich den Kopf, und setzte daraufhin meine Runde fort.

Espinia lag in einem Sechs-Mann-Zimmer, doch in jener Nacht war er allein. Mein Wachraum lag fast gegenüber von seinem Zimmer, und wenn ich am Schreibtisch saß, konnte ich den gesamten Gang überblicken. Keiner konnte die Station betreten oder verlassen, ohne von mir gesehen zu werden. Außerdem waren da auch noch ein paar Ärzte, Schwestern und Militärpolizisten im Krankenhaus unterwegs.

Als ich wenig später meine zweite Runde machte, ging ich in Espinias Zimmer – und mußte feststellen, daß er verschwunden war! Die Gewichte hingen noch am Ausleger, die Fixierstäbe lagen fein säuberlich aufgereiht auf dem Bett. Aber der eigentlich bewegungsunfähige Mann war innerhalb weniger Minuten spurlos verschwunden!«

Sofort schlug *William* Alarm, und Militärpolizei und Krankenhauspersonal suchten die Station und deren Umgebung fieberhaft ab. Von dem Veteranen fehlte jede Spur. Als man die Patienten in den anderen Zimmern befragte, berichteten einige von ihnen, daß sie ein helles Licht zum Zeitpunkt von Espinias Verschwinden auf dieser Seite des Gebäudes gesehen hätten ...

Hier sollte ich auf die Frage eingehen, ob sich Espinia die Fixierstangen nicht selbst entfernt haben könnte, und dann davongekrochen ist. Das Wort *unmöglich* hat in meinem Wortschatz keinen großen Stellenwert, doch hier muß ich es benützen. Jeder Mensch würde vor Schmerzen ohnmächtig, würde er auch nur den Versuch unternehmen, an den Fixateuren zu drehen oder gar zu ziehen. Das Einsetzen, Justieren und Entfernen dieser Edelstahlstäbe findet daher stets unter Vollnarkose statt. Und mit beidseitig gebrochenen Beinen davonkriechen? Ich fürchte, diese »Erklärung« zieht hier nicht!

Doch lassen wir *William* berichten, wie jene ominöse Angelegenheit weiterging: »Nachdem die Militärpolizisten das Gebäude und das umliegende Areal abgesucht hatten, betrat – es war beinahe genau eine Stunde nach Espinias Verschwinden – ein Angehöriger des Klinikpersonals das Krankenzimmer. Und da lag der Patient! Die Fixierstäbe in den Knochen, die Gewichte am richtigen Platz, alles wie gehabt. Ärzte eilten herbei, und sie wurden noch ratloser angesichts dieser Situation. Wäre es dem Patienten – obwohl undenkbar – möglich gewesen, die Stäbe herauszuziehen, nochmals hineingebracht hätte er sie nie. Nicht er selbst, und schon gar nicht ohne Narkose.«

Vier Militärpolizisten quetschten Espinia nach seinem ungeklärten Verbleib aus, doch der antwortete ihnen nur stereotyp, er sei »mit Freunden unterwegs« gewesen. Erst als die MP abgezogen war, wurde er gesprächiger. Er erzählte *William*, daß er mit »seinen Freunden« eine Stunde in einem UFO über den Hawaii-Inseln geflogen sei und sich mit ihnen über metaphysische Themen unterhalten habe. Und er bot dem Mediziner an, daß dieser beim nächstenmal mitkommen dürfe. Was dieser aufgrund der unheimlichen Vorgänge jedoch dankend ablehnte.

Was geschah tatsächlich 1968 in dem Militärhospital auf Hawaii? Irritierend ist der Gedanke, daß der Kriegsveteran sein Verschwinden ankündigte – zugegeben, das klingt doch sehr nach einer jener »Kontaktler-Geschichten«. Was mich jedoch stutzig macht, sind die medizinischen Aspekte. Aus eigener Beobachtung und Gesprächen mit Betroffenen und Ärzten *weiß* ich sehr genau, daß ein Mensch im Streckverband mit zum Unbeweglichsten zählt, was man sich vorstellen kann.

Wer also schaffte das Kunststück, binnen einer Stunde einem Schwerverletzten alle Fixierstäbe zu entfernen, ihn verschwinden zu lassen, zurückzubringen, und alle Teile wieder exakt zu plazieren? Kniffflige Operationen, deren *jede* bereits mehr als eine Stunde in Anspruch nimmt!

Denke ich an die medizinischen Details jener immer häufiger berichteten UFO-Entführungen, an das Auftreten von Implantaten und die Vorgänge um künstliche Befruchtungen und verschwindende Schwangerschaften, dann steigt ein ganz bestimmter Verdacht in mir auf ...

1969
Wer teilt den Mond mit uns?

»This is moonbase Tranquility: Eagle has landed.« – »Das ist Mondbasis Tranquility – Der Adler ist gelandet.«

Mit diesen Worten, mit denen die Besatzung des Mondlandemoduls von Apollo 11 in den frühen Morgenstunden mitteleuropäischer Zeit die erste bemannte Mondlandung der Geschichte der Menschheit kommentierte, ging der 20. Juli 1969 in die Annalen ein. Allen Skeptikern zum Trotz, die wenige Jahre zuvor ein solches Unterfangen noch als nicht realisierbar eingestuft hatten, war es dem ersten Menschen gelungen, seinen Fuß auf unser Nachbargestirn zu setzen.

Doch waren die zwei Amerikaner Neil Armstrong und Edwin Aldrin wirklich die ersten intelligenten Lebewesen, die unseren Trabanten betreten haben? Es mag gut sein, daß ihnen unbekannte Wesen diese Ehre streitig machen, denn es gibt Hinweise darauf, daß auf unserem Mond zu einem nicht näher bestimmbaren Zeitpunkt bereits fremde, von einem anderen Planeten stammende Weltraumfahrer gelandet sind!

Gerüchte aus NASA-Kreisen reißen nicht ab, die besagen, daß alle Astronauten der »Apollo«-Missionen, die von 1969 bis 1972 den Mond besuchten, mysteriöse Sichtungen von unidentifizierten Flugobjekten und Artefakten auf der Mondoberfläche machten. So berichtete der frühere NASA-Mitarbeiter Otto Binder, daß Radioamoateure mit ihren eigenen UKW-Empfängern, mit denen sie die »gefilterten« Sendungen der NASA umgangen hatten, zum Beispiel folgende Gesprächssequenzen mitgehört hätten:

Bodenstation: Was ist das? Bodenstation ruft Apollo 11.

Apollo 11: Diese ›Babys‹ sind riesig, Sir ... enorm ... o Gott, das würden Sie nicht glauben! Ich sage Ihnen, es sind noch andere Raumschiffe da draußen ... aufgereiht am anderen Ende des Kraters ... sie sind auf dem Mond und beobachten uns!

Seit diese angebliche Funksprechsequenz zum erstenmal zitiert wurde, haben sich die Verantwortlichen der NASA beeilt, sie dem Genre Science fiction zuzuschreiben. Allerdings muß es recht merkwürdig erscheinen, daß immer, wenn irgend etwas auf unserem Nachbargestirn entdeckt wurde, Bodenkontrolle und Astronauten auf eine bereits vorher festgelegte Funkfrequenz umschalteten, die der Öffentlichkeit vorenthalten blieb. Und selbst jene als »live« gesendeten Übertragungen des Funksprechverkehrs mit den Astronauten waren um etwa zwei Minuten verzögert, in denen offenbar eine Kontrolle und gegebenenfalls auch Zensur stattfinden konnte. Daß genau dies auch geschehen ist, bestätigte Maurice Chatelain, ein früherer NASA-Mitarbeiter, der maßgeblich an der Entwicklung der Kommunikationssysteme für das Mondlandeunternehmen der USA beteiligt war.

Chatelain geht sogar so weit, zu behaupten, daß allen Flügen des Gemini- wie auch des Apollo-Programms nichtidentifizierte Flugkörper folgten und zum Teil gefährlich nahe kamen.

Auch der ehemalige NASA-Mitarbeiter Farouk El Baz, der mehrere Astronauten in Geologie unterwiesen hatte, gab in einem Interview zu, daß er von den Funkberichten der Mondlandungen sehr überrascht gewesen sei: »Möglicherweise stehen wir einigen ›Artefakten‹ von außerirdischen Besuchern gegenüber, ohne daß wir sie als solche erkennen.«

Die Teilnehmer der bislang letzten bemannten Mondexpedition Apollo 17 berichteten wiederholt über merkwürdige Leuchtphänomene und Formationen. So kommentierte Harrison Schmitt äußerst erregt: »Ich sehe irgendwelche Fahrspuren, die rechts vom Krater heraufkommen.« Worauf die seltsame Replik der Bodenstation folgte: »Wir verstehen, Gene. Euer Weg verläuft genau zwischen Pierce und Pease. Pierce Bravo, geht zu Bravo, Whisky, Whisky, Romeo.« Was im Klartext wohl die Aufforderung war, auf eine andere Frequenz umzuschalten, die nicht für die Veröffentlichung vorgesehen war.

Der britische UFO-Forscher Timothy Good, dem in aller Regel ein seriöser Umgang mit dem UFO-Thema bestätigt wird, zitierte einen mit ihm befreundeten Wissenschaftler, der während eines Symposiums der NASA den ersten Menschen auf dem Mond, Neil Armstrong, über den Wahrheitsgehalt der sich hartnäckig haltenden Gerüchte über die Hinweise auf außerirdische Präsenz auf unserem Trabanten befragte. Good zufolge habe Armstrong die Bemerkung fallenlassen, daß die US-Astronauten »gewarnt« worden seien vor dem, was sie dort oben erwarten würde. In Größe und Technologie seien die Raumschiffe, die sie zu Gesicht bekommen hätten, unseren Möglichkeiten haushoch überlegen gewesen. Zudem hätte man das Mondprogramm aufgrund der Tatsache, daß sich *jemand anderes* dort aufhält, stark eingeschränkt, bis es nach »Apollo 17« im Dezember 1972 ganz eingestellt wurde.

Auf solche Einzelheiten angesprochen, dementierte Armstrong, jemals auch nur eines dieser Statements abgegeben zu haben. Es dürfte klar sein, daß er angesichts der Geheimhaltungspolitik der Geheimdienste CIA und NSA, die in die Auswertung des Materials der Apollo-Missionen eingebunden sind, keine Chance zur offenen Stellungnahme hat. Trotzdem bleibt die Frage, warum die NASA nach nur sieben Mondlandeunternehmen, von denen eines mißglückt ist, die bemannten Landungen auf unserem Trabanten einstellten und seither nie mehr aufnahmen.

Auch geben uns die sogenannten »Transient Lunar Phenomena«, im deutschen »Kurzlebige Mondphänomene« genannt, zu denken. Bereits seit mehr als hundertfünfzig Jahren beobachten Astronomen auf unserem Mond mysteriöse Leuchterscheinungen (»Moonblinks«), künstlich anmutende Objekte und regelmäßige Strukturen, wie sie in der Natur eigentlich nicht vorkommen.

Ist es denkbar, daß die bemannte Erkundung des Mondes eingestellt wurde, weil sich schon lange irgend jemand »dort oben« niedergelassen hat?

1970
Atomschlag gegen UFO-Basis?

Am 24. April 1970 verschwand ein Überschallbomber der Luftwaffe der Sowjetunion, unterwegs in geheimer Mission zwischen Moskau und Wladiwostok, spurlos über den Weiten Sibiriens. Der Pilot sprach noch über Funk mit der Bodenstation, als der Kontakt jäh abbrach. Funkrufe blieben unbeantwortet, und auch der Radarschirm blieb leer.

Sofort wurde eine großangelegte Suche in die Wege geleitet. Mehr als zweihundert Suchflugzeuge und Hubschrauber durchkämmten jenes Gebiet, aus dem die letzte Funkmeldung des verschollenen Überschallflugzeuges gekommen war. Der US-amerikanische Journalist Dix Lester, der die ominöse Geschichte als erster publik machte, berichtete von Funksprüchen der Suchmannschaften, aus welchen hervorging, daß man »hier oben nicht allein« sei. »Mindestens fünfundzwanzig fremde Flugobjekte, wenn nicht gar mehr, würden sich am Himmel befinden. Doch seien sie zu hoch, um nahe genug heranzukommen, schloß einer der Berichte.

Am Boden wurden die Militärs zunehmend nervöser. Dem Vernehmen nach wurden zahlreiche Flugabwehrraketen von Stellungen nahe der mongolischen Grenze abgefeuert, als Hunderte von leuchtenden Scheiben über den Himmel flogen. Doch sie verpufften in der Luft, ohne einem der sich außer Reichweite befindlichen Objekte auch nur annähernd gefährlich zu werden.

Mittlerweile hatte der sowjetische Militärgeheimdienst auch damit begonnen, aufgrund der zahlreich eingegangenen Berichte den angenommenen Ursprung der Flugobjekte genau zu triangulieren. Als die Offiziere die Flugrouten der geheimnisvollen Eindringlinge auf Karten übertrugen, liefen alle Linien auf einem Punkt zirka tausend Kilometer nordöstlich der mongolischen Hauptstadt Ulan Bator zusammen. Jenes Gebiet gehört zum Territorium der Mongolischen Volksrepublik und bildet ein Dreiländereck zu China und der Sowjetunion.

Am 26. April 1970, also genau zwei Tage nach dem plötzlichen und spurlosen Verschwinden des Überschallbombers, bemerkten die Moskauer Korrespondenten der westlichen Medien, daß die Streitkräfte des Landes in höchste Alarmbereitschaft versetzt wurden. Pausenlos transportierten die Eisenbahnen Panzer sowie schweres Kriegsgerät in Richtung Sibirien. Drei komplette Divisionen wurden überstürzt in Marsch gesetzt, und endlose LKW-Kolonnen verstopften alle nach Osten führenden Hauptstraßen. Die aufmerksam gewordenen Reporter beschwichtigte man unterdessen mit der Erklärung, die Rote Armee sei unterwegs zu ihren alljährlich stattfindenden Frühjahrsmanövern.

Aber auch auf chinesischer Seite war man alarmiert. So wurde am 27. April eine Division der Volksbefreiungsarmee, die in Nordkorea stationiert war, mit Lastwagen in Richtung Mongolei abtransportiert. Am selben Tag traf ein mächtiger Verband sowjetischer Langstreckenbomber und eine große Anzahl Jagdflieger über Sibirien zusammen. Diese »Armada« schlug südliche Richtung ein und bewegte sich auf das ausgekundschaftete Zielgebiet im Nordosten der Mongolei zu. Russische Aufklärer überflogen an diesem Tag pausenlos die chinesische und die mongolische Grenze, fotografierten dabei buchstäblich jeden Quadratmeter des angepeilten Operationsgebietes.

Dann überschlugen sich die Ereignisse.

In der Nacht zum 28. April 1970 schlug die Kriegsmaschinerie präzise zu. Das Zielgebiet nordöstlich von Ulan Bator wurde von Hunderten von Flugzeugen mehrere Stunden ohne Unterbrechung bombardiert. In jener Nacht war der Horizont weithin sichtbar unheimlich verfärbt, und zahlreiche Einwohner der tausend Kilometer entfernten mongolischen Hauptstadt glaubten, daß Atomwaffen zum Einsatz gekommen waren. Am 30. April strömten dann sowjetische Soldaten in die Mongolei, während die chinesischen Verbände diesen systematisch ausgebombten Landstrich am 4. Mai erreichten.

In den sowjetischen wie auch in den chinesischen Medien wurde das spektakuläre Ereignis heruntergespielt. Hier wie dort beschränkte man sich darauf, ein paar aggressive Meldungen über Grenzverletzungen der jeweiligen Gegner abzugeben. In Hongkong hingegen erfuhr man ein wenig mehr. Dort wurde in einem kurzen Rundfunkbericht mitgeteilt, daß im Verlauf eines Grenzkonfliktes zwischen der UdSSR und China Hunderte von Mongolen und Chinesen getötet worden waren. Ein sowjetisches Bombergeschwader habe eine streng geheime, chinesische Militärbasis angegriffen und dabei auch Atomwaffen eingesetzt.

Der am Anfang erwähnte US-Journalist Dix Lester berief sich in seinem Bericht über diese rätselhaften Ereignisse nicht allein auf die Aussagen in Hongkong eingetroffener Flüchtlinge aus der Volksrepublik China. Er will auch mit einer Gruppe von Studenten aus der einstigen DDR gesprochen haben, die Ende April 1970 auf einer Studienreise durch die Mongolei waren. Die jungen Leute bestätigten nicht nur jene Berichte, welche Lester bereits durch die nach Hongkong geflohenen Chinesen bekannt gewesen waren.

Der Sprecher der Hochschüler, Manfred Goel, ließ verlauten, daß die Sowjetarmee bei ihrem Angriff nordöstlich von Ulan Bator eine verborgene Basis unbekannter Flugkörper zerstört haben soll. Diese bestand den Berichten zufolge aus kilometerlangen unterirdischen Tunneln sowie pyramidenförmigen Bauwerken.

Nach der Bombardierung flaute die Welle von UFO-Sichtungen über dem sowjetisch-chinesischen Grenzgebiet schließlich vollkommen ab. Der eingangs erwähnte, spurlos verschwundene Überschallbomber allerdings mußte von den Streitkräften der ehemaligen Sowjetunion als Totalverlust abgebucht werden.

In Luft aufgelöst!

Es war im Herbst 1971, als die Medien der Britischen Inseln häufig von ungewöhnlichen »Lichtern« am Himmel berichteten. Vor allem in den Monaten September und Oktober waren ungezählte, rätselhafte Erscheinungen beobachtet worden. Wahrscheinlich wäre der Brite James Derek, der sich für UFO-Erscheinungen interessierte, zur Tagesordnung übergegangen, hätte er nicht den Anruf eines Augenzeugen erhalten. Der hatte eines jener Objekte in einer Weise über den Himmel rasen sehen, die sämtlichen Gesetzen der Physik spottete.

Von seinem Informanten erfuhr der UFO-Ermittler, daß dieser kurze Zeit nach dessen Sichtung einen, und einige Zeit später noch einen Telefonanruf erhalten hatte. Jedesmal war eine andere männliche Stimme zu hören. Und beide Male wurde dem Zeugen von den Unbekannten versichert, daß sie im Auftrag des Verteidigungsministeriums anriefen. Sie machten ihn darauf aufmerksam, daß das von ihm beobachtete Licht »in Wirklichkeit der russische Satellit Kosmos 408« gewesen sei.

Der Zeuge war hierüber nicht wenig erstaunt. Denn es schien ihm doch mehr als ungewöhnlich, daß man im Verteidigungsministerium solche Mühen auf sich nahm, UFO-Beobachter zu »beruhigen«. Darum setzte er sich unverzüglich mit der Satellitenbeobachtungsstation in Farnborough in Verbindung, um dort darüber Aufklärung zu erhalten, daß sich »Kosmos 408« zur Zeit seiner UFO-Beobachtung keinesfalls über seinem Beobachtungsplatz, sondern im Gegenteil jenseits des Atlantik, nämlich über Neufundland, befunden hatte.

Mehr noch: »Kosmos 408« war nie über England zu sehen gewesen, da seine Umlaufbahn einen ganz anderen Verlauf hatte! Eine derart irreführende »Aufklärung«, dazu vorgeblich auch noch aus einem Ministerium stammend, ärgerte Dereks UFO-Zeugen maßlos. Er verfaßte eine Eingabe, weshalb man ihn von offizieller

Seite wissentlich falsch informiert habe. In dem sich hierauf beziehenden Antwortschreiben des Ministeriums wurde dieser Umstand jedoch einfach ignoriert: Das Verteidigungsministerium Ihrer Majestät ging mit keinem einzigen Wort auf die offenkundige Fehlinformation ein.

Wahrscheinlich hätte James Derek auch diese Vorfälle vergessen, wäre der verdrossene UFO-Zeuge nicht noch einmal mit ihm in Verbindung getreten. Und dieses Mal wurde der UFO-Ermittler hellhörig: »Ich werde seit ein paar Nächten durch die Anwesenheit von zwei Männern beunruhigt, die in einem schwarzen Jaguar vor dem Haus Stellung bezogen haben und mich nicht mehr aus den Augen lassen. Ich fürchte, sie führen irgendwas gegen mich im Schilde.«

James Derek alarmierte das zuständige Polizeirevier und bat die Beamten, der Sache nachzugehen. Er und die Polizei vermuteten zuerst, einem geplanten Raubüberfall auf die Spur gekommen zu sein. So wurde ein Streifenwagen mit zwei Constables losgeschickt, um das verdächtige Auto vor dem Haus des beunruhigten UFO-Zeugen unter die Lupe zu nehmen.

Die Kontrollen fanden am 19. und 20. Oktober 1971 statt. Allerdings verhielten sich die Fahrzeuginsassen ruhig, so daß, nach britischem Recht, keine polizeiliche Aktion gerechtfertigt erschien. Unverrichteterdinge kehrten die Beamten zurück zu ihrem Revier. Dennoch war der Verdacht geweckt.

In der Nacht des 22. Oktober 1971, kurz nach 21 Uhr, erhielten die Streifenpolizisten von ihrem Vorgesetzten die Weisung, die Insassen des schwarzen Jaguar über den Grund ihrer fortgesetzten Anwesenheit zu befragen, denn das Fahrzeug stand immer noch vor dem Haus des Augenzeugen. Arglos näherten sich die Polizisten dem Fahrzeug und wollten gerade an ein Fenster klopfen, als das Unfaßbare geschah.

Die schwarze Limousine löste sich buchstäblich in Luft auf! Sie war von einem auf den nächsten Moment verschwunden, so als hätte sie nie existiert. Die Polizisten waren schockiert, denn ein offenbar völlig »normales« Fahrzeug war unter ihren Händen zerronnen. Sie unterzogen zwar noch den Ort des Geschehens und dessen Umgebung einer genauesten Untersuchung, doch ohne jeden Erfolg. Weder der schwarze Jaguar noch dessen ominöse Insassen tauchten wieder auf.

So unglaublich dieser Vorgang auch klingen mag, ist er doch kein Einzelfall. Denn acht Jahre zuvor, am 19. November 1963, ereignete sich etwas Ähnliches in Fujishiro (Japan). Der Direktor einer Bank, der mit zwei seiner Kollegen auf der Umgehungsstraße der Stadt unterwegs war, wurde urplötzlich aus seinen Zahlen und Bilanzen gerissen. Ein – ebenfalls – schwarzer Wagen, welcher vor ihm fuhr, löste sich in einer weiß aufquellenden Wolke auf und verschwand.

Mehr als bloße Spekulationen über Art und Herkunft jener Individuen, die einen solch ungewöhnlichen Abgang gewählt haben, sind wohl im Augenblick nicht möglich.

1972
Der mysteriöse Studiogast

Die Nervosität war dem Regisseur und seinen Mitarbeitern im Pariser Studio eines französischen Fernsehsenders an jenem Januarabend im Jahre 1972 anzumerken. Würde die so groß angekündigte Sendung als Flop enden?

Nur wenige Stunden zuvor hatte sich ein junger Mann bis zur Sendeleitung durchgefragt und großspurig verkündet, er beabsichtige, live im Fernsehen Blei in reines Gold zu verwandeln. Im nachhinein wußte keiner der Verantwortlichen im Sender mehr zu sagen, auf was hin sie eigentlich diesem verwegenen Phantasten Sendezeit zur Prime-Time eingeräumt hatten. Vielleicht hegten sie aber auch die Absicht – wie es heute leider in so manchen »Billig-Talkshows« Usus geworden ist –, den großspurig auftretenden Mann vor einem Millionenpublikum der Lächerlichkeit preiszugeben.

Der hatte sich als französischer Staatsbürger mit Namen *Richard Chanfray* vorgestellt und zum Erstaunen der Fernsehleute nur um ein gewöhnliches Camping-Kochgerät gebeten. Er hatte auch nichts dagegen einzuwenden, als man ihm andeutete, daß er im Verlauf der Sendung von im Studio anwesenden Fachleuten auf das genaueste beobachtet werden würde.

Den ganzen Tag schon warb der Sender mit einem sensationellen Hauptprogramm, und so war die Einschaltquote an dem Januarabend besonders hoch. Doch was niemand zu glauben wagte, trat tatsächlich ein: Der ruhig und selbstsicher auftretende Alchimist verwandelte auf dem Campingkocher einen Klumpen gewöhnliches Blei zu Gold! Weder die Kameraleute, noch die anwesenden Experten, und schon gar nicht die sprachlos vor ihren Fernsehgeräten sitzenden Zuschauer vermochten dem Mann irgendeine Unkorrektheit oder Betrügerei nachzuweisen. Es gab kein Netz und keinen doppelten Boden, keine Spiegel und auch keine illusionistischen Tricks. Das von ihm hergestellte Gold erwies sich als absolut echt!

Doch die eigentliche Überraschung des Abends hatte sich Richard Chanfray für das Ende der Sendung aufgehoben. Vom sichtlich beeindruckten Moderator gefragt, wo er wohl jene verblüffenden Kenntnisse erworben habe, eröffnete ihm sein Studiogast nicht ohne eine gewisse Ironie: »Dies alles beherrsche ich schon seit vielen Jahrhunderten. Lassen Sie sich deshalb nicht von meinem bürgerlichen Namen irritieren, denn ich Wirklichkeit bin ich – der *Graf von Saint-Germain*!«

Diese berühmt-berüchtigte Gestalt, deren Leben sich offenbar durch viele Jahrhunderte unserer Geschichte zieht, kam wie aus dem Nichts. Zeitlebens hielt der Graf seine wirkliche Identität verborgen. Überliefert ist eine Vielzahl reichlich sonderbarer Geschichten, wie etwa die folgende:

Im Jahr 1760 traf Saint-Germain in Versailles die Gräfin de Gergy. Diese erkannte in ihm einen Mann, den sie fünfzig Jahre früher, um 1710, in Venedig kennengelernt hatte, als sie dort Gesandte war.

Nach anfänglichem Zögern fragte sie ihn, ob es sein Vater gewesen sein könnte, woraufhin ihr Saint-Germain entgegnete: »Keineswegs, Madame, ich selbst lebte Ende des letzten Jahrhunderts in Venedig, und ich hatte die Ehre, Ihnen zu Beginn des jetzigen vorgestellt zu werden.«

Dies wollte ihm die Gräfin de Gergy nicht glauben, denn der Mann, den sie damals kannte, war etwa fünfzig Jahre alt gewesen. Genau wie jener, mit dem sie nun – 1760 im Schloß von Versailles – zusammengetroffen war.

Saint-Germain schien zeit- und alterslos und erstaunte seine Umgebung immer wieder mit außergewöhnlichen Kenntnissen und Fähigkeiten. Sein Sprachtalent war geradezu universell, und er besaß ein unglaublich vielfältiges Wissen. Sogar die Fähigkeit, Blei in Gold zu verwandeln sowie Edelsteine künstlich herzustellen, wurde ihm nachgesagt.

Aufgrund seiner verbürgten Auftritte im achtzehnten Jahrhundert an zahlreichen Höfen Europas glauben noch heute viele Okkultisten daran, daß Saint-Germain *lebt*. Zwar gilt der 27. Februar 1784 als offizielles Sterbedatum des geheimnisvollen Grafen – an jenem Tag soll er auf dem Landsitz des Grafen Karl von Hessen-Kassel verstorben sein. Aber als man wenige Tage danach seinen Sarg öffnete, war er leer! Im Jahr darauf nahm Saint-Germain höchst lebendig an zwei Freimaurer-Kongressen in Wilhelmsbad und Paris teil. War es keine reine Aufschneiderei, wenn Saint-Germain Anekdoten aus der Geschichte erzählte, und seinen Zuhörern glauben machen wollte, er wäre persönlich »live« dabei gewesen? Immer wieder behauptete er auch, durch die Zeit reisen zu können. Die Schlußfolgerung aus all diesen Überlegungen mag verrückt klingen: Weilt der Graf noch heute unter uns? Und war dieser mysteriöse Studiogast an jenem Januarabend des Jahres 1972 tatsächlich der, welcher er vorgab zu sein?

1973
Terror in Pascagoula

Am Abend des 11. Oktober 1973 gingen der damals fünfundvierzig Jahre alte Charles Hickson und dessen neunzehnjähriger Arbeitskollege Calvin Parker, zwei Werftarbeiter aus Pascagoula im US-Bundesstaat Mississippi, nach Arbeitsschluß zum Angeln. Das Gelände am Pascagoula River, wo sie sich niederließen, war alles andere als ein beschaulicher Angelplatz: Am Ufer gegenüber standen ein paar alte Werfthallen, hinter diesen befanden sich ein Autofriedhof und eine wilde Müllkippe. Dennoch ließen sich die beiden Männer an einem kleinen Pier nieder und hofften auf ihr Anglerglück.

Gerade wollte Charles Hickson nach einem Köder greifen, als ein fremdartiges Geräusch durch die Luft schrillte. Und plötzlich erblickten die Angler über sich ein leuchtendes, untertassenähnliches Flugobjekt, das zirka ein Dutzend Meter von ihnen entfernt zu landen schien. Als das UFO in nur etwa dreißig Zentimetern Höhe über dem mit Schrott übersäten Areal schwebte, konnten Hickson und Parker erkennen, daß es gut dreizehn Meter im Durchmesser und etwa zweieinhalb Meter in der Höhe maß.

Die Arbeiter waren sichtlich geschockt, und ihre Angst wurde noch größer, als drei sonderbare Gestalten aus jenem Objekt genau auf sie zuglitten.

Es war ein bizarres Trio, das da – scheinbar ohne eine Türe zu benützen – direkt aus dem Objekt herauskam. Diese Gestalten trugen offenbar keine Kleidung, und ihre »blaßgraue Haut« hing um sie herum in runzeligen Falten herab. »Ihr Farbton reichte von blaßfleischfarben bis hellgrau«, sagte Hickson. »Sie waren etwa ein Meter fünfzig groß und hatten ungewöhnliche, elefantenfußartig rundliche Füße. Statt Augen hatten sie nur schmale Schlitze, darunter zwar einen nasenartigen Vorsprung, aber ebenfalls nur einen schmalen Schlitz anstelle des Mundes. Und statt Fingern besaßen sie zwei klauenartige Scheren.«

Noch bevor Hickson und Parker reagieren konnten, waren jene Ausgeburten eines Alptraums über ihnen. Parker wurde ohnmächtig, als ihn die Gestalten anfaßten, während sein Kollege die nun folgende Nervenprobe bei vollem Bewußtsein durchstehen mußte. »Zwei Wesen ergriffen mich bei den Armen, ich schien auf einmal gewichtslos zu sein«, fuhr Hickson fort. »Sie schafften mich zum Schiff. Zurückblickend glaube ich, daß da irgendeine Art von Kraft gewesen sein muß, um uns unbeweglich zu halten, als sie uns ergriffen.«

Zusammen mit den drei Wesen schwebten sie auf das Objekt zu und durch eine nun sichtbare Öffnung hinein. Im Inneren wurden sie dann getrennt. Calvin Parker hatte von diesem Zeitpunkt an bis zum Ende der Entführung keine Erinnerung mehr. Nur nebulöse Gedächtnisfetzen, aus denen geschlossen werden kann, daß er dasselbe erlebte wie Charles Hickson.

Dieser mußte feststellen, daß sein ganzer Körper bewegungsunfähig war, einzig die Augen konnte er bewegen. Mitten in der Luft wurde er in eine ruhende Lage gebracht – in einem grauen Raum ohne Möbel und bar jeder Einrichtung. Die zwei Gestalten blieben bei ihm, als plötzlich ein großes Gerät aus einer Wand kam und über ihm in der Luft schwebte. An dem basketballgroßen Gerät, das ihm wie eine Art »riesiges Auge« vorkam, konnte der Entführte keinerlei Kabel erkennen.

Als würde er »abgescannt«, so glitt das seltsame Gerät über ihn hinweg. Und die beiden Kreaturen drehten ihn dabei, *mitten in der Luft*, in immer wieder andere Positionen, sogar in einem Winkel von fünfundvierzig Grad Neigung. Dann ließen ihn die Gestalten eine Zeitlang allein in dem Raum. Er hatte Todesangst, obwohl die vorgenommenen Untersuchungen ihm keinerlei Schmerz bereitet hatten. Zudem war er vollständig paralysiert.

Eine Weile später, die Hickson auf etwa zwanzig Minuten schätzte, kehrten die zwei Wesen zurück. Erneut nahmen sie ihn zwischen sich und schwebten mit ihm zurück an den kleinen Pier, wo die Entführung ihren Ausgang genommen hatte. Wieder fiel dem älteren der beiden Entführten jene sonderbare Art der Fortbewegung auf, die Hickson als ein »Gleiten oder Schweben« beschrieb. Zusammen mit dem fünfundvierzigjährigen Mann wurde auch sein Freund Calvin Parker zurückgebracht, der im gleichen Moment wieder zu sich kam. Und als die »schrecklichen Kreaturen« das Objekt erreicht hatten, ertönte erneut ein schrilles Geräusch, und binnen weniger Sekunden war das UFO im Nachthimmel verschwunden.

Als sich die beiden endlich ein wenig gefaßt hatten, berieten sie, ob sie ihr groteskes Erlebnis den Behörden berichten sollten. Obwohl sie kaum hofften, daß ihnen irgend jemand Glauben schenken würde, riefen sie im Büro des Sheriffs an, wo dessen Stellvertreter Glenn Ryder das Telefon abnahm. Der dachte zunächst, daß ihn die beiden Werftarbeiter zum Narren hielten, doch irgend etwas in Parkers Stimme bewog ihn schließlich, beide aufs Revier zu bitten.

Hickson und Parker waren kaum zur Tür des Sheriffbüros hereingekommen, als sie darum baten, an einen Lügendetektor angeschlossen zu werden. Sheriff Fred Diamond und dessen Vertreter Glenn Ryder hörten ihnen eine halbe Nacht lang zu, befragten sie getrennt voneinander und ließen sie dann eine Weile in einem Raum mit einem darin versteckten Tonbandgerät. Auf diesem Band hörte man beispielsweise, wie Hickson stammelte: »O mein Gott! In meinem ganzen Leben habe ich niemals so etwas gesehen wie das! ... Warum mußte uns das passieren? Ich habe den Krieg mitgemacht ... niemals in meinem ganzen Leben wurde ich derart in Schrecken versetzt!« Und Parker verfiel in dieser Zeit zweimal in einen Schock. Immer wieder sank er auf die Knie und begann leise zu beten: »Gott, hilf mir! Heilige Maria, hilf mir! Laß mich nicht sterben! Beschütze mich!«

Deputy Ryder berichtete später über die Befragung in dieser Nacht: »Als wir sie in den Raum brachten, da wußten sie nichts von dem Tonbandgerät. Nachdem ich alle Bänder abgehört hatte, glaubte ich ihnen. Wenn sie gelogen haben, so sollten sie nach Hollywood, denn dann wären sie die größten Schauspieler, denen ich jemals begegnet bin.«

Am darauffolgenden Tag wurden Parker und Hickson zur nahegelegenen Kessler Air Base der Luftwaffe gebracht, wo einige medizinische Tests mit ihnen durchgeführt wurden. Danach stufte die Air Force, nachdem sie sich anfangs geweigert hatte, diese UFO-Sichtung trotz der Beobachtung eines weiteren qualifizierten Zeugen zu untersuchen, diese als *Reflexion des Planeten Venus oder vom Kurs abgekommenes Flugzeug* ein!

Da die offiziellen Stellen den Fall auf diese Weise abschlossen, begaben sich zwei Wissenschaftler nach Pascagoula. Es waren dies Dr. James Harder, Professor für Ingenieurwesen an der California State University, sowie Professor Dr. J. Allen Hynek, Astronom an der Northwestern University und späterer Begründer des »Center for UFO Studies« (CUFOS) in Illinois. Professor Hynek hatte am UFO-Forschungsprojekt Blue Book der Luftwaffe mitgearbeitet, dieses aber später verlassen, da Informationen und Ergebnisse bewußt zurückgehalten wurden.

Die beiden Wissenschaftler versetzten Hickson und Parker in Hypnose. Danach hielt Dr. Harder fest: »Das tatsächliche Entsetzen der beiden Männer unter Hypnose veranlaßt mich, ihre Geschichte zu glauben. Ihr Erlebnis war real. Es gibt keine vernünftigen Bedenken, daß dieses Fahrzeug aus dem Weltraum kam. Es war definitiv außerirdisch.« Und Dr. Hynek stufte das Erlebnis der beiden Werftarbeiter als »eine der dramatischsten von achthundert, bisher bekannten CE-III-Begegnungen« ein.

Daß Charles Hickson und Calvin Parker alles andere als verrückt waren, konnten schließlich auch noch drei Augenzeugen bestätigen, die zur in Frage kommenden Zeit von der anderen Seite des Flusses aus das gen Himmel rasende Flugobjekt ebenfalls beobachtet hatten. Nur von dem Schrecken, der sich auf der gegenüberliegenden Seite abgespielt hatte, konnten sie zu diesem Zeitpunkt noch nichts ahnen.

Ein »unmöglicher« Fund

Im Frühjahr 1974 entdeckte eine Brigade Arbeiter in einer Sand-
grube am Ufer des Karpatenflusses Mures drei kleine Objekte, die
in den feinen Sand der Ablagerungen eingebettet waren. Die Fund-
stelle befindet sich knappe drei Kilometer östlich des Ortes Aiud in
Rumänien, der am Ostrand des Siebenbürger Erzgebirges gelegen
ist. Die genannten Objekte lagen in zehn Metern Tiefe unter der
Erdoberfläche und waren von einer harten, sandigen Kruste über-
zogen.

Ein Geologe identifizierte zwei dieser Gegenstände als Knochen-
fragmente. Das dritte Artefakt schien auf den ersten Blick ein alt-
steinzeitliches Beil zu sein, doch war man sich nicht ganz sicher. So
sandte man alle drei Gegenstände zu weiteren Untersuchungen an
das Archäologische Institut im fünfzig Kilometer entfernten Cluj-
Napoca.

Dort befreite man die Stücke erst einmal von ihren Sandverkrustun-
gen. Die Fossilien konnten als Knochen und Backenzahn eines jungen Mastodons klassifiziert werden – das ist eine Elefantenart, die
zur Zeit des Tertiärs, vor einigen Millionen Jahren lebte. Ein Blick
auf die Geologie des Mures-Tals bestätigt dies auch: Die Gesteine
in diesem Teil Rumäniens entstammen den jungtertiären Schichten
des Pliozäns und des Miozäns, dazu findet man Ablagerungen aus
den mit Warmperioden abwechselnden Eiszeiten der letzten Million Jahre.

Das dritte Artefakt aber war alles andere als ein prähistorisches
Steinbeil, auch wenn man es zunächst dafür gehalten hatte. Doch
es bestand aus Metall.

Es war ein Objekt mit einem Längsdurchmesser von 20,2 Zentimetern, in das zwei zylindrische Röhren führen, die im rechten Winkel
aufeinanderstoßen und deren Bohrungen dabei von unterschied-
lichem Durchmesser sind. Im unteren Teil der breiter gebohrten
Röhre konnte eine ovale Deformation festgestellt werden, die als

Folge des Einsatzes einer Achse mit abgerundetem Kopf interpretiert wurde. Die flachen und die seitlichen Oberflächen des Stückes weisen Spuren wie von wiederholten, harten Schlägen auf. Alle Details legen den Schluß nahe, daß das ungewöhnliche Objekt einmal Teil eines komplexeren technisch-funktionalen Systems gewesen sein muß.

Doch die größte Überraschung bescherten die Ergebnisse der im Anschluß vorgenommenen, metallurgischen Untersuchung. Dabei stellte sich heraus, daß das mysteriöse Corpus delicti, das da so unvermittelt in unser »heiles« Weltbild geplatzt war, überwiegend aus *Aluminium* bestand!

Man hatte den Aiud-Fund in das »Institut für Forschung und Projektierung nichteisenhaltiger Erze und Metalle« (ICPMMN) in die Stadt Turnu Mâgurele südwestlich von Bukarest verlegt. Alle Analysen, die dort unter der Leitung von Dr. I. Niederkorn vorgenommen wurden, ergaben zweifelsfrei, daß jenes Objekt aus einer komplexen Metallegierung hergestellt worden war. Die Legierung setzt sich aus zwölf verschiedenen Elementen zusammen, deren wichtigste anteilsmäßig sind: Aluminium (88,0%), Kupfer (6,2%), Silizium (2,84%), Zink (1,81%), Blei (0,41%) sowie Anteile von Zinn, Kadmium und anderen.

Aluminium ist zwar das in der Erdkruste am häufigsten vorkommende Metall, es liegt jedoch ausschließlich in gebundener Form, wie etwa im Aluminiumerz Bauxit, vor. Erstmalig wurde es 1854 in Frankreich hergestellt, in Reinstform sogar erst 1920 durch die Raffinationselektrolyse. Aus unserem modernen Leben ist Aluminium nicht mehr wegzudenken. Doch in geologischen Formationen, die ein Alter von mindestens einer Million Jahren aufweisen, scheint es etwas deplaziert!

Das Rätsel um das *Aiud-Objekt* wird indes noch geheimnisvoller. Denn die Metallurgen entdeckten auf dessen Oberfläche eine ungewöhnlich starke Schicht Aluminiumoxid. Für gewöhnlich überzieht sich Aluminium an der Luft schnell mit einem äußerst dünnen und widerstandsfähigen Oxidfilm. Dadurch wird jede weitere Oxidation gestoppt und das Aluminium außerordentlich korrosionsbeständig.

Beträgt dieser Film für gewöhnlich nur wenige eintausendstel Millimeter bei heutigen Gegenständen, so besitzt die Aluminiumoxid-Schicht des Aiud-Objekts hingegen eine Stärke von über einem Millimeter. Nur bei einem extrem hohen Alter von einigen hunderttausend Jahren wäre eine solche dicke Oxidschicht denkbar. Allerdings haben wir aus verständlichen Gründen keine Vergleichsdaten zur Verfügung.

Einer der Metallurgen aus dem Institut von Turnu Mâgurele bemerkte hierzu: »Es ist unglaublich, aber es scheint sich um Aluminium mit veralteter Struktur zu handeln, als hätten die anderen Elemente dieser Legierung ihre eigenen, ursprünglichen Gitterstrukturen wiedererlangt.«

All diese Fakten lassen nur die nachstehenden Schlußfolgerungen zu: Das Aiud-Objekt wurde, von wem auch immer, künstlich hergestellt. Und es ist so alt, daß zwischenzeitlich eine Entmischung der Elemente eingetreten ist.

Aber welchen Zweck könnte der Gegenstand erfüllt haben, der unser festgefügtes Weltbild so vehement aus den Angeln zu heben droht? Keiner der an der Untersuchung beteiligten Spezialisten konnte eine Ähnlichkeit mit gebräuchlichen Geräten oder Bauteilen feststellen. Erst ein Flugzeugingenieur schlug eine ebenso phantastische wie plausible Erklärung vor: Ihn erinnert das Artefakt an die Landeteller eines Forschungssatelliten, der wie vergleichbare Raumsonden der Amerikaner und Sowjets weich auf dem Boden aufzusetzen imstande ist.

Landete in vorgeschichtlicher Zeit eine *außerirdische Sonde* im Flußtal des Mures und verunglückte dabei, so daß einer der Landeteller abbrach und dort zurückblieb? Konnte das hypothetische Flugobjekt wieder abheben, oder befinden sich dessen Überreste noch tief unter den Schotter- und Geröllmassen westlich der Karpaten im heutigen Rumänien?

1975

Gesunken wie ein Stein

Ungeachtet der ausgefeilten Technik, über die unsere moderne Schiffahrt des ausgehenden zwanzigsten Jahrhunderts verfügt, ereignen sich doch noch immer Katastrophen, in deren Verlauf Schiffe unter mysteriösen Umständen verschwinden. Und dies mitunter so rasch, daß man sich fragt, welche unbekannten Kräfte wirken mögen, wenn Schiff und Mannschaft binnen kürzester Zeit von der Wasseroberfläche gefegt werden. Und in manchen Regionen hat es den Anschein, daß es ungewöhnlich häufig zu derart rätselhaften Vorfällen kommt.

Eine der ungewöhnlichsten Katastrophen ereilte den Frachter *Berge Istra*, der aufgrund seiner gewaltigen Wasserverdrängung von knapp 228 000 Tonnen auch »Grüner Riese« genannt wurde. Das Schiff sank geradezu in einem Augenblick am 29. Dezember 1975 über dem Mindanaograben, einem Meeresgebiet östlich der Philippinen, das Wassertiefen bis zu zehntausend Meter aufweist. Kurz zuvor hatte der Funkoffizier Ronald Le Marche seine Frau angerufen und ihr mitgeteilt, daß das Wetter gut und die See ruhig sei.

Nur zwei von den dreißig Besatzungsmitgliedern überlebten das Unglück, und auch dies nur, weil sie gerade auf dem Oberdeck mit Anstreicharbeiten beschäftigt waren. Die beiden gaben nach ihrer Rettung an, daß sie im selben Augenblick, als sie ins Meer geschleudert wurden, Explosionen gehört hätten. Experten glaubten ihnen jedoch nicht, denn es wurden keinerlei Wrackteile gefunden, die zweifellos an der Oberfläche getrieben wären, hätte tatsächlich eine Explosion stattgefunden.

Im Laufe der Untersuchungen kam auch der Verdacht auf, moslemische Extremisten von der Philippinen-Insel Mindanao hätten die *Berge Istra* überfallen und versenkt. Diese Theorie erklärt jedoch nicht, warum die beiden Überlebenden nichts von dem angeblichen Überfall gemerkt haben, ebensowenig deren hartnäckige Beteuerungen, sie hätten Explosionen gehört.

Gibt es eine Erklärung für das rätselhafte Unglück, das so schnell über das Schiff hereingebrochen ist, daß nicht einmal mehr ein Funkspruch abgesetzt werden konnte? Wäre ein *Tsunami* des sinistren Rätsels Lösung? *Tsunami* ist eine im Pazifik vorkommende Riesenwelle, die durch seismische Bewegungen des Meeresbodens ausgelöst wird. In diesem Fall wären es keine Explosionsgeräusche gewesen, die die Überlebenden gehört hätten, sondern das Donnergrollen des *Tsunami*, bevor er das Schiff gepackt und auf den Meeresboden gesetzt hat. Da ein *Tsunami* nicht von Stürmen ausgelöst und begleitet wird, könnte dies die guten Wetterverhältnisse erklären, von denen der Funkoffizier kurz vorher zu seiner Frau sprach. Allerdings pflanzen sich die *Tsunami*wellen in der Regel über weite Distanzen im Meer fast unmerklich fort und bauen sich erst in Küstennähe zu ihrer alles zerstörenden Größe auf.

Sehr wahrscheinlich sorgten die 188 000 Tonnen Eisenerz, welche die *Berge Istra* an Bord hatte, dafür, daß das Schiff rasch nach unten gezogen wurde. Der norwegische Reeder Sigvald Bergeson, dem der Frachter gehörte, war schockiert von dem unglaublich schnellen Verschwinden und konnte sich auch die abgebrochene Funkverbindung unmittelbar vor dem Untergang nicht erklären. Dazu galt die *Berge Istra* mit ihren vier Jahren beinahe als neu, und sie war mit der modernsten Navigationstechnik und den besten Sicherheitseinrichtungen ausgerüstet. Was das Rätsel noch größer macht, ist die Tatsache, daß ihr Schwesterschiff gerade drei Jahre und zehn Monate später in derselben Region unter denselben mysteriösen Umständen unterging. Die *Berge Vanga* war von Südafrika nach Japan unterwegs, als unvermittelt der Funkkontakt abbrach. Auch von ihr wurden keine Spuren mehr gefunden, und von der vierzigköpfigen Besatzung überlebte diesmal niemand das Unglück. Die beiden Riesenschiffe wurden auf derselben Werft gebaut, gehörten derselben Reederei, befuhren dieselbe Route und beförderten auch dieselbe Ladung. Daß sie auch dasselbe Schicksal teilten, ist der Stoff, aus dem Legenden entstehen …

Doch nicht nur in bestimmten Meeresgebieten kommt es zu mysteriösem Verschwinden zum Teil großer Schiffe. Auch die »Großen Seen« in Nordamerika, der Welt größtes Süßwasservorkommen, fordern Jahr für Jahr eine so große Anzahl an Opfern, daß dort gleichfalls über geheimnisvolle Kräfte spekuliert wird.

Genau sieben Wochen, bevor die *Berge Istra* bei Mindanao von ihrem rätselhaften Schicksal ereilt wurde, traf es ein ähnlich großes Schiff auf den obengenannten Binnenseen, die sich Kanada und die USA teilen. Die *Edmund Fitzgerald* war mit ihren 222 Metern Länge der Stolz der Oberen Seen. Sie hatte 26 000 Tonnen Eisenschrott geladen, als sie am 10. November 1975 auf dem Weg vom Lake Superior zu den Hochöfen der Autometropole Detroit in kürzester Zeit verschwand. Ihr Kapitän Ernest McSorley funkte dem ihr folgenden Schiff, der *Arthur Anderson*, um 19 Uhr 10, daß er wegen des hohen Seegangs etwas Wasser an Bord habe. Obwohl sein Schiff nicht gefährdet war, bat er darum, mit ihm in Sicht- und Radarkonktat zu bleiben.

Ein paar Minuten nach jenem Funkkontakt verschwanden sowohl die Lichter der *Edmund Fitzgerald* als auch ihr Spot auf dem Radarschirm von einem Moment zum anderen. Erst einundzwanzig Monate später, im August 1977, wurde das Wrack in hundertsiebzig Metern Tiefe gefunden – fein säuberlich in zwei Hälften geteilt. Von den neunundzwanzig Besatzungsmitgliedern hatte niemand das Unglück überlebt. Im Jahre 1978 stellte die US-Verkehrssicherheitsbehörde fest, daß die Lukendichtungen des Frachters schadhaft gewesen waren. Dies erklärt aber nicht den so beängstigend raschen Untergang.

Das ungeklärte Schicksal des Schiffes regte den kanadischen Folk-Musiker Gordon Lightfoot zu einer der schönsten Balladen der Pop-Geschichte an, »The Wreck of the Edmund Fitzgerald«. »The legend lives on …« – »Die Legende lebt fort …«, heißt es in dem Song, und damit hat der Künstler recht: Schließlich sind es rätselhafte Katastrophen wie die der *Edmund Fitzgerald* und der *Berge Istra,* die den Stoff abgeben für die modernen Legenden des zwanzigsten Jahrhunderts.

1976
Die ominösen Männer in Schwarz

Ein unheimlicher Aspekt, der das »moderne« UFO-Phänomen bereits seit seinen Anfängen begleitet, sind die »Men in Black«, jene ominösen, zumeist schwarzgekleideten Gestalten, durch die sich unzählige Augenzeugen, aber auch UFO-Ermittler massiv unter Druck gesetzt sahen.

Der Ablauf eines Besuches jener »MIB« folgt einem mehr oder weniger regelmäßigen Schema. Fast sofort nach einer UFO-Begegnung bekommt der Augenzeuge – oder der UFO-Ermittler – ungebetenen Besuch. Dieser erfolgt zuweilen so kurz nach einer Sichtung, daß noch keinerlei Veröffentlichung in den Medien stattgefunden haben konnte. Der oder die »Besucher« können somit ihre Kenntnisse über den Vorfall und die daran Beteiligten kaum auf »normalen« Wegen erhalten haben.

Das Opfer ist für gewöhnlich allein, meist zu Hause. Manchmal scheuen die Männer in Schwarz auch nicht davor zurück, ihrer Mission auf der Straße nachzugehen. Dann fahren die finsteren Gestalten mit einem großen schwarzen Auto vor, älteren Baujahrs, jedoch wie neu wirkend. Merkt sich der von ihnen Heimgesuchte die Fahrzeugnummer, stellt sich mit unheimlicher Regelmäßigkeit heraus, daß das Kennzeichen nicht existiert.

Vom Typ her werden die MIB als fremdartig beschrieben, bisweilen mit einem orientalischen Einschlag. Sie wirken geradezu bizarr, in den Bewegungen steif und ungelenk, irgendwie mechanisch. Auf ihre Opfer wirken sie unheimlich und bedrohend, und mehrere Zeugen hatten sogar den Eindruck, es nicht mit menschlichen Wesen zu tun gehabt zu haben.

Hin und wieder legitimieren sich jene *Men in Black* mit Ausweisen der Armee, der Luftwaffe oder eines der Nachrichtendienste. Wagen es die Zeugen, trotz massivster Einschüchterungen, bei einer angegebenen Dienststelle nachzufragen, erweisen sich Namen und Dienstränge ausnahmslos als falsch. Der »Besuch« endet in aller

Regel mit der nachdrücklichen Warnung, kein Wort über die UFO-Beobachtung auszusagen beziehungsweise alle Nachforschungen unverzüglich einzustellen.

Manchmal scheinen diese sinistren Gestalten über Mittel und Fähigkeiten zu verfügen, die in einer Grauzone weitab unserer »gesicherten Realität« angesiedelt sind, wie der folgende Fall plastisch zu illustrieren weiß.

Im September 1976 war der damals achtundfünfzigjährige Arzt und Hypnotiseur Dr. Herbert Hopkins in die Recherchen zu einem UFO-Entführungsfall involviert, der sich im US-Bundesstaat Maine zugetragen hatte. Eines Abends, als seine Frau und die Kinder unterwegs waren, läutete sein Telefon. Ein Unbekannter stellte sich als Vizepräsident der »UFO-Forschungsorganisation von New Jersey« vor und bat Hopkins, ihn wegen einer Unterredung über diesen Fall besuchen zu dürfen.

Hopkins sagte zu und ging zur hinteren Haustür, um das Außenlicht einzuschalten, denn der Anrufer hatte sein baldigstes Erscheinen angekündigt. Doch als er an der Tür war, kam dieser Fremde bereits die Verandatreppe herauf. Der Arzt wunderte sich, da er kein Auto gesehen oder gehört hatte. Und selbst wenn der Besucher eines gehabt hätte, wäre es ihm von keinem Telefon aus möglich gewesen, so rasch bei Hopkins zu sein.

Trotz des unguten Gefühls, das ihn beschlich, bat Dr. Hopkins den Fremden herein. Der Mann trug einen schwarzen Anzug, einen schwarzen Hut, eine schwarze Krawatte, jedoch ein weißes Hemd. Auch Schuhe und Socken waren schwarz. Als der Unbekannte seinen Hut abnahm, sah Dr. Hopkins, daß dieser weder Haupthaar noch Augenbrauen und Wimpern besaß. Sein Teint wirkte leichenblaß, doch die Lippen leuchteten im Gegensatz dazu hellrot. Im Verlauf des Gesprächs fuhr sich der Besucher mit seinen grauen Handschuhen über die Lippen, und erstaunt bemerkte Dr. Hopkins, daß die Farbe von einem Lippenstift stammte.

Nachdem Dr. Hopkins seinem »Gast« von dem bewußten UFO-Fall berichtet hatte, wechselte jener plötzlich das Thema. Er sagte zu dem Arzt, daß selbiger zwei Münzen in der Tasche trage, was auch zutraf. Er erbat sich eine davon, und forderte seinen zunehmend nervösen Gastgeber auf, jenes Geldstück auf seiner Handfläche genau zu beobachten. Als Hopkins tat wie ihm befohlen, lösten sich die Konturen der Münze langsam auf, bis diese zur Gänze verschwand. Schließlich sagte der unheimliche »Gast« mit kryptischen Worten: »Weder Sie noch irgend jemand auf dieser Ebene wird sie je wiedersehen!«

Eine Weile drehte sich die Unterhaltung der beiden noch um das UFO-Phänomen, dann wurde die Sprache des Fremden langsamer und stockender. Unbeholfen stand er auf und stammelte, daß nun seine Energie zu Ende sei und er gehen müsse. Taumelnd bewegte er sich zur Tür, tastete sich Stufe um Stufe die Treppe hinunter. Plötzlich sah Hopkins in der Einfahrt ein bläulich-weißes Licht, das ungleich heller leuchtete, als es ein Scheinwerfer vermocht hätte. Der Unbekannte war verschwunden.

Doch er muß bei Dr. Herbert Hopkins bleibende Eindrücke hinterlassen haben. Denn als nur kurze Zeit später dessen Frau und Kinder zurückkehrten, fanden sie ihn vollkommen verstört und in Panik vor. Im Haus brannten sämtliche Lichter, und auf dem Tisch, an dem er saß, lag sein durchgeladenes Gewehr. In der Einfahrt fanden sie seltsame Spuren, die nicht von einem Auto stammten, und in der Folgezeit gab es wiederholt Störungen des Telefons sowie anonyme Anrufe.

Doch was sich am nachhaltigsten auswirkte: Dr. Herbert Hopkins gab auf der Stelle alle Nachforschungen über den UFO-Entführungsfall auf und löschte sämtliche Tonbandaufzeichnungen, die er von den Hypnosesitzungen gemacht hatte. Offensichtlich hatte der ominöse *Man in Black* erreicht, was er sich vorgenommen hatte, und durch massive Einschüchterung die Nachforschungen zum Erliegen gebracht.

Überflüssig auch, zu erwähnen, daß es die genannte »UFO-Forschungsorganisation von New Jersey« niemals gegeben hat ...

Was geschah mit Korporal Valdes?

Putre ist ein kleiner Ort in den Anden Nordchiles, im Dreiländereck zwischen Chile, Bolivien und Peru gelegen. Außerhalb der 2000-Seelen-Gemeinde liegt, von den Bergen eingerahmt, ein winziger Vorposten der dort stationierten Garnison. Was in den frühen Morgenstunden des 25. April 1977 dort geschah, wird als *Fall Valdes* in den Annalen des UFO-Phänomens als einer der rätselhaftesten Entführungsfälle zitiert.

Gegen 4.15 Uhr früh an diesem schicksalhaften Aprilmorgen saßen sechs Soldaten der chilenischen Armee um ein Lagerfeuer, während zwei weitere Kameraden in der Nähe Wache schoben. Ohne Vorwarnung tauchten am Himmel zwei blendend helle Flugobjekte auf, die sich langsam herabsenkten und umhermanövrierten. Wie die Soldaten später übereinstimmend bezeugten, ging eines der beiden UFOs hinter einem der nahen Berge nieder; über dem Landeplatz war ein heller Schein zu beobachten. Das andere Objekt schwebte dagegen nur wenige hundert Meter von den Männern entfernt dicht über dem Boden, kam schließlich nahe an die Truppe heran. Es besaß eine violett leuchtende Färbung, und im Objekt schienen sich zwei intensiv rote Punkte zu befinden.

Angesichts der bedrohlich erscheinenden Situation befal der Patrouillenführer, der damals zweiundzwanzigjährige Unteroffizier Armando Valdes, seinen Männern, sofort in Gefechtsposition zu gehen. Als das unbekannte Objekt noch näher an die Gruppe herankam, machte Valdes sich selbst auf, um die mysteriöse Erscheinung zu untersuchen. Was unmittelbar hierauf geschah, ließ seinen Soldaten das Blut in den Adern gefrieren.

Aus der wenige Meter über dem Boden schwebenden Untertasse, unter der der Korporal gerade stand, schoß ein blendend heller Lichtstrahl. Im nächsten Augenblick war Valdes wie vom Erdboden verschluckt. Das Ganze geschah nur wenige Meter von seinen zu Tode erschrockenen Kameraden entfernt. Daraufhin flog auch das

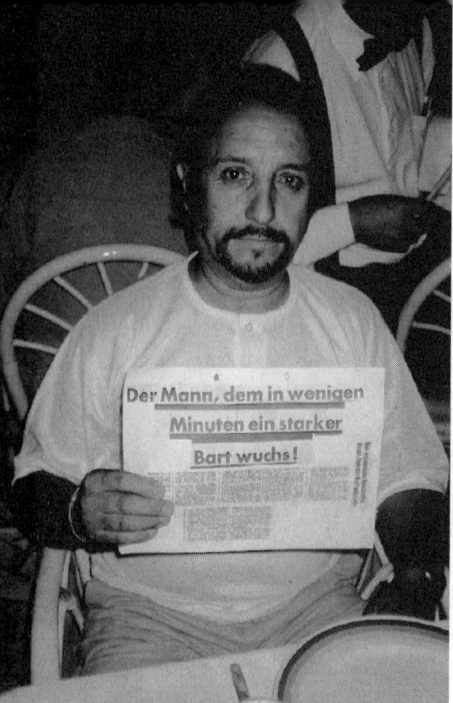

Objekt davon. Als sich der erste Schock gelegt hatte, begannen die Soldaten fieberhaft ihren Offizier zu suchen, jedoch fürs erste fanden sich keine Spuren von dem so plötzlich Verschwundenen. Panik machte sich breit.

Kaum zwanzig Minuten später tauchte Valdes wieder auf – so, als hätte er sich wieder *materialisiert*. Er wollte seinen Leuten etwas mitteilen, doch nur wirre, unverständliche Laute drangen aus seinem Mund. Dann fiel er in Ohnmacht.

Erst gegen 7.00 Uhr an jenem Morgen erlangte der Unteroffizier sein Bewußtsein wieder.

Abb. 27 Der Lehrer Don Pedro Araneda im Frühjahr 1996 mit einem Zeitungsbericht über den Entführungsfall Valdes.

Nun offenbarte ein Blick auf dessen Armbanduhr höchst Erstaunliches. Diese zeigte nämlich noch immer 4.30 Uhr an – exakt die Zeit, zu der der Korporal wieder aufgetaucht war. Nur der Datumsanzeiger seiner Uhr war um volle fünf Tage vorgerückt. Und was noch unheimlicher war: Valdes war während der viertelstündigen Abwesenheit ein Bart gewachsen, als hätte er sich fünf Tage lang nicht rasiert. Anders ausgedrückt: Armando Valdes war in kaum zwanzig Minuten um fünf Tage älter geworden!

Nur wenig später an jenem Morgen kamen die unheimlichen Geschehnisse dem damaligen Schullehrer von Putre, Don Pedro Araneda, zu Ohren. Der eilte sofort mit seinem kleinen Kassettenrecorder zum Schauplatz des Geschehens, wo es ihm gelang, noch vor den Zensurmaßnahmen des Militärs ein Interview mit den Be-

Abb. 28 Hinter diesem Militärposten wurde Armando Valdes entführt.

teiligten aufzunehmen. Araneda verdanken wir einen detaillierten Bericht über die Valdes-Entführung.

Don Pedro Araneda traf ich am 26. Februar 1996 in Arica, im Norden Chiles an der Grenze zu Peru gelegen. Zu diesem Treffen brachte der Lehrer auch die Original-Tonbandaufnahmen jenes unvergessenen 25. April 1977 mit. Simultan von einer Dolmetscherin übersetzt, vermittelten sie noch immer lebhafte Eindrücke von den damaligen Ereignissen. An den aufgeregten, sich zuweilen vor Panik überschlagenden Stimmen Valdes' und seiner Kameraden konnte man miterleben, welch emotionaler Ausnahmezustand nach der Abduktion des Soldaten geherrscht hatte. Immer wieder hörte man Gebete und flehentliches Bitten, daß das Ganze doch nur ein böser Traum sein möge. Doch es war die harte Realität, was dort, am Ende der Welt, vor sich gegangen war.

In Gesprächen mit Don Pedro Araneda und einem Ortstermin am noch heute existierenden Vorposten der Garnison von Putre vermochte ich weitere Einzelheiten zu recherchieren, die damals – 1977 – nicht bekannt geworden waren. So konnte sich Valdes daran erinnern, daß jene fremden Wesen, die ihn an Bord des UFOs entführt hatten, ihn darauf hinwiesen, daß dies nicht das erste Mal in seinem Leben sei, daß er so etwas sehe. Auch fügten sie das Versprechen hinzu, wiederzukommen.

Noch am Morgen der Entführung wurde Valdes vom Militär völlig abgeschirmt, ebenso die anderen Zeugen des Zwischenfalls. Von Putre aus wurde der Korporal zunächst nach Arica gebracht, und von dort aus in die Hauptstadt Santiago de Chile geflogen, wo er in ein Militärhospital eingeliefert wurde.

Nach etwa einem Jahr kam er, in Begleitung zweier Männer in Zivil, noch einmal nach Putre zurück. Er holte persönliche Sachen ab und durfte sich von Freunden verabschieden. Kam jedoch die Rede auf die Entführung, blockten die beiden Männer, allem Anschein nach Agenten des Militärgeheimdienstes, jegliches Gespräch rigoros ab. Armando Valdes wird noch heute völlig abgeschirmt. Wie ich in Arica erfahren konnte, ist er seit seiner Entlassung aus dem Militärhospital in Conception stationiert, einer Garnison, fünfhundert Kilometer südlich der Hauptstadt. Im wahrsten Sinn des Wortes am Ende der Welt.

Valdes ist seit einigen Jahren verheiratet und hat auch eine Tochter. Diese leidet, den Informationen zufolge, an einer »unbekannten Krankheit«. Hinsichtlich der Symptome stehen die Ärzte vor einem Rätsel. Nachwirkungen der Entführung, möglicherweise Folgen einer Verstrahlung des Vaters? Man kann bestenfalls spekulieren. Wie auch bei der Frage, ob die fremden Wesen ihr Versprechen, wiederzukehren, mittlerweile eingelöst haben. In Conception kam es nämlich 1979 erneut zur Sichtung unidentifizierter Flugobjekte. In diesem Fall funktionierte die militärische Zensur besser als in Putre, daher erfuhr die Welt bislang nichts darüber.

Warum decken Regierende und Militärs in aller Welt noch immer einen Mantel des Schweigens über Vorfälle dieser Art? Ist die Wahrheit, die *da draußen* liegt, zu gefährlich für uns?

1978

Papst für dreiunddreißig Tage

Am 6. August 1978 starb Papst Paul VI., der seiner Nachwelt vor allem dadurch in Erinnerung blieb, daß er in seiner Enzyklika *Humanae Vitae* den Gläubigen strikt den Gebrauch der Antibabypille verbot. Es folgten drei Wochen der Sedisvakanz genannten, papstlosen Zeit, in denen Kardinalstaatssekretär Jean Villot als Statthalter die Amtsgeschäfte des verstorbenen Pontifex führte.

Am 26. August 1978 wurde das Konklave abgehalten, die Zusammenkunft der Kardinäle und Erzbischöfe zur Wahl des neuen Papstes. Im vierten Wahlgang wurde der im sechsundsechzigsten Lebensjahr stehende Albino Luciani gewählt, bis zu diesem Zeitpunkt Erzbischof von Venedig. Mit fünfundsechzig Jahren beinahe noch ein »Youngtimer« unter den Päpsten, sollte seine Regierungszeit nur dreiunddreißig Tage betragen, und Johannes Paul I., wie er sich nannte, sollte als der »lächelnde Papst« in unser aller Erinnerung bleiben.

Wer als unbefangener Beobachter den Beginn der Amtszeit Lucianis miterlebte, konnte sich nicht vorstellen, daß in diesem Mann eine Machtfülle verkörpert war, die ein Fünftel der Weltbevölkerung beeinflußte. Die Bescheidenheit und Demut, die der sympathische Italiener ausstrahlte, ließ manchen glauben, sein Pontifikat würde wenig Neues bringen. Die Eingeweihten wußten es besser: Albino Luciani hatte revolutionäre Pläne!

Als Papst Johannes Paul I. hatte er mit Sicherheit vor, ein paar überholten Dogmen der katholischen Kirche endlich den Garaus zu machen. Als Beispiel sei hier nur die kategorische Ablehnung jeglicher Form der künstlichen Empfängnisverhütung genannt: Dieses sture Veto trifft eine maßgebliche Schuld an der Überbevölkerung und Verelendung in vielen Ländern der »dritten Welt«. Luciani hätte dieser verantwortungslosen Sturheit, welche die Kurie in der Angelegenheit noch immer zeigt, den Todesstoß versetzt. Er plante nämlich, am 23. und 24. Oktober 1978 eine Abordnung des amerikanischen Kongresses zu empfangen. Das einzige Thema bei diesem Treffen wäre die Geburtenkontrolle gewesen. Wie Johannes Paul I. über das Thema wirklich dachte, berichtete Jahre später sein Privatsekretär Pater Diego Lorenzi:

»Ich weiß von der Phase des Eisprungs bei einer Frau, und daß diese Phase ihrer Fruchtbarkeit zwischen vierundzwanzig und sechsunddreißig Stunden währt. Selbst wenn man eine Lebensdauer von achtundvierzig Stunden für den männlichen Samen annimmt, beträgt die Zeitspanne, in der eine Empfängnis möglich ist, weniger als vier Tage. Bei einer regulären Monatsblutung bedeutet dies: Vier Tage Fruchtbarkeit und vierundzwanzig Tage Unfruchtbarkeit. Wie, in aller Welt, kann es eine Sünde sein, aus vierundzwanzig Tagen achtundzwanzig zu machen?«

In den Ohren der vatikanischen Gralshüter muß dieses Statement wie eine offene Kriegserklärung, wie das Signal zum Sturm auf die letzte Bastion der Moral geklungen haben. Tatsächlich aber zeugte die Einstellung Johannes' Paul I. von Realismus und großer Verantwortung, wie dies in einem anderen Gespräch mit dem vatikanischen Staatssekretär, Erzbischof Jean Villot, zum Ausdruck kam:

»Eminenz – wir haben jetzt eine Dreiviertelstunde lang über Empfängnisverhütung diskutiert. Wenn die Angaben, die man mir gegeben hat, diese verschiedenen Statistiken, wenn diese Angaben also stimmen, dann sind in der Zeit unseres Gesprächs mehr als tausend Kinder von weniger als fünf Jahren an Unterernährung gestorben. In der kommenden Dreiviertelstunde, während Sie und ich uns auf unsere nächste Mahlzeit freuen, werden gleichfalls tausend Kinder an Unterernährung sterben. Morgen um dieselbe Zeit werden dreißigtausend Kinder, die in diesem Moment noch am Leben sind, tot sein – an Unterernährung gestorben. Nicht immer sorgt der Herr dafür, daß uns an nichts mangelt.«

Dieser weltoffene, aufgeschlossene Kirchenmann, der tatsächlich frischen Wind in die seit vielen Jahrhunderten verkrustete Hierarchie bringen wollte, hatte wohl schnell durchblickt, welche finsteren Machenschaften sich hinter den Mauern des Vatikans verbargen. In seiner aufsehenerregenden, gleichsam überzeugend und sauber recherchierten Studie »Im Namen Gottes« gelang dem englischen Sachbuchautor David A. Yallop der Nachweis, daß der »33-Tage-Papst« Johannes Paul I. einem heimtückischen Mordanschlag zum Opfer gefallen ist.

Vordergründigstes Motiv für die hinterhältige Tat waren die Erkenntnisse, wie unglaublich tief der Vatikan und dessen Bank in sehr unsaubere Finanzgeschäfte der Mafia einerseits und der skandalumwitterten Freimaurer-Geheimloge »P2« zum anderen verstrickt waren. In den dreiunddreißig Tagen, in denen er an der Spitze der katholischen Kirche stand, hatte der neugewählte Papst bereits all jene notwendigen Schritte in die Wege geleitet, um diesen unglaublichen Sumpf der Kriminalität und Korruption ein für allemal trockenzulegen.

Die Mörder waren indes schneller. Irgendwann zwischen 21.30 Uhr am 28. September und 4.30 Uhr am Morgen des 29. September 1978 fiel der »lächelnde Papst« einem höchstwahrscheinlich mit Gift verübten Attentat zum Opfer. In diesen Stunden war unsere Welt ärmer geworden – um einen Mann, der in kürzester Zeit die Herzen der Menschen erobert hat.

Was jedoch bleibt, sind Rätsel und Spekulationen. Möglicherweise hätte dieser Papst sogar den Mut besessen, einige der seit langer Zeit in den Geheimarchiven des Kirchenstaats gehüteten, »unbequemen« Tatsachen zu veröffentlichen. Das »Dritte Geheimnis von Fatima« kommt mir da in den Sinn, oder so manche technischen und wissenschaftlichen Geheimnisse, die sich unter den gutbewachten Gewölben des Vatikans verbergen mögen. Vieles, was uns noch immer vorenthalten wird, wäre vielleicht gelüftet worden, und unser aller Weltbild hätte schon vor zwanzig Jahren jene dringend notwendigen Veränderungen erfahren, die längst überfällig geworden sind.

Das Problem wird immer akuter: Denn heute, an der Schwelle zum dritten Jahrtausend, verlangen unzählige Fragen nach einer befriedigenden Antwort!

»Bigfoot« ist draußen!

In einem der vorangegangenen Kapitel schrieb ich über eine menschenähnliche Spezies, welche die Höhenregionen des Himalaya zu ihrer Zuflucht erkoren haben soll: der Schneemensch oder *Yeti*. Dieses Phänomen scheint jedoch nicht auf die eisigen Bergregionen Zentralasiens beschränkt zu sein, denn Berichte über Sichtungen jener Tiermenschen liegen uns aus allen Kontinenten dieses Planeten vor.

Die Namen, welche man ihnen gegeben hat, sind so vielfältig wie die Regionen, in denen sie leben sollen: In Sibirien nennt man sie *Chuchunaa*, in Vorderasien *Almas* und in Nordamerika *Bigfoot* oder *Sasquatch*. Sogar Australien nimmt die Existenz jener Wesen, die entwicklungsgeschichtlich an der Schwelle vom Tier zum Menschen stehen sollen, für sich in Anspruch. Dort werden sie *Yowie* genannt.

Die meisten einschlägigen Berichte der letzten fünfzig Jahre kamen aus Nordamerika und Kanada, wo ausgedehnte, teilweise völlig unbewohnte Waldgebiete als letztes Refugium dieser urtümlichen Geschöpfe dienen könnten. Und doch kommt es immer wieder zu Konfrontationen mit ihnen – oder mit uns, so man es mit den Augen jener »Anderen« sieht.

Im April 1979 sah sich der damals sechzehnjährige Tim Meissner in der Nähe des Hauses seiner Eltern in British Columbia (Kanada) innerhalb von drei Tagen zweimal demselben *Bigfoot* gegenüber. Beim erstenmal befand er sich mit ein paar Freunden beim Fischen am Dunn Lake. Plötzlich hörten sie ein aufgeregtes Kreischen und entdeckten am gegenüberliegenden Ufer des kleinen Waldsees einen großgewachsenen Bigfoot. Als die Jungen auf ihn zuliefen, nahm er eilends Reißaus. Sie suchten die ganze Umgebung nach ihm ab, doch alles, was sie fanden, war ein kapitaler Hirsch mit einem gebrochenen Genick. Sein unbekannter »Jäger« hatte ihn mit Moos und Ästen gut getarnt.

Zwei Tage später kehrte Tim Meissner mit vier Freunden zur gleichen Stelle zurück. Diesmal trugen die Jugendlichen Gewehre bei sich. Sie trennten sich und machten sich auf die Suche nach dem legendenumwobenen Geschöpf. Tim Meissner hatte unwahrscheinliches Glück, was man jedoch von der Kreatur nicht sagen konnte. Denn diese stand ganz plötzlich, wie aus dem Boden gewachsen, vor dem Sechzehnjährigen. Ohne auch nur einen Augenblick zu zögern, schoß der Junge mit seiner großkalibrigen Winchester auf den Bigfoot. Der brach verletzt zusammen, rappelte sich aber wieder auf und flüchtete in den Wald.

Abb. 29 Ein im Jahr 1967 gedrehter Amateurfilm hielt dieses einzigartige Bigfoot-Bild fest.

Als Tim Meissner die Gestalt zum erstenmal sah, stand diese knapp fünfzig Meter von ihm entfernt neben einem Baum. Zwei Tage später kehrte er an die Stelle zurück, und anhand der exakten Beschreibung und der Vergleichsmöglichkeit mit dem Baum war es machbar, die Größe des Bigfoot einigermaßen genau zu errechnen: Es waren stolze zwei Meter siebzig. Als er dem Koloß Auge in Auge gegenüberstand, schätzte Meissner seine Schulterbreite auf ein Meter zwanzig.

Östlich des Ural-Gebirges erstrecken sich die endlosen Weiten der dort noch kaum besiedelten ehemaligen Sowjetunion. Es sind gleichfalls ideale Rückzugsgebiete für bisher unentdeckte, an der Schwelle zur Intelligenz stehende Spezies. Möglicherweise gab es vergleichbare Kreaturen auch lange Zeit in Europa, doch hier existieren sie nur mehr in der Legende weiter. Je mehr der Mensch in

241

die letzten Reservate der Natur eindringt, desto aussichtsloser wird auch der Kampf ums Überleben für diese Wesen, die möglicherweise unsere nächsten Verwandten sind. In den letzten Jahren haben sich zahllose Expeditionen in die Weiten Asiens aufgemacht, um die dort *Almas* oder *Chuchunaas* genannten Zeitgenossen Bigfoots aufzuspüren.

So etwa im Bergland von Pamir, einer entlegenen Gegend, die im Grenzbereich des einstigen Sowjetreiches zu Afghanistan und China liegt. Es ist ein wildes Land mit Gletschern, Eisfeldern und aufragenden Bergspitzen, hier und da von grünen Wiesen und Waldland unterbrochen. In jüngerer Zeit zogen etliche Amateur-expeditionen in das tiefergelegene Gissar-Gebiet im Pamir und fanden bemerkenswerte Hinweise auf die Existenz urtümlicher, großer Tiermenschen. Es konnten viele Augenzeugenberichte festgehalten werden, aber auch Fußspuren jener geheimnisumwobenen Wesen. Der Russe Igor Bourtsev stieß beispielsweise am 21. August 1979 auf eine Fährte. Hiervon brachte er den Gipsabguß eines Fußabdruckes mit, der 32,5 Zentimeter in der Länge und sechzehn Zentimeter Breite bei den Zehen maß, und präsentierte ihn der erstaunten Öffentlichkeit.

Angesichts dieser Fülle von wirklich guten Indizien für die Existenz solcher »Tiermenschen« ist es beschämend, daß die offizielle Wissenschaft diesem Rätsel so gut wie überhaupt keine Aufmerksamkeit widmet. Hier wird eine einmalige Chance vertan. Einzig ein paar wenige Außenseiter mit bescheidenen finanziellen Mitteln haben sich aufgemacht, nach den Beweisen zu suchen, solange es noch nicht zu spät ist. Das wissenschaftliche Establishment hingegen verharrt in seinem Elfenbeinturm.

Vielleicht ist es bald zu spät. Denn leider ist zu befürchten, daß lebende Fossilien in einer Welt wie der unsrigen kaum reelle Überlebenschancen haben und wohl bald endgültig ausgerottet sein werden.

Helter-skelter: Warum mußte John Lennon sterben?

Als die Nachricht von seiner Ermordung bekannt wurde, reagierte die Welt mit Trauer und Entsetzen. Das Idol einer ganzen Generation war tot, brutal dahingemeuchelt von einem offenbar geistesgestörten Täter. Hinter dieser Tragödie jedoch verbirgt sich vielleicht mehr – etwas, das in die unergründlichen Gefilde dunkler Mächte zu führen scheint …

New York, am 9. Dezember 1980, spätabends gegen 23 Uhr. Vor dem »Dakota Appartement House« an der 72. Straße, dort, wo der Central Park beginnt, hält ein Wagen. John Lennon und Yoko Ono kommen an diesem Abend aus dem Plattenstudio zurück. Sie gehen gerade auf das Gebäude zu, in dem sie ein Appartement bewohnen, als aus der Dunkelheit ein Mann auf sie zukommt. »Mr. Lennon?« fragt der Unbekannte. Als sich der Ex-Beatle zu ihm umwendet, blitzt das Mündungsfeuer eines .38er Revolvers auf.

»Ich bin getroffen!« schreit John Lennon. Blutüberströmt schleppt er sich bis zu den Stufen vor der Eingangstür des Dakota-Hauses. Aber der Attentäter schießt weiter, bis der Popstar mit vier Revolverkugeln im Leib zusammenbricht. Der Portier der noblen Wohnanlage, der die Polizei alarmiert, stellt dem jungen Mann mit der noch rauchenden Waffe in der Hand die Frage, ob er weiß, was er getan hat. Woraufhin jener grinsend erwidert: »Ja, ich habe gerade John Lennon erschossen.«

Wenige Minuten später wird der verblutende Rockstar in das Roosevelt Medical Center gebracht, doch in der Klinik kann ihn niemand mehr retten. John Lennon ist tot – erschossen von dem damals fünfundzwanzigjährigen Marc David Chapman, der eigens von Honolulu (Hawaii) nach New York geflogen war, um einen der berühmtesten Musiker aller Zeiten umzubringen.

Später, beim ersten Verhör, gab Chapman zu Protokoll: »Ich hörte die Stimme des Teufels. Er befahl mir, Lennon zu erschießen.« Nur wenige Stunden vor seiner Tat hatte er sich noch von John Lennon das Cover der gerade erschienenen LP »Double Fantasy« signieren lassen. Der Attentäter wurde des vorsätzlichen Mordes für schuldig befunden und zu lebenslanger Haft verurteilt. Soweit die *bekannten* Fakten.

Was hingegen so gut wie unbekannt sein dürfte, sind einige Umstände, die anklingen lassen, daß – so verrückt dies klingen mag –, vielleicht wirklich irgendwelche finsteren Mächte in den Tod des Ex-Beatles involviert waren, denn bezüglich dessen Person und Werk gibt es einige Hinweise in diese Richtung.

Schon seit dem Erscheinen des Songs *Helter-skelter* auf dem 1968er »Weißen Doppelalbum« der Beatles werden darüber sonderliche Dinge behauptet. Rückwärts gespielt, seien satanische Botschaften herauszuhören. Derlei wird nun auch von anderen, zu Klassikern gereiften Rocksongs gesagt, wie etwa über *Stairway to Heaven* von Led Zeppelin. Und ich muß gestehen, daß ich – obwohl stolzer Besitzer einer limitierten Sonderpressung des Albums in weißem Vinyl – noch nicht das Bedürfnis verspürt habe, *Helter-skelter* rückwärts zu hören.

Verbürgt ist hingegen ein Satz, den John Lennon 1967, im erfolgreichsten Jahr der Beatles, von sich gab. Er sagte nämlich, daß er seine Seele dem Satan verkauft hätte, als Preis für den Erfolg, der ihm dafür beschieden sei. Ist die obenerwähnte Bemerkung Chapmans beim Verhör, er habe die Stimme Satans gehört, nur Schutzbehauptung oder Wahn eines irren Attentäters – oder befahl tatsächlich irgendeine »finstere Wesenheit« dem labilen Täter, den Mord an der lebenden Legende Lennon zu verüben?

Noch seltsamere Zusammenhänge treten zutage, wenn man einige Aspekte jener Örtlichkeit beleuchtet, wo John Lennon erschossen wurde. Im Dakota Appartement Building, von der New Yorker Bevölkerung auch mit einem leichten Grauen als »Das Schloß« bezeichnet, hatte sich das Ehepaar Lennon/Ono schon in den siebziger Jahren eine Wohnung gekauft. Genau im selben Gebäude drehte 1967 der amerikanische Starregisseur Roman Polanski den Psycho-Schocker *Rosemarie's Baby*. Diese Elegie des Bösen rankt sich um ein Kind, das vom Satan gezeugt und von einer nichtsahnenden Frau zur Welt gebracht wird. Während der Dreharbeiten soll es zu unerklärlichen Poltergeist-Manifestationen und Unfällen gekommen sein. Bekanntlich wurde auch Polanskis Ehefrau Sharon Tate ermordet – von Charles Manson, welcher sich ebenfalls auf einen Befehl Satans berief.

Mia Farrow wiederum, die die Hauptrolle in *Rosemarie's Baby* spielte, weilte im Frühjahr 1968 mit den Beatles bei Maharishi Mahesh Yogi in Indien, wo man sich fernöstlicher Mystik hingab. Seltsame Zusammenhänge …

Alles reine Zufälle – oder hatte *das Böse* zurückgeschlagen?

1981
Die Marienerscheinungen von Medjugorje

Unzählige Male bereits hat sich ein Phänomen wiederholt, in dessen Verlauf die Gottesmutter Maria an den unterschiedlichsten Orten dieser Welt erschienen ist. Solche Manifestationen laufen zumeist nach demselben »Strickmuster« ab: Halbwüchsige oder naiv veranlagte, fromme Frauen, Männer und auch Kinder begegnen einer *Lichtgestalt*. Vielleicht sind die erwähnten Personengruppen aufgrund ihrer Unbefangenheit oder auch ihres religiösen Backgrounds besonders empfänglich für derlei Erscheinungen. Jedenfalls wird ihnen von besagter Lichtgestalt meist eine kryptisch klingende Botschaft vermittelt, deren Inhalte gleichsam ethisch-religiös geprägt sind.

Wissenschaftler stehen derartigen Begegnungen meist mit Ablehnung gegenüber. Für sie findet das angebliche Geschehen nur in der Einbildung des Betroffenen statt. Doch ist das wirklich die einzige mögliche Erklärung dafür, was diese in aller Regel grundehrlichen Menschen erlebt zu haben glauben? Zweifel daran sind legitim, besonders angesichts jener Vorgänge, die sich im Jahre 1981 im ehemaligen Jugoslawien ereignet haben.

Seit jenem Jahr nämlich hat es Medjugorje, heute in der vom Bürgerkriegsgemetzel so grausam heimgesuchten Republik Bosnien-Herzegowina gelegen, zu besonderem Ansehen gebracht. Begonnen hatte die ganze Angelegenheit mit zwei Jugendlichen, die unbeirrt behaupteten, eine Erscheinung der Gottesmutter Maria gehabt zu haben.

Gegen 17.00 Uhr am 24. Juni 1981 wollen Mirjana Dragicevics und Ivanka Ivankovic, die auf dem Berg Kriczevacz oberhalb von Medjugorje spazierengingen, eine weißgewandete Gestalt mit einem Kleinkind in den Armen inmitten einer hellen Lichtsäule erblickt haben. Die zwei Mädchen erzählten ihr Erlebnis befreundeten Jugendlichen, und in der folgenden Zeit wollen auch andere der Lichtgestalt ansichtig geworden sein.

Es ist geradezu ein Glücksfall, daß die Marienerscheinungen von Medjugorje zum Inhalt verschiedener wissenschaftlicher Untersuchungen wurden, die belegten, daß tatsächlich *irgend etwas*, mit unserem Schulwissen nicht zu vereinbarendes während dieser Manifestationen vor sich geht. Die bislang umfassendste Analyse erfolgte durch ein französisches Forscherteam unter Leitung von Professor Henri Joyeux von der Medizinischen Fakultät der Universität von Montpellier.

Mehrere Wochen hindurch wurden die verschiedensten, physiologischen Messungen an den Seher-Kindern vorgenommen, und zwar jeweils vor und nach einer von ihnen angekündigten Erscheinung. Messungen der Augenbewegungen und der Gehirnströme zeigten dabei, daß sich die Versuchspersonen in tiefer Trance befanden und daher auf keinerlei Reize der Umgebung reagieren konnten. Ihre Sinneswahrnehmung war gleichsam »abgeschaltet«.

Im Verlauf derselben Versuchsreihe machte der amerikanische Physiker Burguslav Lipinsky aus Boston eher zufällig eine geradezu unglaubliche Entdeckung. Als sich offenbar die weißgewandete Gestalt wieder einmal den Jugendlichen zeigte, registrierte Lipinsky eine Strahlung ähnlich jener, die durch natürliche *Radioaktivität* verursacht wird. Plötzlich, im Verlauf der Ekstase der Jugendlichen,

246

stieg jene Strahlung dramatisch an: von nur 15 mR/h (milli-Rad pro Stunde) auf unglaubliche 100 000 mR pro Stunde! Unter normalen Umständen hätte dies den sofortigen Tod der vielen in der Nähe betenden Gläubigen nach sich ziehen müssen, denn eine derartig hohe Strahlendosis vermag kein normaler Organismus zu überleben. Doch den Pilgern schien das alles nichts auszumachen.

Akzeptiert man diese Erkenntnisse, ist aber auf der anderen Seite nicht gewillt, das Phänomen einzig vom religiösen Standpunkt als göttliche Offenbarung zu betrachten, drängt sich die Frage nach der *wirklichen* Ursache der Erscheinungen auf.

Vielleicht bieten einige außergewöhnliche Sekundärphänomene wie Lichterscheinungen ähnlich jenen bei UFO-Sichtungen brauchbare Anhaltspunkte zur Lösung dieses Rätsels. Nach Ansicht des deutschen Geologen und UFO-Forschers Dr. Johannes Fiebag sollten diese Marien- und Gotteserscheinungen überhaupt völlig neu bewertet werden: »Das UFO-Phänomen tritt seit Jahrtausenden in unterschiedlichen Varianten auf, und eine hiervon ist religiös geprägt«, resümiert er. Demzufolge könne jene Intelligenz, die hinter den Erscheinungen steht, mittels einer Art »Tarnkappe« vorgehen, die aus den von großen Teilen der Bevölkerung akzeptierten und auch von den großen Religionsgemeinschaften verbreiteten Inhalten und Symbolen besteht.

Marienerscheinungen also als eine Art der Kontaktaufnahme außerirdischer Intelligenzen mit uns? Wenn wir davon ausgehen, daß fremde Zivilisationen mit der Fähigkeit zu interstellarer Raumfahrt über einen uns weit überlegenen, technologischen Standard verfügen, dann ist es doch nur logisch, daß sie ihr Erscheinen dem jeweiligen intellektuellen Niveau der Menschen aus unterschiedlichen Zeiten und Kulturen anpassen können.

Diese Strategie würde einerseits exakt dem »Mimikry-Verhalten« vieler Tiere entsprechen, die sich ihrer Umgebung optimal tarnend anpassen. Ebenso aber auch dem Vorgehen unserer eigenen Wissenschaftler, etwa beim Studium eines neu entdeckten Indianerstammes im Urwald des Amazonas.

Aufregung in Baikonur

Baikonur ist das Gegenstück zum Weltraumbahnhof Kap Kennedy (Kap Canaveral) und liegt in den Weiten der kasachischen Steppe östlich des Aralsees. Von hier aus wurden die Projekte des ehemals sowjetischen und werden heute noch die wegen Geldmangels seltener gewordenen Unternehmungen des russischen Weltraumprogramms gestartet. Die glorreichsten Zeiten Baikonurs liegen leider, wie es scheint, einige Jahre zurück und werden, wie es aussieht, kaum so schnell wiederkehren.

In den Zeiten, als die alte Sowjetunion noch in der Blüte ihrer Macht stand, kam es zu einem dramatischen Zwischenfall, der sich beinahe wie Science-fiction liest, aber aus glaubwürdiger Quelle zu stammen scheint.

Die Wissenschaftler Dr. Alexej Solotov und Dr. Wladimir Ashasha, die sich beide mit UFO-Fragen in diesem Teil der Welt befaßten, setzten den US-Journalisten Henry Gris über diese Begegnung in Kenntnis. So sollen am 1. Juni 1982 zwei unidentifizierte Flugkörper vierzehn Sekunden lang über der Raumfahrtbasis von Baikonur geschwebt haben, eines davon sogar direkt über der »Abschußrampe Nr. 1«.

Am darauffolgenden Tag wurden geborstene Schweißnähte sowie Bolzen und Nieten sichergestellt, die angeblich aus den Stützpfeilern der Rampe herausgezogen worden waren. Das andere UFO schwebte – den Berichten zufolge – über einer nahen Wohnsiedlung, in der das Personal des Abschußzentrums lebte. Es brachte Tausende von Glasscheiben zum Bersten und verursachte zahllose kleine Risse in Glas und Mauerwerk.

Als Folge dieser Ereignisse soll die gesamte Raumfahrtbasis für mindestens zwei Wochen außer Betrieb gewesen sein, und sämtliche Starts mußten erst einmal abgesagt werden. Weitere Informationen drangen damals nicht durch den Eisernen Vorhang. Jedoch verlautete in nachrichtendienstlichen Kreisen, daß Baikonur zu dieser fraglichen Zeit tatsächlich nicht betriebsfähig gewesen sei, ohne daß hierfür eine zufriedenstellende Erklärung abgegeben werden konnte.

1983

Leihmütter für den kosmischen Nachwuchs?

Im letzten Drittel des ausgehenden Jahrhunderts – der sogenannte *Condon-Report* hatte das Thema offiziell zu Grabe getragen – schien das UFO-Problem geradezu zu explodieren. Eine immer größer werdende Anzahl ernstzunehmender Betroffener behauptete, von offenbar nichtirdischen Wesen in deren Flugobjekte entführt worden zu sein. Jene Fremden wurden zumeist als grauhäutige, kleinwüchsige Humanoiden beschrieben, deren Größe zwischen ein Meter zwanzig und ein Meter fünfzig liegt. Alle diese Entführungserlebnisse haben medizinische Experimente zum Inhalt, die von den »kleinen Grauen« an den zu jeglicher Gegenwehr unfähig gemachten Personen durchgeführt werden sollten.

Doch der mit Abstand beklemmendste Aspekt rund um jenen undurchsichtigen Komplex von »Unheimlichen Begegnungen der Vierten Art« offenbart sich in Fällen wie dem folgenden. Weibliche Opfer behaupten, von den unheimlichen Besuchern zu regelrechten »Zuchtzwecken« mißbraucht worden zu sein. Diese ungeheuerlichen Eingriffe sollen anläßlich einer Serie wiederholter Entführungen über einen längeren Zeitraum hinweg erfolgt sein.

Der Fall von *Kathie Davis* (ihr Name wurde aus Gründen des Datenschutzes geändert), der von dem New Yorker Forscher Budd Hopkins besonders gründlich untersucht wurde, kann als Musterbeispiel jenes angsterregenden Problems gelten.

Am 30. Juni 1983 sah Kathie Davis seltsame Lichter, die ihren Garten bei Copley Woods (Ohio) abzusuchen schienen. Kathie verließ ihr Haus, um nach dem Rechten zu sehen, da erfaßte sie plötzlich eine Art »Energiestoß«. Später konnte sie sich schemenhaft erinnern, entführt worden zu sein; dabei wurde ihr anscheinend mit Hilfe einer Sonde ein Implantat eingesetzt. Budd Hopkins vermutet, daß dieses Erlebnis nur eines von vielen in ihrem bisherigen Leben ist. Einige vage Andeutungen weisen auf *Abduktionen* hin, die bereits während Kathies Kindheit erfolgt sind. Da gab es zum Beispiel einen »Traum«, in dem ihre Mutter das Mädchen in einem Kleiderschrank versteckte, um sie vor einer Bedrohung aus dem Himmel zu beschützen. Bei anderer Gelegenheit kamen undeutliche Erinnerungen an ein »seltsames Haus« zutage, in dem sie einen »kleinen Jungen« getroffen hatte. Für Hopkins sind diese Rückblicke künstlich erzeugte Erinnerungen, die die stetigen Zugriffe der Fremden auf ihr Opfer überdecken sollen: *Screen Memories*, zu deutsch: *Deckerinnerungen*.

Vielleicht eine Schutzvorkehrung für die Betroffenen, damit diese nicht an der Ungeheuerlichkeit des Geschehens zerbrechen können. Eine Narbe an Kathies Bein, deren Herkunft sie anfangs nicht erklären konnte, zeugt von einer Gewebeprobe, die man ihr im Verlauf einer Entführung entnommen hatte.

Bereits sechs Jahre früher, im Dezember 1977, entführte man die junge Frau aus einem Auto – die restlichen Insassen waren irgendwie ruhiggestellt worden. Damals nahmen die Grauen offenbar zum erstenmal einen gynäkologischen Eingriff bei ihr vor: Es fand eine künstliche Befruchtung statt.

Im März 1978 war Kathie Davis abermals an der Reihe. Dabei entnahmen ihr die Kidnapper den Fötus wieder. 1979 implantierte man ihr einen Fremdkörper mittels einer Sonde, die in ihre Nase geschoben wurde. Die zuvor geschilderte Begegnung vom Juni 1983 war schließlich der Anlaß, den UFO-Ermittler Budd Hopkins aufzusuchen. Doch im selben Jahr wurde sie erneut gekidnappt. Dieses Mal mußten die medizinischen Manipulationen bei ihr zur wahren Tortur ausgeartet sein, denn sie erwachte, einzig mit ihrem Nachthemd bekleidet, blutüberströmt im Hinterhof ihres einsam gelegenen Hauses.

Bei der hypnotischen Regression kam ein schier unglaubliches Detail zutage. Kathie Davis hatte eine Begegnung mit einem kleinen Geschöpf, halb Mensch, halb Außerirdischer. Sie nannte das zartgliedrige Wesen ihre Tochter, die aus der obenerwähnten künstlichen Befruchtung stammen sollte!

Das gleiche Szenario wiederholte sich im April 1986. Dieses Mal wurden ihr sogar zwei Hybridbabys präsentiert, denen Kathy Namen geben durfte. Budd Hopkins glaubt, sichere Hinweise dafür zu haben, daß Mrs. Davis im Laufe der noch heute fortdauernden Entführungsserie insgesamt neun dieser Kinder – aus Aliens und Menschen gekreuzte Mischwesen – ausgetragen hat. Gewissermaßen als »Leihmutter« für kosmischen Nachwuchs.

Derartige Berichte stellen sicherlich unsere Gutgläubigkeit auf eine harte Probe. Doch würde es sich hierbei samt und sonders um Nonsens handeln, würden nicht verantwortungsvolle Ärzte darin ein zunehmend ernster werdendes Problem sehen. In den USA wurde die Gruppe *TREAT* gegründet. Diese nur aus Medizinern und Psychologen bestehende Gesellschaft nimmt sich der unfreiwilligen Opfer von Entführungen durch mutmaßlich fremde Intelligenzen an. Die Psychologin Dr. Rima Laibow berichtete auf einem Symposium Anfang der neunziger Jahre von ausschließlich im medizinischen Bereich angesiedelten Aspekten, und die hier gewonnenen ersten Erkenntnisse sind – gelinde ausgedrückt – einfach erschreckend!

Dr. Laibow trug Fälle von Frauen vor, deren Schwangerschaften eindeutig nachgewiesen waren. Doch etwa in der zwölften Schwangerschaftswoche verschwanden ihre Embryos quasi über Nacht, im Zusammenhang mit einem weiteren Entführungserlebnis. Mehreren dieser Frauen legte man hybride Babys zum Stillen an ihre Brust. Sie sollen halb wie Menschen, halb wie jener Typ Außerirdische aussehen, von dem in den letzten Jahren so häufig berichtet wird. Sie haben weiße Haare, die Lippen aber sind voller als auf den bekannten Darstellungen der »little greys«. Es gibt sogar Berichte über Frauen, die nach derartigen Begegnungen mit »ihren« Hybridkindern feststellen mußten, daß ihre Brüste Muttermilch produzierten. Medizinisch ist dies kaum zu erklären, außer man zieht die Realität der berichteten Entführungserlebnisse ernsthaft in Betracht.

Läuft hier, unbemerkt von der Öffentlichkeit, in großem Rahmen ein genetisches Zuchtprogramm ab? Die Chancen der Fremden, weiterhin im Verborgenen operieren zu können, stehen sehr gut. Sie müssen nicht das geringste befürchten, denn offiziell existieren sie ja nicht. Man wähnt sich in einem jener beklemmenden Verschwörungsthriller, in denen sich alles und alle gegen den Filmhelden verschworen zu haben scheinen. Ein bedrückender Alptraum – doch vieles spricht dafür, daß er real ist!

1984
»Laser-Show« am Himmel

Am 30. Januar 1985 veröffentlichte die sowjetische Gewerkschaftszeitung *Trud* eine Reportage über eine spektakuläre UFO-Begegnung, die sich bereits knappe fünf Monate zuvor, und zwar am 7. September 1984, ereignet hatte.

An diesem Tag war ein Verkehrsflugzeug vom Typ Tupolev-134a des Aeroflot-Fluges SU 8352 von Tbilisi (Georgien) nach Tallin (Estland) unterwegs. Die Maschine hatte bereits drei Viertel des Weges hinter sich, als die Besatzung gegen 4.10 Uhr am frühen Morgen, etwa hundertzwanzig Kilometer vor Minsk, über der Maschine ein seltsam leuchtendes Objekt sah.

Als erster bemerkte der Copilot das hellgelbe, sternförmige Objekt, das er im ersten Augenblick noch für einen atmosphärischen Lichteffekt hielt. Doch schon im nächsten Moment wurde der Cockpitbesatzung klar, daß das Gebilde links über ihnen eine Art Laserstrahl zum Boden sandte. Dieser fokussierte Strahl wurde auf seinem Weg nach unten immer breiter und bildete einen diffusen Lichtkegel. Derselbe verschwand, um gleich darauf etwas größer und blasser wieder aufzutauchen. Dann folgte noch ein dritter Lichtkegel, der sehr breit war und nun sehr intensiv strahlte.

Die Piloten im Cockpit schätzten, daß die unbekannte Quelle der »Laser-Show« in etwa fünfzig Kilometer Höhe lag, wobei ihre eigene Flughöhe etwa zehntausend Meter betrug. Es war ein gespenstischer Anblick, als der Lichtkegel den Boden abtastete, wobei die ganze Landschaft grell erleuchtet wurde. Plötzlich richtete er sich auf das Flugzeug und blendete die Besatzung.

Dann begann die ominöse Lichtquelle zu wachsen und verwandelte sich von einem gelblichen Stern in eine hellgrüne Wolke. Diese sank unvermittelt auf die Höhe des Flugzeugs herab, stieg vertikal hoch und begann abwechselnd von links nach rechts und von oben nach unten zu schwingen. Schließlich drehte sie bei und folgte dem Flugzeug auf dessen Flughöhe mit derselben Geschwindigkeit von ungefähr achthundert Kilometern pro Stunde. Im Inneren der »Wolke« konnte die Besatzung ein »Lichterspiel« erkennen, das wiederholt aufblitzte und hastige Zickzackmanöver vollführte.

Der Navigationsoffizier hatte schon zu Beginn der Sichtung die Flugsicherung verständigt. Auch die Lotsen des Minsker Towers konnten an der angegebenen Stelle am Himmel die Lichtblitze erkennen. In diesem Moment begann das glühende Gebilde die Form zu verändern, wodurch es den Anschein hatte, als wolle es die Form der Tupolev imitieren. Unter den Passagieren, von denen mittlerweile die meisten aus ihrem Schlaf aufgewacht waren, begann sich Unruhe auszubreiten. Um eine Panik zu verhindern, ließ der Kapitän durchsagen, daß es sich lediglich um eine *Aurora Borealis,* ein Nordlicht also, handle.

Eine zweite Tu-134, die in entgegengesetzter Richtung flog, sichtete das Objekt gleichfalls, als die beiden Flugzeuge nur mehr fünfzehn Kilometer voneinander entfernt waren. Deren Besatzung konnte die Beobachtungen der anderen Crew voll und ganz bestätigen. Und als sich die glühende »Wolke« über dem Chud-See und dem Pskow-See befand, war eine ungefähre Schätzung ihrer Größe möglich: Das seltsame Gebilde mußte eine Ausdehnung von mindestens vierzig Kilometern gehabt haben!

Nach der Landung in Tallin konnte man feststellen, daß das Radar auch zwei unidentifizierte Flugobjekte erfaßt hatte, die sich hinter Flug SU 8352 befunden hatten. Noch etwas Mysteriöses konnten die Spezialisten der Flugsicherung auf ihren Schirmen verfolgen: Während der Anwesenheit jener »Wolke«, die erst kurz vor Tallin verschwand, erlosch das Echozeichen der Tupolev und erschien dann wieder auf dem Radar.

Im März 1985 verlautbarte die sowjetische Akademie der Wissenschaften, daß der Besatzung von Flug SU 8352 etwas begegnet sei, »das wir UFO nennen müssen«.

1985
E-Mail aus dem sechzehnten Jahrhundert

Genaugenommen kündigte sich der Spuk schon im Vorjahr an. Als der englische Lehrer Ken Webster sein in der Nähe von Dodleston gelegenes »Meadow Cottage«, das auf uralten Fundamenten errichtet worden war, renovierte, kam es im Lauf des Jahres 1984 zu massiven Spuk- und Poltergeist-Erscheinungen.

Dann tauchte mit einem Mal auf der Diskette eines von seiner Schule ausgeliehenen PC ein merkwürdig verstümmeltes »Gedicht« auf, dessen Inhalt keinen Sinn ergab. Und als nur wenige Tage später auf dem Bildschirm des PC ein Text in altertümlichem Englisch auftauchte, glaubte Webster, daß ihm irgend jemand einen Streich spielen wollte.

»I wryte on behalf of manye – wot strange wordes thou speke … thou art goodly man who hath fanciful woman who dwel in my home … with lytes whiche devyl maketh … It was a greate cryme to hath bribed myne house. L. W.« Was übersetzt bedeutet: »Ich schreibe im Auftrag vieler. Was für seltsame Worte Du gebrauchst … Du bist ein guter Mann, der eine phantasievolle Frau hat, die in meinem Haus wohnt ... mit Lichtern, die der Teufel macht ... Es war ein großes Verbrechen, mir mein Haus weggenommen zu haben. L. W.«

Im Laufe der nächsten Monate entwickelte sich so zwischen Webster und einer Wesenheit, die sich anfänglich Lukas Wainman nannte, eine in der Geschichte der Phänomene nie zuvor dagewesene Kommunikation. Die meisten Texte waren im Spätmittelenglisch des vierzehnten bis sechzehnten Jahrhunderts abgefaßt, wie der Altphilologe Peter Trinder, ein Kollege Websters, zweifelsfrei festzustellen vermochte. Mit jener altertümlichen Form der englischen Sprache hat es eine ganz besondere Bewandtnis: Weltweit kennt man nicht mehr als zehn Personen, die dieses Englisch grammatikalisch und bezüglich der Vokabeln voll beherrschen. Diese Spezialisten für spätmediävales Englisch – wären sie als natürliche Urheber der Texte in Frage gekommen – sind wiederum nur in zwei Institutionen zu finden. Darum erscheint es regelrecht widersinnig, anzunehmen, einer dieser Gelehrten hätte aus purem Zeitvertreib zahlreiche Botschaften verfaßt, um einen zunächst an paranormalen Manifestationen desinteressierten Lehrer sozusagen »ins Bockshorn zu jagen«.

Der erwähnte Lukas Wainman, der nach seinen Angaben 1546 im gleichen Haus wie Ken Webster gelebt haben will, gab sich erst im weiteren Verlauf dieser erstaunlichen Zwei-Wege-Kommunikation als *Tomas Harden* zu erkennen, eine historisch nachgewiesene Persönlichkeit aus der Zeit Heinrichs VIII., Hardens Name ist in den Annalen des »Oxford Brasenose College« verzeichnet, wo er im Jahre 1534 seinen »Master of Arts« erhalten hatte. In späterer Zeit Dekan der College-Kapelle, war er in Ungnade gefallen, weil er die Anordnung König Heinrichs mißachtet hatte, den Namen des Papstes aus den Meßbüchern zu streichen. Bekanntlich war es Heinrich VIII., der aufgrund seiner Heirats- und Scheidungspolitik die Loslösung der anglikanischen Kirche vom Katholizismus römischer Prägung betrieb.

Doch zurück zu den mysteriösen Computerbotschaften. Harden

zufolge hatte sich ein »unheimlicher Bote«, in grünes Licht getaucht und aus der Kaminwand tretend, vor ihm materialisiert und ihm eine Art »Lichtkasten« (einen Personal Computer?) übergeben. Mit diesem Kasten habe er den Kontakt zu Webster hergestellt. In seinen Botschaften waren zahllose, exakt nachprüfbare Einzelheiten historischen Inhalts eingeflochten, die weder Webster, noch dessen Lebensgefährtin Debbie Oakes geläufig waren. Zum Beispiel ein früherer, heute längst in Vergessenheit geratener Name der Stadt Bristol.

Harden behauptete im Rahmen seiner Computerbotschaften immer wieder, Ken Webster, dessen Freundin und Besucher des Meadow Cottage sehen zu können – und dies über einen Zeitraum von vierhundertfünfzig Jahren hinweg!

Am 27. April 1985 sollte diese »Computer-Connection« durch die Jahrhunderte eine völlig unerwartete Wendung nehmen. Denn an diesem Tag traf eine E-mail auf dem PC ein, die in etwas unelegantem, aber durchaus modernem Englisch abgefaßt war:

»You said, your time was 1985. I thought you were also from 2109 like your friend who brought the box of lights, pray?« Zu deutsch: »Du sagtest, Deine Zeit wäre 1985. Ich dachte, daß Du auch aus dem Jahr 2109 stammst wie Dein Freund, der den Lichtkasten brachte, ja?«

Hatte sich hier so etwas wie ein Experimentalteam gemeldet, dem – ähnlich wie in der Science-fiction-Serie »Time Tunnel« – eine Verbindung mit Individuen aus vergangenen und zukünftigen Epochen gelungen war? Noch ein Dreivierteljahr gingen die Dialoge per Computer weiter, neun Monate, in welchen immer wieder von Zeitmanipulationen die Rede war. Dann, am 18. Januar 1986, blieb der Bildschirm von Ken Websters PC leer. Bis heute haben sich weder »Tomas Harden« noch jene Unbekannten aus dem Jahre 2109 wieder gemeldet.

Hatte sich irgendein Witzbold, ein hochintelligenter dazu, auf Kosten des Lehrers einen perfiden Scherz erlaubt? Oder besteht hier wirklich die Möglichkeit, daß einer aus der Zukunft kommenden

Gruppe experimentierender Wissenschaftler der Durchbruch durch die Barriere der Zeit gelungen ist? Das müßte dann bedeuten, daß die Versuche einiger avantgardistischer Physiker mit überlichtschnellen Teilchen in gar nicht so ferner Zeit zu der Beherrschung derselben geführt haben ...

1986
Japan Airlines Flug 1628

Am 17. November 1986 hob eine Boeing 747 Frachtversion der Japan Airlines auf dem Pariser Flughafen Charles de Gaulle ab. Ihr Kurs sollte sie über die Polar-Route via Alaska nach Tokio führen. Kapitän dieses Fluges war Kenju Terauchi, der zu jenem Zeitpunkt neunzehn Jahre Erfahrung im Cockpit hatte. Die Boeing hatte unter anderem Bordeaux-Wein geladen – was aber sicher keine Erklärung der Vorgänge auf diesem Flug liefert, an den sich alle Besatzungsmitglieder bis an ihr Lebensende erinnern werden. Das mysteriöse Geschehen, das sich über den eisigen Weiten Alaskas abgespielt hat, ist durch die Aufzeichnungen des Funkverkehrs zwischen JAL 1628 und der zivilen wie auch militärischen Flugüberwachung lückenlos dokumentiert.

Ebenso liegen Radarbilder sowie das Bordbuch von Kommandant Terauchi vor, in welches er die ungewöhnliche Begegnung eingetragen hat: »Falls vor langer Zeit ein Jäger ein Fernsehgerät gesehen hätte, wie hätte er dies den anderen beschrieben? Mein Erlebnis war ähnlich. Wir flogen über das eisige Hochland. Und es war Vollmond, wir hatten eine gute Sicht.«

Dann geschah das Unglaubliche. Japan Airlines Flug JAL 1628 traf auf zwei kleine und ein riesiges Flugobjekt. Die Vorgänge zogen sich über einen Zeitraum von etwa fünfzig Minuten hin.

Terauchi in seinem Bordbuch: »Doch es tauchten viele Fragen auf, die ein Mensch nicht beantworten kann. Es war 4.25 Uhr in Alaska. Mitte November ist es hier rund um die Uhr dunkel. Als wir eine Linkskurve flogen, begann jenes rätselhafte Phänomen. Da waren nicht identifizierbare Lichter vor uns. Sie bewegten sich in der gleichen Richtung und in derselben Geschwindigkeit wie wir.« Der Copilot fragte die Kontrollstation, ob sich in der Nähe der Maschine noch weiterer Flugverkehr befände. Die Antwort war negativ. Als die Bodenstation bat, die andere Maschine zu identifizieren, mußten die Japaner passen.

Terauchi fuhr fort: »Diese Lichter bewegten sich wie kleine Bären, die miteinander spielen, aber nicht wie Flugzeuge. Sie waren weit genug entfernt, so daß wir nicht in Gefahr waren. Dann kam mir der Gedanke, daß diese Dinger vielleicht sogenannte UFOs sind, und ich wollte ein Foto machen. Leider hatte ich nur einen 100-ASA-Film in der Kamera. Der automatische Sucher versuchte die Schärfe einzustellen, aber erfolglos. Mit einem Mal stoppten diese ›Raumschiffe‹ und leuchteten uns an. Das Licht fühlte sich warm an. Dann wurde es schwächer, und wir konnten die Konturen der Schiffe sehen. Die Form war rechteckig. Sie flogen ein wenig höher als wir. Wir fühlten uns nicht bedroht. Um ehrlich zu sein: Wir waren ziemlich atemlos.«

Angestrengt blickte die Crew aus dem Fenster zu den langsam rotierenden Rechtecken. In diesem Augenblick verschwanden alle Lichter, und der Copilot funkte wieder Anchorage Tower an. Der diensthabende Fluglotse konnte ein weiteres Mal nur bestätigen, daß dort oben kein anderes Flugzeug gemeldet sei. Sodann setzte er sich mit seinen Kollegen von der militärischen Luftüberwachung in Verbindung. Auch dort wußte man nichts über Flugbewegungen in diesem Luftkorridor.

Plötzlich tauchte hinter der 747 die gigantische Silhouette eines Flugobjekts auf. Die Besatzung bekam es mit der Angst zu tun, und bat Anchorage Tower um Erlaubnis zur Kursänderung. Es schien eine Ewigkeit zu dauern, bis eine Antwort kam. Terauchi steuerte seinen Jumbo nach links und glaubte, das »Raumschiff« sei verschwunden. Doch als die Japaner aus dem Fenster blickten, war es noch immer da draußen. Nun bat JAL 1628 um Erlaubnis, die

Flughöhe zu ändern und ging, ohne die Antwort abzuwarten, in Sinkflug über. Als die Besatzung nach hinten sah, flog das Raumschiff noch immer mit ihnen gleichauf. Da bekamen sie es erneut mit der Angst zu tun und machten sich Gedanken über den Grund ihrer unheimlichen Begegnung.

Mittlerweile waren alle zivilen und militärischen Radarstationen in der Region mit der UFO-Sichtung beschäftigt. Die militärische Flugabwehr schlug Kapitän Terauchi vor, einen Jäger hinaufzuschicken, um sich das Objekt genauer anzusehen. Terauchi lehnte ab, denn er wußte, daß bei der Verfolgung von UFOs schon viele Piloten ihr Leben verloren hatten.

Nun flog das UFO schon vierzig Minuten hinter der Frachtmaschine her. Es hatte nach Aussage der Besatzung die Größe eines Flugzeugträgers. Zu diesem Zeitpunkt bat Anchorage Tower eine sich dem Gebiet nähernde Passagiermaschine der »United Airlines« um Hilfe: »Wir haben eine Boeing 747 der Japan Airlines hundertzehn Meilen vor Ihnen. Sagen Sie uns bitte Bescheid, wenn Sie etwas in der Nähe der Maschine sehen.« Die Besatzung des UA-Fluges versprach, Ausschau zu halten.

Als das Flugzeug der United Airlines auf den Japan Airlines Jumbo aufschloß, verschwand das UFO von einem Moment zum anderen. Bis auf das Mondlicht war nichts mehr zu sehen. Die »Verfolgung« hatte etwa fünfzig Minuten gedauert. Um 6.25 Uhr landete JAL 1628 auf dem Airport von Anchorage, wo der Chef der staatlichen Aufsichtsbehörde FAA sofort einen Krisenstab einberief. Die Fluglotsen erklärten dazu: »Wir wußten nicht, mit welcher Situation wir es zu tun hatten. Es lag keine unmittelbare Gefahr vor, und ein Verstoß gegen das Gesetz war auch nicht passiert. Es war einfach eine seltsame Sache.«

Kapitän Kenju Terauchi wird noch heute von seinen Kollegen als zuverlässiger, kompetenter und seelisch stabiler Pilot geschätzt. Die gesamte Crew hatte genau dieselben Beobachtungen gemacht wie er. Routinemäßig wurden alle Besatzungsmitglieder von der FAA auf Alkohol und Drogen untersucht, doch das Resultat war, daß sich alle Mitglieder in einem optimalen körperlichen wie auch geistigen Zustand befanden. Nach einer mehrstündigen Untersuchung durfte die Boeing der Japan Airlines ihren Flug nach Tokio fortsetzen. Das unheimliche Erlebnis aber wird wohl keiner der Beteiligten jemals vergessen.

1987

»Computerträume«

Jedes Zeitalter hat, wie es scheint, auch seine ganz spezifischen Rätsel. So wußte man etwa im Mittelalter von Feen, Gnomen und Zwergen zu berichten – in unserer Zeit sind sie zu den kleinen, grauhäutigen UFO-Besatzungen mutiert, über die im Kontext jener Entführungsfälle zunehmend häufiger berichtet wird. Was aber das sachlich-nüchterne Umfeld unserer computergestützten Arbeitswelt angeht, sollte dort für ungeklärte Phänomene eigentlich kein Platz mehr sein. Und doch zeichnet als Protagonist der nachfolgend geschilderten Ereignisse, die das ganze Jahr 1987 anhielten, ein Computer verantwortlich.

Im Frühsommer 1987 installierte ein Architekt in Stockport, in der englischen Grafschaft Cheshire gelegen, einen Computer vom Typ »Amstrad PC-1512« in seinem Büro. Während er zur Bürozeit zuverlässig Kundendaten und Baupläne verarbeitete, schien er sich nach Dienstschluß einer für Elektronengehirne vollkommen unüblichen Beschäftigung zu widmen: *Er träumte.*

Eines Abends, als die Angestellte einer Reinigungsfirma ihrer Arbeit nachging, fiel dieser der leuchtende Bildschirm des »Amstrad« auf. Im nächsten Augenblick bemerkte sie jedoch, daß der Computer überhaupt nicht eingeschaltet war. Sichtlich beunruhigt informierte sie den Architekten von dem Vorfall, der daraufhin in den folgenden Nächten stichprobenartig in seinem Büro nach dem rechten sah.

Wenige Tage später meldete sich der PC erneut. Er schaltete sich selbsttätig ein, wobei er Laute ausstieß, die an ein Stöhnen erinnerten. Buchstaben, die unzusammenhängende Wortfetzen bildeten, flimmerten über den Bildschirm. Diese bizarren Manifestationen wiederholten sich von jetzt an beinahe jede Nacht. Der Herausgeber des britischen Computer-Journals *Personal Computer*, Ken Hughes, wurde von dem bizarren Fall in Kenntnis gesetzt. Mit Computertechnik selbst bestens vertraut, zerlegte er den PC-1512 eigenhändig, ohne jedoch irgendwelche Abnormitäten oder technischen Unzulänglichkeiten feststellen zu können. Für ihn war es unbegreiflich.

Also baute er den Computer ab und brachte ihn in einen Raum ohne Steckdosen. Von seiner Tastatur getrennt, stand der Amstrad auf einer Kiste – vor ihm eine Videokamera, die unverrückbar auf ihn gerichtet war. Ken Hughes hatte das Stromkabel des PC um dessen Sockel gewickelt, um auf den Videoaufnahmen dokumentieren zu können, daß der Amstrad von jeglicher Energieversorgung abgeschnitten war.

Und doch entstanden während dieser lückenlosen Überwachung, die sich über die folgenden drei Monate hinziehen sollte, völlig groteske Aufnahmen. Obwohl er nicht übers Stromnetz lief, schaltete sich der Amstrad PC-1512 mit laut vernehmbarem, elektrostatischem Knistern immer wieder von selbst ein und begann mit rotleuchtender Anzeige den Ladevorgang. Satzteile und Wortfetzen blitzten abwechselnd in den Ecken des Bildschirms auf. Die Zuschauer einer Computerausstellung in Großbritannien, denen im darauffolgenden Jahr jene Filmaufnahmen vorgeführt wurden, konnten sich des Eindrucks nicht erwehren, Traumsequenzen mitzuerleben, wie sie etwa für die REM-Phase eines schlafenden Menschen charakteristisch sind.

Diese »Computerträume« dauerten durchschnittlich etwa eine halbe Minute – nicht unähnlich den Längen der Traumphasen beim Menschen. Danach »seufzte« der PC tief auf und schaltete sich wieder ab. Derartige groteske Vorfälle sind in großer Zahl auf Videobändern festgehalten.

Ken Hughes, der obenerwähnte Herausgeber von *Personal Computer*, äußerte sich völlig ratlos zu den rätselhaften Vorgängen: »Ich bin verblüfft. Für all dies gibt es keinen logischen Grund. Ich habe jede Möglichkeit der Einwirkung von statischer Elektrizität ausgeschlossen. Elektromagnetische Quellen, etwa Funkverkehr oder Flughafenradar, gab es weit und breit nicht. Besonders beunruhigend fand ich die Wörter, die von selbst erschienen sind. Manche von ihnen sind geradezu makaber. Man hat hier überhaupt den Eindruck, jemand in der Maschine versuchte, mit der Außenwelt Verbindung aufzunehmen, aber aus irgendwelchen Gründen gelang ihm das nicht.«

Was mag hinter den Bildschirmen hochentwickelter Elektronenrechner vor sich gehen? *Deus ex machina* – der Geist in der Maschine? Vielleicht ist die von modernen Informatikern so oft beschworene, *künstliche Intelligenz* mit eigenem Bewußtsein schon längst auf dem Vormarsch.

1988
Todesflug über Cabo Rojo

Seit dem tragischen Tod von Captain Thomas Mantell (siehe auch das Kapitel aus dem Jahr 1948) dürfte die Zahl der Militärpiloten, die bei der Verfolgung nichtidentifizierter Flugobjekte entweder ums Leben kamen oder seither verschollen sind, Legion sein. Einer der spektakulärsten Zwischenfälle, in deren Verlauf Flugzeuge und ihre Besatzung einem UFO zum Opfer fielen, ereignete sich am Abend des 28. Dezember 1988. Schauplatz des tragischen Geschehens war Cabo Rojo, im Südwesten der zu den USA gehörenden Karibikinsel Puerto Rico gelegen.

Gegen 19.45 Uhr an jenem Abend beobachteten zahlreiche Menschen ein blaues Licht am Himmel, welches das Sierra-Bermeja-Gebirge überflog. In dieser Gegend war es schon häufig zu UFO-Sichtungen gekommen. Beim Näherkommen veränderte sich die Farbe des Objekts in orange-gelb, und schließlich vermochten die Zeugen ein riesiges, dreieckiges Gebilde mit halbkugelförmiger Ausbuchtung an seiner Unterseite zu erkennen.

Ganz plötzlich erschienen zwei Abfangjäger der US-Navy vom Typ F-14 »Tomcat« und nahmen sofort die Verfolgung des Flugobjekts auf. Als Reaktion hierauf versuchte das UFO immer wieder auszuweichen, indem es abrupt die Flugrichtung änderte. Als dies nicht gelang, stoppte es mitten in der Luft und begann, an ein und derselben Stelle zu schweben. Einer der zwei Abfangjäger kam dabei dem Flugkörper gefährlich nahe und drohte, mit diesem zu kollidieren.

In der Zwischenzeit waren mehr als hundert Augenzeugen zusammengekommen, die das gespenstische Szenario mit wachsendem Entsetzen beobachteten. Die Menschenmenge schrie laut auf, denn alle waren überzeugt, daß es jeden Moment zu einer Kollision mit unausweichlicher Explosion kommen müsse. Die angstvoll erwartete Katastrophe blieb aus. Statt dessen geschah etwas völlig Unerwartetes: Der erste der beiden Abfangjäger verschwand spurlos von der Bildfläche! Doch sogleich näherte sich die andere Tomcat dem UFO von der rechten Seite – und verschwand ihrerseits, als hätte sie sich in Luft aufgelöst.

Unmittelbar darauf drehte das Objekt ab und überflog einen kleinen, von Palmen umsäumten See. Dort teilte es sich in zwei Hälften, wobei die Zeugen eine Art helleuchtender, jedoch vollkommen lautloser Explosion erlebten. Die eine Hälfte flog dann nach Norden davon, während sich die andere mit hoher Geschwindigkeit in östlicher Richtung entfernte. Beide Teile verschwanden sehr schnell am Horizont.

Eine ganze Reihe von Augenzeugen will einen dritten Abfangjäger beobachtet haben, der die Geschehnisse aus scheinbar sicherer Entfernung beobachtete. Als der Pilot dieses Flugzeugs bemerkte, was sich in umittelbarer Nähe des UFOs abzuspielen begann, sei er durchgestartet und habe versucht zu entfliehen. Doch im gleichen Augenblick seien drei rote Lichter aus dem Objekt herausgeschossen, welche diese dritte F-14 verfolgt hätten und zusammen mit der Maschine im Norden der Insel verschwunden.

Von den »Tomcats« wie auch von deren Besatzungen fehlt bis auf den heutigen Tag jede Spur. Und obgleich weit über hundert Augenzeugen jene sinistren Vorgänge am Himmel über Cabo Rojo beobachteten und diese teilweise sogar unter Eid bezeugten, weigern sich die Behörden der USA und Puerto Ricos noch immer zuzugeben, daß der Vorfall stattgefunden hat.

Als ich selbst im August 1997 auf Puerto Rico nachforschte, bestätigte mir der State Director des *Mutual UFO Network* (»MUFON«), Señor César Remus, die absolute Glaubhaftigkeit der tragischen Ereignisse vom 28. Dezember 1988. Auf der Karibikinsel hat der Fall traurige Berühmtheit erlangt, man muß sich nur unter der Bevölkerung umhören.

Welche tödlichen Geheimnisse lauern in dem tropischen Paradies, das sich in den letzten Jahren zu einer regelrechten Hochburg des UFO-Phänomens entwickelt hat?

1989
Sadisten aus dem All?

Eines der unheimlichsten und zugleich schwärzesten Kapitel, die mit dem UFO-Phänomen in Zusammenhang stehen, ist jenes der sogenannten Viehverstümmelungen, im Fachjargon auch *Cattle Mutilations* genannt. Im Grunde läßt sich auch dieser Aspekt, wie das gesamte Phänomen, zeitlich sehr weit zurückverfolgen. Doch seit den sechziger Jahren, insbesondere aber in den vergangenen zehn Jahren, scheint das unheilvolle Treiben immer größere und schrecklichere Ausmaße anzunehmen.

Am 10. März 1989 wurden fünf trächtige Rinder auf der Farm von L. C. Wyatt in Hampstead County (Arkansas/USA) verstümmelt aufgefunden. Als ob sich die Verursacher einen perfiden Scherz erlaubt hätten, lagen die toten Rinder aufgereiht in einer geraden

Linie hintereinander. Eine der Kühe sah aus, als hätte sie ihr grausames Schicksal mitten in der Flucht ereilt – ihre Beine waren wie im Laufen abgewinkelt.

Farmer Wyatt alarmierte den Sheriff, der auf der Stelle mit seinen Beamten zum Tatort eilte. Auch die Lokalzeitung *Little River News* bekam Wind von der Sache, und sandte ihre Reporterin Juanita Stripling zu Wyatts Farm. Die Fotos, die die Journalistin bei dieser Gelegenheit machte, zeigten geradezu sadistisch anmutende Details. So hatte eines dieser hochträchtigen Rinder ein großes Loch an einer Körperseite, durch welches der Embryosack mit dem ungeborenen Kalb darin herausgerutscht war. Der Schnitt verriet präzise Ausführung und war etwa sechs Zentimeter tief sowie fünfzig Zentimeter lang. Doch trotz dieser großflächigen Wunde waren weder Blutflecken noch Spuren anderer Körperflüssigkeiten zu finden. Ebenso waren die Leiber der getöteten Rinder blutleer. Drei Rindern war der Mastdarm durch absolut exakte Schnitte – wiederum ohne Blutspuren zu hinterlassen – entfernt worden. Einer anderen Kuh war ein Auge entfernt worden, einer weiteren ein etwa vierzig mal fünfzig Zentimeter messendes Stück ihres Oberbauchs.

Nur einen Tag vor diesem die Magennerven traktierenden Fund hatte der Herausgeber der *Little River News*, James Williamson, ein orangefarbenes, unidentifiziertes Flugobjekt in der betreffenden Gegend beobachtet. Weil ein Zusammenhang zwischen der UFO-Sichtung und den Verstümmelungen offensichtlich war, informierte er die Filmemacherin Linda Moulton Howe, die bereits in einer aus dem Jahre 1980 datierenden Dokumentation eine enge Verquickung zwischen Cattle Mutilations und dem UFO-Phänomen aufgezeigt hatte. Diese wiederum rief den Hämatologen und Pathologen Dr. John H. Altshuler, der sich in seiner Eigenschaft als Mediziner bereits seit 1967 mit der grausamen Realität der Viehverstümmelungen befaßt, hinzu.

Dr. Altshuler ließ sich Gewebeproben der toten Rinder nach Denver senden, wo er am Rose Medical Center tätig ist, und präparierte diese für eingehende Untersuchungen. Nach den Tests konnte der Mediziner zweifelsfrei bestätigen, daß die Schnitte an den Tieren mit einem Instrument durchgeführt worden waren, das eine Temperatur von mindestens hundertfünfunddreißig Grad Celsius abgab. Das war auch der Grund, warum die Schnitte selbst ohne Blutspuren ausgeführt werden konnten, da Blut und andere Körperflüssigkeiten auf der Stelle verdampft sind. Außerdem wurde die dunklere Kollagenschicht der Haut zwar verletzt, wies jedoch keine entzündlichen Veränderungen auf.

Im Klartext bedeutet dies eine weitere, noch viel unheimlichere Schlußfolgerung: Dr. Altshuler konnte nämlich aufzeigen, daß diese chirurgischen Prozeduren nicht nur höchst professionell, sondern auch unglaublich schnell durchgeführt worden waren. Er bestimmte den hierfür benötigten Zeitraum auf ungefähr nur ein bis zwei Minuten!

Und dies ist etwas, das *wir* technisch durchzuführen eindeutig noch nicht in der Lage sind. Ein leitender Ingenieur einer Firma in Massachusetts, die medizinische Lasergeräte herstellt, erklärte, daß ein Laser, mit dem man ähnliche Schnitte wie an mutilierten Rindern verursachen könne, etwa zweihundertsiebzig Kilogramm wiegt. Doch das sind Instrumente von der Dimension eines respektablen Büroschreibtisches. Aber nicht genug: Um die Stromversorgung zu gewährleisten, müßte ein Hochspannungsgenerator nebst dazugehöriger Verkabelung bereitstehen, ebenso ein effektives Kühlsystem. Darüber hinaus würden Schnitte wie die oben beschriebenen mindestens eine volle Stunde Operationszeit benötigen. Was wohl eher etwas knapp gerechnet ist.

Laserchirurg Dr. Arlen Meyers, Kollege von Dr. Altshuler am Rose Medical Center in Denver, brachte alles auf einen Punkt: »Selbst mit unseren modernsten, medizinischen Lasern sind diese Eingriffe unmöglich nachvollziehbar. Vielleicht werden wir im einundzwanzigsten Jahrhundert in der Lage sein, solch eine Operationstechnik anzuwenden. Noch sind wir es definitiv nicht!«

Diese Erkenntnisse schließen konservative Ursachen, etwa Raubtiere oder Satansanbeter, wie zuweilen vermutet wurde, mit Sicherheit aus. Auch Militär- oder Geheimdienstkreise kann man beruhigt von der Liste der fraglichen Täter streichen: Wer wäre auch so bescheuert, die Tierkadaver in der freien Wildbahn liegen zu lassen, wenn er das Ganze in eigenen Labors viel einfacher und vor allem *ungestörter* haben könnte.

Derweilen geht das Massaker an der irdischen Fauna ohne Unterlaß weiter. Viele Anzeichen deuten darauf hin, daß eine unbekannte, mutmaßlich außerirdische Intelligenz unerhörten Terror unter den Spezies auf diesem Planeten verbreitet. Denn bis zum heutigen Tag, da ich diese Zeilen schreibe, sind unzählige Tiere vielerlei Arten dem unheimlichen Tod zum Opfer gefallen. Es gibt ernstzunehmende Schätzungen, die sich im Bereich zwischen mehreren zehntausend bis weit über einhunderttausend getöteter Tiere allein seit 1967, als jener Alptraum den Dunstkreis des Verborgenen durchbrach, bewegen.

Stammen diese unheiligen Sadisten aus dem All? Und wenn ja, was bezwecken sie mit ihren grausigen Eingriffen, die uns noch den letzten Schlaf zu rauben vermögen?

1990
Fliegende Dreiecke

In den Wintermonaten des Jahres 1990 erlebte unser Nachbarland Belgien eine wahre UFO-Hysterie. In allen Teilen des Landes wurde die Polizei mit Meldungen über sich ungewöhnlich am Himmel fortbewegende Lichter und scheiben- oder dreiecksförmige Flugobjekte eingedeckt. Gendarmen verfolgten im Streifenwagen ein UFO, das sich dicht über dem Boden bewegte. Selbst ein Fußballspiel mußte unterbrochen werden, als sich eines der Objekte minutenlang über dem Spielfeld zeigte.

Am 30. März 1990 spitzte sich die Lage zu. An diesem Abend erhielt die königlich-belgische Luftwaffe gegen 23.00 Uhr den aufgeregten Anruf eines Polizisten, der über eine Erscheinung dreier, in Dreiecksformation angeordneter Lichter über der Ortschaft Ramillies berichtete. Deren Farben wechselten nach den Angaben des Beobachters ständig. Zur selben Zeit wurde eine Polizeistreife losgeschickt, doch noch während diese auf dem Weg dorthin war, meldete sich ein anderer Zeuge. Dieser hatte eine zweite dreieckige Struktur am Himmel entdeckt, die sich gemächlich auf die erste zubewegte.

Zur gleichen Zeit registrierten die Radarstationen der Luftwaffe zum erstenmal das Radarecho eines Objekts, das sich nahe Beauvechain mit der extrem langsamen Geschwindigkeit von fünfundvierzig Kilometern pro Stunde über den Himmel bewegte.

Gegen 23.30 Uhr traf dann die Gendarmerie in Ramillies ein. Auch die Beamten konnten am Himmel drei recht helle Lichtquellen erkennen, die ständig ihre Farbe wechselten. Eine Viertelstunde später traf auch das zweite, etwas kleinere Dreieck bei der ersten Formation ein, und nahm nach mehreren Dreh- und Wendemanövern eine ähnliche Position wie diese ein.

Inzwischen konnten die Radarstationen der Luftwaffe in Gent und Glons aufgrund präzise durchgeführter Abgleichungen Fehler bei ihren Messungen ausschließen. Deren Beobachtungen deckten sich genau mit jenen der Augenzeugen, und was noch bedeutsamer war: Es gab keinen offiziell gemeldeten Flugverkehr zur selben Zeit in derselben Gegend. So starteten gegen Mitternacht zwei F-16 Abfangjäger der belgischen Luftwaffe in Richtung der beiden gemeldeten Dreiecksobjekte.

Schnell gelangten die Jets in die Nähe der Dreiecke, und um 0.13 Uhr meldete man die erste Annäherung. Doch kurz bevor die Piloten auch Sichtkontakt hatten, beschleunigten die UFOs ihre Geschwindigkeit innerhalb weniger Sekunden von 270 auf 1745 Kilometer pro Stunde. Dabei führten sie unglaubliche, sämtlichen bekannten Gesetzen der Physik zuwiderlaufende Flugmanöver aus: Innerhalb weniger Sekunden fielen sie von 2700 auf 1500 Meter, schossen dann wieder nach oben auf etwa 3300 Meter, um sich im

Anschluß beinahe auf Bodenniveau fallen zu lassen. Hierbei verloren nicht nur die Piloten, sondern auch die Radarüberwachung am Boden den Kontakt, um gleich darauf wieder an anderen Orten unidentifizierte Ziele auf dem Schirm zu haben.

Um 0.30 Uhr registrierte das Radar ein Objekt, das sich mit 1330 Kilometern je Stunde heranbewegte. Wieder flogen die beiden F-16 auf das unbekannte Ziel zu, doch kurz vor dem Zusammentreffen verschwand dieses ganz plötzlich. Die Zeugen am Boden konnten deutlich das »Katz-und-Maus-Spiel« beobachten, das die fliegenden Dreiecke mit den Militärflugzeugen veranstalteten. Als die Düsenjäger gerade zu ihrem dritten Anflug ansetzten, verschwand das zweite, kleinere Dreieck. Gleichzeitig bewegte sich der hellste Lichtpunkt aus dem größeren Dreieck heraus und begann dabei rötlich zu blinken. Die beiden übriggebliebenen Leuchtpunkte entfernten sich gleichfalls, und so befand sich am Himmel nur noch ein großes rotes Licht.

Schließlich erfaßte das Radar um 0.32 Uhr noch ein weiteres Mal ein Ziel, das sich in zweitausend Metern Höhe mit tausend Kilometern in der Stunde bewegte. Doch ebensoschnell ging der Radarkontakt auch wieder verloren. Als sich um 1.00 Uhr in der Nacht das letzte Lichtobjekt aus dem Radarbereich entfernte, wurden beide F-16 zur Basis zurückbeordert.

Auf den Druck der Medien und das lebhafte Interesse der Öffentlichkeit an diesen Erscheinungen hin, war die Luftwaffe des Landes gezwungen, einen offiziellen Bericht über das Geschehen in dieser Nacht abzugeben. In diesem wurde festgestellt, daß die Glaubwürdigkeit der Zeugen am Boden – darunter waren auch Beamte der belgischen Gendarmerie – nicht angezweifelt werden kann. Auch sei eine Verwechslung mit irdischen Flugzeugen aufgrund der Flugmanöver ausgeschlossen. Es gab weder Temperaturinversionen, die das Radar hätten täuschen können, noch seien optische Erscheinungen wie Ballons, Sterne am Himmel und andere geeignet, als natürliche Ursache für diese Beobachtungen in Frage zu kommen.

Für die Spezialisten der Luftwaffe war es überdies nicht zu erklären, warum es bei den UFOs keinerlei Überschallknall gab, obwohl deren unglaubliche Beschleunigung zu Geschwindigkeiten bis zu zweitausend Kilometern pro Stunde geführt hatte. Weitere Überprüfungen kamen zu dem Ergebnis, daß Beschleunigungen erreicht wurden, bei welchen eine bis zu sechsundvierzigfache Schwerkraft geherrscht haben muß. Dies aber schließt die Möglichkeit, daß menschliche Piloten für die atemberaubenden Flugmanöver verantwortlich waren, ganz entschieden aus.

1991
Der Golfkrieg –
vierunddreißig Jahre vorher prophezeit

Am 16. Januar 1991 holten die Truppen der Vereinigten Staaten und ihrer Verbündeten zu einem militärischen Schlag gegen den Irak aus. Dem Golfkrieg, der nur hundert Stunden währte, waren zahlreiche Provokationen des irakischen Diktators, Saddam Hussein, vorausgegangen, die in der Invasion des Ölstaates Kuwait eskalierten. Politisch bewertet, entbehrten diese »Kapriolen« Husseins eigentlich jeder vernünftigen Grundlage. Galt er doch als einer der gemäßigteren Politiker im Nahen Osten und durch einen langanhaltenden Krieg mit dem fundamentalistischen »Gottesstaat« Iran sozusagen als »Brückenkopf« des Westens in dieser krisengeschüttelten Region.

Aber noch mehr Rätsel als das Verhalten Saddam Husseins geben einige aus dem Jahre 1957 stammende Prophezeiungen auf, in denen anscheinend der Golfkrieg vom Januar 1991 in sonderbarer Weise vorweggenommen wird.

Zu jener Zeit hatte es der 1890 in Massachusetts geborene William D. Pelley in den Vereinigten Staaten als Hellseher und Visionär zu einem leidlichen Bekanntheitsgrad gebracht. In den Jahren 1956 und 1957 nun behauptete Pelley, auf medialem Weg – lange bevor der Ausdruck »Channeling« zu einem Modebegriff der esoterischen Szene wurde – Kontakt zum berühmten französischen Astrologen und Seher Michel Nostradamus (1503–1566) erhalten zu haben. Als Ergebnis sollen diesem Jenseitskontakt fünfhundert weitere jener Vierzeiler (»Quatrains«) entsprungen sein, in denen Nostradamus' meist düstere Prophezeiungen enthalten sind, die schon Generationen von Interpreten beschäftigt haben.

Einige Freunde William D. Pelleys machten sich die Mühe, die fünfhundert »neuen« Vierzeiler gewissenhaft zu notieren, und als der Kontakt beendet war, faßten sie diese in einem kleinen, jedoch wenig beachteten Büchlein zusammen. In diesen Vierzeilern werden – in der Tat nach bester Nostradamus-Art – die Personen mit Pseudonymen umschrieben, nicht mit ihren wirklichen Namen genannt. So heißt Saddam Hussein darin »The Iron One« – am besten mit »Der Eiserne« zu übersetzen. Der Staat Israel dagegen wird als »Ram«, also als »Widder« bezeichnet:

»The Iron One's weariness giveth the Ram his respite. – Die Müdigkeit des Eisernen gibt dem Widder Aufschub.« Nach einem langen Krieg mit dem Iran ist der Irak geschwächt und verhilft dem von Feinden umgebenen Israel zu einer Atempause.

»Always should you know that the Iron Ones are twain; one beareth the name, another the power of decision. – Der Eisernen sind deren zwei; einer trägt den Namen, der andere die Kraft, sich zu entschließen.« Dies ist wahrscheinlich eine Anspielung auf die Namensgleichheit von König Hussein von Jordanien und Saddam Hussein, seinem nächsten Nachbarn im Osten.

»The Iron One receiveth the Monarch of the Derricks. – Der Eiserne empfing den König der Bohrtürme.« Kurze Zeit vor Iraks Überfall auf Kuwait versuchte dessen König, durch Verhandlungen in Bagdad die drohende Invasion abzuwenden.

»The sixteenth day of the first month, opened the lists of all world joustings. The puny acquire a stature suddenly, the gravestone toppleth in futilities. – Am 16. Tag des ersten Monats begannen die Turnierkämpfe. Die Schwächlichen werden mit einem Mal stark, die Grabsteine fallen um und werden nutzlos.« Die Militäraktion der Alliierten begann am 16. Januar des Jahres 1991, als jene, über die sich der irakische Diktator durch seine Annektion Kuwaits lustig gemacht zu haben schien, nun in aller Entschlossenheit die Zähne zeigten.

»A vast lake of oil shall burn fiercely before the nations. The fuel of Diplomacy lifts a black pillar eastward and before its greatness, men and bureaus blanche. – Ein riesiger See von Öl brennt glühend vor den Völkern. Der Brennstoff der Diplomatie erhebt sich in einer schwarzen Säule gen Osten. Vor deren Größe erbleichen Menschen und Behörden.« Die Bilder brennender Ölquellen, von den abziehenden Irakis in Brand gesetzt, gingen um die ganze Welt. Eine riesige Rauchsäule zog nach Osten, und die Sonne schien in weiten Regionen nicht mehr wegen des alles erstickenden Qualms. Das Öl, einziger Reichtum des Wüstenstaats Kuwait, drohte die Umwelt der ganzen Golfregion zu vernichten und sogar die Großwetterlage der Welt zu verändern. Einzig dem kompetenten und beherzten Eingreifen internationaler Spezialisten war es zu verdanken, daß die brennenden Ölquellen relativ rasch gelöscht werden konnten.

»A carnival of armies proceed to stack their ensignes, they jest at how paltry a price bought victory. – Wie bei einem Karneval türmen die Heere ihre Orden auf, und sie machen Scherze, wie erbärmlich der Sieg durch einen Preis erkauft wurde.« Tatsächlich war der ganze Golfkrieg ein riesiges Medienspektakel, wie man es nie zuvor bei einer Militäraktion erlebt hatte. Und wenn man die gezeigte Entschlossenheit der militärischen Allianz mit dem Versagen derselben in anderen Kriegsgebieten – wie angesichts der bosnisch-serbischen Menschenschlächterei – vergleicht, so kommt man nicht umhin, die Interessen am Machtfaktor *Erdöl* als einzige, treibende Kraft zu erkennen!

In den jenen des Nostradamus so ähnlichen Vierzeilern wurde auch darauf angespielt, daß Saddam Hussein erkennt, daß er geschlagen ist, aber seine Ämter nicht aus der Hand gibt. Ebenso versuche sich der Diktator zuweilen kooperativ zu zeigen, etwa bei den Kontrollen durch die Abrüstungskommissionen der Vereinten Nationen. Der Rest der Vierzeiler beschäftigt sich (wieder einmal) mit einem kommenden, dritten Weltkrieg, der dieses Mal durch einen chinesischen Einmarsch in die von Unruhen geschüttelte ehemalige Sowjetunion ausgelöst wird.

Es ist zu hoffen, daß diese Prophezeiung nie eintrifft. Was aber die Vorgänge um den Golfkrieg von 1991 angeht, erscheinen die vierunddreißig Jahre alten Voraussagen doch unheimlich real!

1992
Das Geheimnis in der Nullarbor-Ebene

Die Nullarbor Plains sind eine öde Halbwüste, deren spärliche Vegetation sich zumeist auf Dornbüsche und ein paar Sukkulenten beschränkt. Die Ebene erstreckt sich auf zweiunddreißig Grad südlicher Breite, nördlich der Großen Australischen Bucht und beidseits der Grenze des Süd- und des Westaustralischen Territoriums. Im Winter fällt dort etwas Regen, und im Norden schließt sich die Victoria-Wüste an, die in den sechziger Jahren Schauplatz von Atombombentests der Briten wurde.

Im Oktober 1992 machte der Beobachtungssatellit »ERS-1« der Europäischen Luft- und Raumfahrtbehörde ESA eine seltsame Entdeckung, als er im Rahmen eines zehntägigen Kartographierungsprogramms Bilder vom Fünften Kontinent aufnahm. Dabei stellte sich heraus, daß die Nullarbor-Ebene von fünf langen, parallel verlaufenden und schnurgeraden Linien durchzogen wird. Die mit der Auswertung der orbitalen Aufnahmen betrauten Wissenschaftler schätzten die Länge der Linien auf etwa vierhundert Kilometer, bei einer Breite zwischen fünf und fünfzehn Kilometern. Allerdings sind sie vom Boden aus nicht zu erkennen.

»Die Nullarbor Plains sind normalerweise eine weite Fläche, die kaum ausgeprägte Besonderheiten besitzt«, erklärte Dr. Ian Tapley von der Australischen Forschungsorganisation CSIRO. »Es gibt noch keine Erklärung für die mysteriösen Linien.«

Noch rätselhafter ist, daß die parallelen Geraden nur tagsüber erscheinen. Man stieß auf diese Besonderheit, als man die Ebenen nachts via Satellit mit Infrarotsensoren abtastete. In der Nacht sind die Temperaturunterschiede zwischen Felsen, Erde und Sand am ausgeprägtesten. Tagsüber hingegen ist die Erdoberfläche gleichmäßig heiß, und es ist schwierig, Unterschiede darin zu erkennen. Jene unerklärlichen Linien weisen jedoch ganz offensichtlich einen Temperaturunterschied von zwei Grad Celsius zu ihrer Umgebung auf.

Das Phänomen konnte zwischenzeitlich auch von einem Wettersatelliten der *US National Oceanic and Atmospheric Administration* bestätigt werden: Jene Linien mysteriöser Herkunft tauchten nämlich auch auf Thermofotos auf, die von besagtem Satelliten gleichfalls im Oktober 1992 aufgenommen worden waren. Um eine Erklärung aber sind die australischen Wissenschaftler zur Zeit noch verlegen.

1993
Nano-Technik aus der Eiszeit

Immer wieder tauchen in Gesteinsschichten, die so alt sind, daß wir sie erdgeschichtlich gesehen in längst vergangene, geologische Epochen datieren müssen, Gegenstände auf, die eigentlich nichts darin zu suchen haben. Im folgenden geht es um Artefakte einer uns unbegreiflichen Technologie, zu der *wir* wohl erst in einigen Jahren fähig sein werden.

In den Jahren von 1991 bis 1993 fanden Goldsucher und Buntmetallerz-Schürfer am östlichen Rand des Ural-Gebirges sonderbare, meist spiralförmige Gegenstände. Die Größe dieser Objekte variierte von maximal drei Zentimetern bis zu 0,003 Millimetern. An verschiedenen Fundorten nahe der Flüsse Narada, Kozhim und

Balbanju sowie an zwei Bächen mit Namen Wetwisty und Lapchewozh wurden Zigtausende dieser unerklärlichen Stücke entdeckt, zumeist in einer Tiefe, die zwischen drei und zwölf Metern liegt: Dadurch war es den Geologen möglich, die Schichten altersmäßig zwischen zwanzig- und über dreihunderttausend Jahre einzuordnen. Nach der gängigen Einteilung war das mitten im Pleistozän, der älteren Formation des Quartärs. Also in der *Eiszeit*!

Die spiral- oder wendelförmigen Artefakte bestehen aus verschiedenen Metallen: Die größeren aus Kupfer, die meist mikroskopisch kleinen hingegen aus den seltenen Buntmetallen *Molybdän* und *Wolfram*. Letzteres besitzt ein hohes Atomgewicht sowie eine sehr hohe Dichte; sein Schmelzpunkt liegt bei 3410 Grad Celsius. Verwendet wird es vorwiegend zur Härtung von Spezialstählen, unlegiert für Glühfäden von Lampen. Molybdän besitzt auch eine hohe Dichte, und der Schmelzpunkt liegt immer noch bei respektablen 2650 Grad Celsius. Auch dieses Metall wird zur Härtung und Veredelung von Stählen verwendet.

Mit der Untersuchung der Funde wurde die Russische Akademie der Wissenschaften in Syktywkar (der Hauptstadt der ehemaligen Autonomen Sowjetrepublik Komi) in Moskau sowie St. Petersburg betraut, ebenfalls ein wissenschaftliches Institut in der finnischen Hauptstadt Helsinki. Genaue Messungen an den oft im Submillimeterbereich liegenden Spiralen haben ergeben, daß deren Teilungsverhältnis im sogenannten *Goldenen Schnitt* steht. Dieser stellt seit den Zeiten des klassischen Altertums so etwas wie ein »ehernes Gesetz« in Geometrie und Architektur dar. Er kommt zur Anwendung, wenn sich bei der Teilung einer Strecke in zwei Abschnitte die ganze Strecke zum größeren Abschnitt ebenso verhält wie dieser zum kleineren.

Abgesehen von solchen Feinheiten, wecken diese Produkte einer uns fremden Technologie bestimmte Assoziationen zu hypermodernen Steuereinheiten, deren Dienst in mikrominiaturisierten Apparaturen vorgesehen ist. Weltweit arbeiten Forscher daran, Miniaturkolben, -zahnräder, -schalter und andere Steuerelemente im

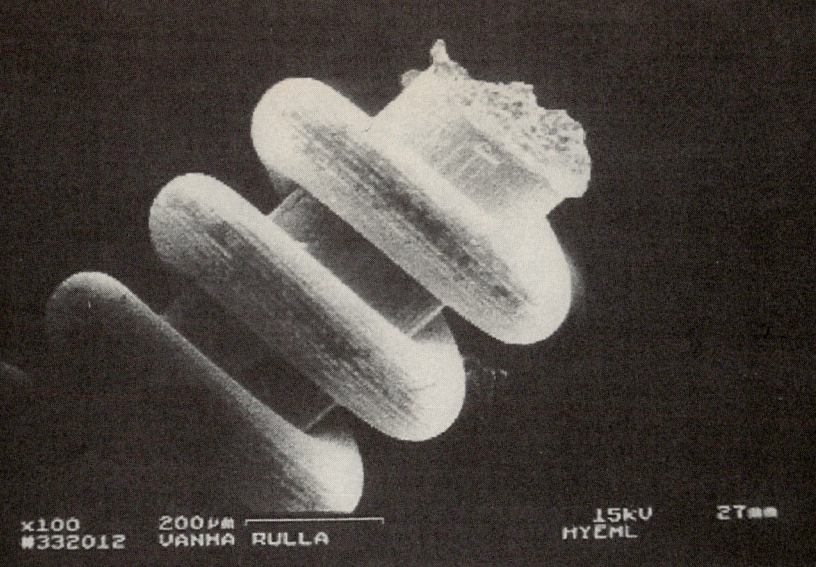

x100   200µm   ⌐‾‾‾‾‾‾‾‾‾‾‾‾‾
#332012 UANHA RULLA   15kU   27мм
                              HYEML

Abb. 30, Abb. 31 Aufnahmen von einigen der Objekte, die man seit Anfang der neunziger Jahre am östlichen Rand des Ural gefunden hat.

Submillimeterbereich zu entwickeln, deren Einsatz in sogenannten *Nano-Robotern* geplant ist. Diese wären in der Lage, Einsatzzwecken nachzukommen, die wir bislang eindeutig dem Genre Science-fiction zugerechnet haben. So wird unter anderem an die Konstruktion von Mikrosonden für den medizinischen Bereich gedacht, zum Beispiel für Operationen in sehr engen Blutgefäßen.

Über jene »Ural-Artefakte« liegen mittlerweile Analysen von vier Instituten vor. Ich selbst besitze den Bericht des »Zentralen wissenschaftlichen Forschungsinstituts für Geologie und Erkundung von Bunt- und Edelmetallen« (ZNIGRI) in Moskau. Dieser vom 29. November 1996 stammende Bericht datiert die geologische Schicht, welche die spiralförmigen Objekte enthält, auf ein Alter von etwa hunderttausend Jahren.

Im weiteren Verlauf beschreibt er die am Institut durchgeführten Untersuchungen, die unter anderem mit einem Elektronenmikroskop vom Typ JSM T-330 der japanischen Firma JEOL vorgenommen wurden. Auch die im gleichen Zusammenhang gewonnenen Daten mehrerer Spektralanalysen werden in dem Untersuchungsbericht tabellarisch aufgeführt.

Unbedingt Beachtung finden sollte aber die Schlußfolgerung, zu der das Moskauer Institut kommt, das der Russischen Föderation für Geologie und Nutzung von Bodenschätzen untersteht. So stellt Bericht Nr. 18/485 vom 29. November 1996 nüchtern fest: »*Die angeführten Daten erlauben die Frage nach ihrem außerirdischen, technogenen Ursprung.*«

1994
Pyramiden im Reich der Mitte

Am 28. März 1947 überraschten mehrere amerikanische Zeitungen, unter ihnen die *New York Times* und der *Los Angeles Herald Express* ihre Leser mit einer erstaunlichen Schlagzeile: »US-Pilot berichtet von riesiger chinesischer Pyramide in abgelegenen Bergen südwestlich von Xian.« Demnach sichtete Colonel Maurice Sheahan, zu damaliger Zeit im Dienst der Fluggesellschaft TWA, ein pyramidenartiges Bauwerk in den Bergen der Provinz Shaanxi, dessen Höhe er mit unglaublichen dreihundert Metern angab – was in etwa der doppelten Höhe der ägyptischen Cheopspyramide entspricht.

Sheahan war indes nicht der einzige: Bereits in den letzten Kriegstagen des Jahres 1945 soll ein weiterer US-Pilot, dessen Name mit James Gaussman angegeben wurde, das gigantische Monument vom Flugzeug aus gesehen haben. Allerdings war es in der Folgezeit nicht mehr möglich, diese Berichte zu verifizieren, und so wurden diese der Einfachheit halber ins Reich der Fabel verwiesen. Einzig eine Schwarzweißfotografie dieser Pyramide existierte, tauchte aber erst Ende der achtziger Jahre auf, da sie vom Militärgeheimdienst der Vereinigten Staaten seinerzeit konfisziert und unter Verschluß gehalten worden war.

Szenenwechsel. Wir schreiben das Frühjahr 1994. Soeben war mein Erstlingswerk *Die weiße Pyramide* erschienen, in dem ich mich mit möglicherweise außerirdischen Spuren in Ostasien eingehend beschäftigte. Bereits während ich noch am Manuskript zu diesem mittlerweile in zwölf Sprachen veröffentlichten Buch arbeitete, lernte ich einen jungen Chinesen kennen, der in unserem Land Tourismus studiert hatte und nun bei einem Reiseveranstalter arbeitete. Mit ihm sprach ich über mein Buchprojekt und diskutierte über einige der Rätsel aus seiner Heimat, über die ich darin zu berichten gedachte. Als nun die Sprache auf jenes geheimnisvolle Bauwerk kam – das letztlich auch als »Namenspatron« für mein erstes Buch diente –, teilte mir der Chinese zu meiner Verblüffung mit, daß er in Xian geboren und sogar über die Existenz *zahlreicher* Pyramiden in der Nähe seiner Heimatstadt informiert sei.

Mehr noch: Er bot mir an, all seine Verbindungen zu den Kadern und Ministerien seines Heimatlandes in die Waagschale zu werfen, um mir den Besuch jener für gewöhnlich nicht zugänglichen Stätten zu ermöglichen.

Der langen Rede kurzer Sinn: Mitte März 1994 durfte ich, zusammen mit meinem Wiener Freund und Autorenkollegen Peter Krassa, als erster Ausländer meinen Fuß in die sowohl für Touristen als auch Normalchinesen gesperrten Zonen setzen! Was bisher der erklärte Wunschtraum mancher Forscher, Autorenkollegen und Journalisten war – nun wurde es zur Gewißheit. In China stehen Pyramiden, und zwar so zahlreich, daß sie die Anzahl der ägyptischen bei weitem übertreffen. Es sind in der Regel Pyramiden von dem Typ, wie wir ihn aus Mittelamerika kennen, also an der Oberseite abgeflacht. Und meistens bestehen sie nicht aus Steinquadern, sondern aus Lehm und Löß, der über die ungezählten Jahrtausende steinhart geworden ist.

Auf dieser und einer weiteren Expedition war es mir möglich, Dutzende Pyramiden in dieser Region westlich der Provinzhauptstadt Xian zu besichtigen, zu fotografieren und sogar ein paar Minuten Videofilm zu drehen. Die weitaus meisten von ihnen vermochte ich

Abb. 32 Zu welchem Zweck dienten die geheimnisvollen Pyramiden Chinas?

im Umkreis der Stadt Xianyang zu zählen, knappe vierzig Kilometer von Xian entfernt. Das diese Stadt umgebende Gebiet ist beinahe menschenleer, nur eine Handvoll Bauern ackerten im Schatten der Pyramiden, die ganz unwirklich, beinahe wie Fremdkörper aus einer anderen Welt wirkten.

Respektgebietend erhebt sich eine mehr als siebzig Meter hohe Pyramide, nur einen Kilometer von der Stadtgrenze Xianyans entfernt. Wie Spielzeug muten Bäume und Menschen am Fuße des Bauwerks an. Als ich es erklommen hatte, erwarteten mich überraschende Eindrücke. Ganz oben fand ich einen regelrechten Einsturzkrater. Bedingt durch jahrtausendelange Erosion, muß ein sich darunter befindlicher Hohlraum eingebrochen sein. Was mag sich in dieser Pyramide verbergen? Geheime Kammern mit sterblichen Überresten alter Herrscher, Schätze und Kostbarkeiten aus längst vergangenen Zeiten?

Aber noch mehr beeindruckte mich der Blick von dem Monument, den ich in die Ferne schweifen ließ. Mich einmal um meine eigene Achse drehend, vermochte ich rund um dieses Bauwerk siebzehn weitere Pyramiden zu erkennen, teilweise in Gruppen angeordnet, aber auch allein stehend. Man kann von einer richtigen Pyramidenstadt sprechen, und insgesamt dürften es sicher weit über hundert sein, die in jener Ebene von Qin Chuan, wie sich die Region nennt, existieren.

Die Entdeckung dieser Pyramiden im Reich der Mitte, die die Berichte der zu Anfang erwähnten US-Piloten bestätigen, zieht natürlich eine Unmenge neuer Fragen nach sich. Was stellen die Bauten dar? Waren es »nur« Grabstätten alter Herrscherdynastien, deren Verstorbene hier standesgemäß zur letzten Ruhe gebettet wurden? Oder sind sie Teil jenes gigantischen Systems heiliger Linien, die in China unter dem Namen *Feng Shui* oder *Drachenwege* bekannt sind? Der Archäologe Professor *Wang Shiping*, mit dem ich mich in Xian eingehend unterhielt, vermutet Zusammenhänge in der Anordnung der Pyramiden in Shaanxi mit den Gestirnen am Himmel, ähnlich wie bei den Pyramiden auf dem Plateau von *Giza,* die neuesten Erkenntnissen zufolge Hinweise auf das Sternbild des Orion geben sollen.

Rätsel über Rätsel. Und über den chinesischen Pyramiden mag zudem ein Tabu liegen, denn bislang wurde keines dieser betagten Monumente – ihr Alter wird zwischen zwei- und fünftausend Jahre geschätzt – geöffnet. Der Beijinger Archäologe Professor Xia Nai antwortete indes, als er auf die Öffnung der Pyramiden angesprochen wurde, mit den kryptischen Worten: »Das ist eine Aufgabe für künftige Generationen ...«

1995
Die Inkarnation des Schreckens

Eine ganz spezielle Variante angsterregender Tierverstümmelungen wird seit einigen Jahren von der Karibikinsel Puerto Rico gemeldet. Sie werden übereinstimmend von zahllosen Augenzeugen Kreaturen zugeschrieben, die als »Chupacabra« berühmt-berüchtigt geworden sind.

Diese Inkarnationen des Schreckens werden als humanoid charakterisiert, jedoch mit einer Größe, die zwischen ein Meter zwanzig und ein Meter fünfzig liegt. Ihr großer Kopf ist birnenförmig, mit sichtbaren Ohren und zwei kleinen Löchern an der Stelle der Nase. Der Mund ist ein lippenloser Schlitz; einige Zeugen wollen darin respekteinflößende, lange Zähne gesehen haben. Die überdimensionierten Augen liegen schräg im Schädel und leuchten unheimlich rot, mit Ausnahme der vertikalen, schwarzen Pupillen. Ihre Arme sind lang und dünn und mit klauenähnlichen Greifwerkzeugen versehen, die drei oder vier Finger tragen. Auch die Füße sind lang und klauenähnlich. Ihre Haut wird mit jener von Reptilien verglichen. Viele Zeugen konnten beobachten, daß diese Chupacabras sehr schnell laufen und unglaublich hoch springen können. Am Rücken tragen sie archaisch anmutende, spitze Stacheln, die sie je nach Bedarf ausfahren und wieder einziehen. Diese sehr bedrohlich wirkenden Stacheln reichen vom Nacken bis hinab zum Steiß und können offenbar ihre Farbe ändern.

Der Name Chupacabra bedeutet wörtlich übersetzt soviel wie *Ziegensauger*. Allerdings wurden an den Tatorten nicht nur Ziegen gefunden, sondern beinahe die gesamte Palette domestizierter, einheimischer Nutztiere: Kühe, Schafe, Pferde, Hunde, Geflügel und Schweine. Allen Opfern gemeinsam sind tiefe, sauber und exakt ausgeführte Schnitte im Körper. Sogar das Blut fehlt in der Regel vollständig; auch rund um die Kadaver wurden keinerlei Blutspuren gefunden. Viele der Tiere wurden mit tiefen, punktförmigen Inzisionen, ähnlich medizinischen Einschnitten, gefunden, die etwa sechs bis zwölf Millimeter Durchmesser aufwiesen und dreiecksförmig angeordnet waren. Der Abstand zwischen diesen »Bohrungen«, die mehrere Zentimeter tief sind, macht ebenfalls etwa sechs bis zwölf Millimeter aus.

Auch sind Parallelen zu den bereits in einem vorangegangenen Kapitel erwähnten *Cattle Mutilations* unübersehbar. Denn bei vielen dem Chupacabra zum Opfer gefallenen Tieren fehlen innere Organe, beispielsweise Herz, Nieren sowie verschiedene Drüsen, aber auch Geschlechtsorgane, Lippen, Zunge und die Augen. Ebenso schienen manche der Wundränder wie von einer Art Laserinstrument versiegelt zu sein.

Eine Konfrontation mit jener Inkarnation des Schreckens erlebte Mrs. Madelyne Tolentino und ihre Familie in der zweiten Augustwoche des Jahres 1995 am hellen Tage vor ihrem Haus in Barrio Campo Rico. Gegen 16.00 Uhr war Mrs. Tolentino damit beschäftigt, ihrer Mutter zu helfen, die an jenem Tag in deren gemeinsames Haus einzog. Als Madelyne einmal kurz aus dem Fenster zur Straße sah, fiel ihr ein dort geparktes Auto auf. Mit dessen Fahrer schien etwas nicht zu stimmen: Mit vor Entsetzen geweiteten Augen saß er im Wagen und wollte diesen fluchtartig verlassen. Was den Mann so unglaublich in Panik versetzt hatte, erkannte Mrs. Tolentino, als sie näher an das große Fenster herantrat, das zur Straße hin liegt.

Eine auf zwei Beinen gehende Kreatur, die wohl gerade um die Ecke gebogen war, starrte aus großen, schrägstehenden, dunklen Augen durch das Fenster direkt auf sie. Diesen unheimlichen und schaudererregenden Augen fehlte die weiße Farbe der Augäpfel – sie hatten nichts Menschliches an sich und erinnerten vielmehr an die Augen jener Wesen, die heute stets im Zusammenhang mit dem Entführungsphänomen beschrieben werden. Die Größe dieses unheimlichen Geschöpfes, etwa ein Meter zwanzig, stimmte gleichfalls exakt mit der jener »kleinen Grauen« überein. Auch der Mund war nur ein schmaler Schlitz, und statt der Nase hatte es zwei kleine Löcher im Gesicht.

Völlig außergewöhnlich präsentierte sich die Rückenpartie – dort zog sich eine Reihe von enganliegenden Stacheln der Länge nach den Rücken hinunter, verbunden mit einer Art rotleuchtender Membran oder Haut. Alles in allem war es ein äußerst bedrohlicher Anblick.

Als der Chupacabra Madelyne anstarrte, entrang sich ihr ein lauter Schrei des Entsetzens. Davon alarmiert, kam ihre Mutter und wollte nach dem Rechten sehen, doch nun ergriff das Wesen die Flucht. Gegenüber dem Haus der Tolentinos befindet sich ein freier Durchgang, der in den nahen Wald führt. Dort hinein flüchtete sich die Kreatur.

Zufällig befand sich vor dem Haus ein junger Mann, der öfter für Mr. Tolentino arbeitet. Da er häufig mit Tieren zu tun hat, liegen in seinem Auto stets ein paar Arbeitshandschuhe griffbereit. Als er Zeuge der grotesken Szenerie wurde, holte er schnell seine Handschuhe und machte sich daran, den Chupacabra zu verfolgen. Als er ihn schon beinahe eingeholt hatte und nach ihm griff, kam es zu einer gefährlichen Konfrontation. Urplötzlich schnellten die »Stacheln« auf dem Rücken des Ungeheuers hervor und standen aufrecht in einer Reihe. Dazu öffnete es das Maul, in dem lange und kräftige Zähne blitzten. Mittlerweile war auch Madelynes Mutter hinzugekommen und versuchte gleichfalls, nach dem Chupacabra zu greifen. Doch dieser setzte seine Flucht in noch größerem Tempo fort, wobei seine Füße den Boden nicht mehr zu berühren schienen. Schließlich verschwand er spurlos in der Wildnis.

Vorfälle dieser Art sind auf der Karibikinsel mittlerweile fast an der Tagesordnung, und die Anzahl der durch die Kreatur getöteten Haustiere ist nicht mehr zu zählen. Es ist auch kaum anzunehmen, daß es sich um ein einzelnes Exemplar des Chupacabra handelt, vielmehr dürfte es sich um eine kleine Population jenes personifizierten Alptraums handeln.

Aus diesem Grund zieht es den Bürgermeister der Stadt Canóvanas, Hon. José R. Soto Rivera, wenigstens einmal in der Woche in die Berge und Urwälder rund um seine Stadt. Eine kleine Gruppe bis an die Zähne bewaffneter Freiwilliger begleitet ihn auf dieser ungewöhnlichen Jagd. Und der aufrechte Lokalpolitiker, der den Behörden der USA und Puerto Ricos kriminelle Untätigkeit bei diesem Problem vorwirft, hält auch mit dem Grund seines entschlossenen Vorgehens nicht hinter dem Berg: »Was immer es ist, es ist hochintelligent. Heute greift es Tiere an, doch morgen können es Menschen sein – womöglich unsere Kinder oder Enkel.«

Womit er den weitaus meisten seiner besorgten Landsleute sicher aus der Seele gesprochen haben dürfte!

1996

Das Dorf der Zwerge

Erinnern wir uns: Da wurde im Jahre 1938 eine große Anzahl gravierter Steinscheiben im chinesischen Baian-Kara-Ula-Gebirge gefunden, deren Inschriften von der Havarie eines außerirdischen Raumschiffes berichten. Es waren Grabbeigaben, die man zusammen mit kleinwüchsigen Skeletten aus Felsenhöhlen bergen konnte. In derselben Region kennt man uralte Sagen von spindeldürren, zwergwüchsigen, gelben Wesen, die dereinst »aus den Wolken« gekommen waren und immer wieder von den ortsansässigen Stämmen gejagt und massakriert worden sind.

Aber was war mit jenen »Dropas«, die offenbar von den Sternen gekommen waren, geschehen? Wurden sie ausgerottet, oder gelang es den Überlebenden eines mutmaßlichen UFO-Crashs vor etwa zwölftausend Jahren, sich über die Zeitläufe hinweg fortzupflanzen und bis in unsere Tage zu überdauern?

Um die Wende zum Jahr 1996 tickerte eine sensationelle Meldung aus China in die großen Nachrichtenredaktionen. Da wurden nämlich in der Provinz Sichuan – sie grenzt unmittelbar an das Baian-Kara-Ula-Gebirge – hundertzwanzig menschliche Wesen gefunden, deren maximale Größe ein Meter fünfzehn beträgt. Der mit Abstand kleinste *Erwachsene* mißt gar nur *63,5 Zentimeter!* Die Forscher sind indes völlig ratlos: Während einige Wissenschaftler Umweltgifte vermuten, machen andere ein bislang unbekanntes Gen für den Zwergwuchs verantwortlich. Doch letztendlich sind auch die Wissenschaftler auf Vermutungen angewiesen.

Seither ist um dieses »Dorf der Zwerge«, nur wenige hundert Kilometer von den Höhen des Bayan Har Shan, wie die Gebirgsregion auch genannt wird, eine heftige Kontroverse entbrannt. So berichteten weltweit zahlreiche Zeitungen, Radio- und Fernsehstationen über meine in diesem Zusammenhang geäußerte Theorie, daß wir es hier womöglich mit den letzten Nachkommen der Überlebenden einer Absturzkatastrophe zu tun haben. Und als »Chinese Roswell« – so der Titel eines meiner Bücher, das sogar in den USA erschienen ist – versetzen jene Rätsel um das Zwergenvolk und dessen möglicherweise kosmische Herkunft seit einiger Zeit auch die englischsprachige Welt in Aufregung. Inzwischen vermochte ich einige Recherchen zu betreiben, die meine, zugegeben kühnen Vermutungen zumindest unterstützen.

- Zufall kann nicht im Spiel sein. Denn bei einer statistischen Wahrscheinlichkeit von 1:20 000 für Zwergenwuchs stoßen wir bei hundertzwanzig Fällen an die Grenze mathematischer Darstellbarkeit. Wahrscheinlichkeiten addieren sich nicht, sie multiplizieren sich – das weiß jeder, der schon einmal Lotto gespielt hat!

- Auch Umweltgifte kommen nicht in Frage. Denn jenes »Dorf der Zwerge« liegt weitab von allen größeren Siedlungen und Industriestandorten. Dies geht aus zwei Fax-Nachrichten hervor, die ich Anfang 1996 von den Tourismus-Behörden der Volksrepublik China erhalten habe.

Im Januar 1997 ging ein neuerlicher Erklärungsversuch durch die Presse. Chinesische Wissenschaftler vermuteten eine permanente Vergiftung des Trinkwassers der Region durch *Quecksilber* als Ursache für den mysteriösen Zwergwuchs.

Doch diese Theorie ist schlichtweg unhaltbar! So führte der Münchner Toxikologe Dr. Norbert Felgenhauer wichtige Argumente gegen die Vergiftung durch das Metall ins Feld: »Quecksilber führt zu Störungen im Zentralnervensystem und schädigt Magen, Darm und Nieren. Je nach Dosierung kann sogar der Tod eintreten. Auf keinen Fall kann die Quecksilber-Aufnahme eine Veränderung der Chromosomen bewirken. Dies bedeutet: Quecksilber wirkt sich ... nicht auf das Wachstum aus.«

Das schleichend wirksame Gift vermag also nicht für genetische Veränderungen zu sorgen – gleichwohl aber vermuten einige Wissenschaftler ein »bislang unbekanntes Gen«, womit sie vielleicht gar nicht so falsch liegen ...

Bezeichnenderweise wurde die Existenz des »Dorfes der Zwerge« von den Chinesen mit keinem Wort dementiert – mittlerweile weiß man, daß es Huilong heißt und etwa zweihundert Kilometer im Süden der Provinzhauptstadt Chengdu liegt. Allerdings wies man mich, als ich mich um eine Einreisegenehmigung bemühte, wiederholte Male darauf hin, daß das Gebiet für Ausländer völlig tabu sei! Selbst ein Vorstoß des TV-Senders RTL – jener plante eine Sendung mit Erich von Däniken und meiner Wenigkeit über präastronautische Rätsel im Reich der Mitte – im Sommer 1998 scheiterte letztlich am Verbot der Chinesen, die extrem kleinwüchsige Population in Huilong zu besuchen. Warum diese auffallende Geheimniskrämerei? Wissen die Behörden der Volksrepublik um den phantastischen Hintergrund, der sich um die Entdeckung des kleinen Volkes zu ranken scheint?

Aufgrund der mir gegenwärtig vorliegenden Informationen war es möglich, zwei alternative Szenarien zu erarbeiten:

Das Dorf der Zwerge – Umweltgifte schuld?

Ein Dorf in der chinesischen Provinz Sechzuan. Zwischen Reisfeldern und Bambushainen merkwürdige kleine Häuser.

Das Dorf der Zwerge.

Hier leben 120 Männer und Frauen mit ihren Kindern. Viele sind nicht mal 1,15 m groß. Der kleinste (Erwachsene) mißt ganze 63,5 cm.

Sie haben ihr Dorf im Puppenhaus-Stil gebaut. Kleine Türen, niedrige Treppen, kurze Betten. Alle fahren nur Kinder-Fahrräder.

Das Dorf der Zwerge – für Experten ein Rätsel. Nor-

malerweise gilt: Nur eins von 20 000 Neugeborenen kommt mit einer erblichen Wachstumsstörung auf die Welt.

Wissenschaftler, die das Dorf besucht haben, machen jetzt Umweltgifte für den Zwergenwuchs verantwortlich. Z. B. gefährliche Abgase, chemie-verseuchtes Trinkwasser.

Vielleicht stoppt auch ein besonderes Gen das Größerwerden. Vor 1 Jahr erst wurde ein solches „Zwergen-Gen" entdeckt.

PS: In Deutschland gibt es ca. 100 000 kleinwüchsige Menschen.

1) Vor nicht allzulanger Zeit entschlossen sich diese »Dropas« genannten Wesen, den unwirtlichen Höhen des Baian Kara Ula, die ihnen jahrtausendelang als Lebensraum dienten, Lebewohl zu sagen und sich in klimatisch angenehmeren Gefilden anzusiedeln. Das könnte tatsächlich erst um die Mitte der neunziger Jahre geschehen sein.

2) Vor nicht allzulanger Zeit wurden die Zwerge entdeckt, dann aber aus Gründen besserer Überwachbarkeit, und vor allem zu Studienzwecken, von den chinesischen Behörden zwangsweise umgesiedelt.

Das zweite Szenario enthält mehr Widersprüche, überdies wären hier aus der Volksrepublik nur glatte Dementis zu erhalten gewesen. Deshalb neige ich persönlich eher der ersten Möglichkeit zu. Eines jedoch dürfte unstrittig sein: Diese Wesen müssen für sehr lange Zeit vollkommen isoliert gelebt haben – andernfalls wäre es zu einer Verschmelzung mit anderen Volksstämmen gekommen.

Dies aber hätte wiederum ihre Durchschnittsgröße in die Höhe getrieben.

Das Mysterium um den vermuteten UFO-Crash vor zwölftausend Jahren bleibt also spannend, und wir werden es mit Sicherheit in das neue Jahrtausend hinübernehmen. Ob wir es überhaupt jemals dem Dunstkreis von Mythen und Legenden entreißen können? Doch seien wir ehrlich, was wäre unsere Welt ohne ihre großen Geheimnisse ...

1997
Das Jahr der »Monster«

Ich gewinne immer stärker die Überzeugung, daß sich in verschiedenen Gewässern dieser Welt – die großen Ozeane nicht ausgenommen – noch so manche unbekannte Tierart tummelt, die sich bislang einer zoologischen Klassifizierung erfolgreich zu entziehen wußte. *Mokele-Mbembe, Nessie* und andere Geschöpfe, über die ich in einigen der vorangegangenen Kapitel berichtet habe, stellen wahrscheinlich nur die Spitze des Eisbergs jener unbekannten Spezies dar, die es noch in unser zu eng gewordenes Weltbild einzusortieren gilt. Im Jahre 1997 kam es an mehreren Orten dieser Welt zu Sichtungen weiterer, mysteriöser Wasserbewohner.

Bereits um die Jahreswende 1996/97 wurde im Brosno-See nahe der russischen Stadt Twer ein unbekanntes Tier beobachtet. Die Zeugen beschrieben es als schlangenförmig mit einer Länge von etwa fünf Metern; es habe große Augen in einem fischartigen Kopf gehabt. Berichte über derlei Kreaturen in diesem zehn Kilometer langen und bis zu vierzig Meter tiefen See datieren zurück bis in die fünfziger Jahre des neunzehnten Jahrhunderts.

Trotz wiederholter, gut bezeugter Sichtungen durch Bewohner des am See gelegenen Dorfes Benyok, scheinen russische Zoologen wenig geneigt, nähere Untersuchungen vorzunehmen. Selbst ein – wenn auch unscharfes – Foto, das eine Gruppe Ausflügler aus

Moskau von dem Brosno-Ungeheuer machte, änderte nichts an der Einstellung der Fachgelehrten.

Ein wenig mehr Anerkennung findet dagegen ein Monsterwesen, das im Umzimhlava-Fluß in der zu Südafrika gehörenden Transkei sein Unwesen treibt. So meldete die Nachrichtenagentur Reuter im April 1997, daß verängstigte Bewohner des am Umzimhlava liegenden Dorfes Bisho von einem menschenfressenden Ungeheuer berichteten, das einer Kreuzung aus Fisch und Pferd ähnlich sehe. Unglaublich oder nicht – immerhin gab der Landwirtschaftsminister der östlichen Kapregion, Ezra Sigwela, bekannt, daß diese Kreatur angeblich schon sieben Menschen verschlungen habe. Und er kündigte an, eine offizielle Untersuchungskommission zu dem sinistren Ort zu schicken, um herauszufinden, was es mit jenem mysteriösen Geschöpf auf sich hat, das schon in uralten Xhosa-Legenden als *Mamlambo* bezeichnet wurde.

Auch der südlich des Ararat gelegene, osttürkische Vansee soll eine unbekannte Lebensart beherbergen. Sie wird meist als haarige Seeschlange beschrieben, mit dornartigen Fortsätzen am Rücken. Am 12. Juni 1997 wurde ein Videoband vorgestellt, das ein Amateurforscher aufgenommen hat und welches das Ungeheuer zeigen soll, wie es im See schwimmt.

Die nur wenige Sekunden dauernde Aufnahme wurde von dem damals sechsundzwanzigjährigen Unal Kozak aufgenommen, einem Assistenten der Universität von Van, der sich seit der ersten berichteten Sichtung im Jahr 1995 auf die Fährte des Van-Monsters begeben hat. Auf seinem Video ist ein dunkles Objekt mit einem Höcker zu erkennen, das in Ufernähe auf dem Wasser schwimmt und sodann untertaucht.

Unal Kozak hat bis dato über eintausend Augenzeugen vernommen, die das Seeungeheuer beobachtet haben. Er hat darüber sogar ein Buch verfaßt, in dem er das Geschöpf zu rekonstruieren versuchte. Er schätzt es auf fünfzehn Meter Länge, was bekannte Vertreter unserer Fauna in der Tat als Erklärung auszuschließen scheint. Ausschnitte von seinem Video wurden zwischenzeitlich an die Universität von Cambridge geschickt, wo sich Spezialisten derzeit um eine Analyse bemühen.

Als die Nachricht von Kozaks Aufnahme bekannt wurde, zeigte der berühmte französische Meeresforscher Jacques Cousteau lebhaftes Interesse, selbst im Vansee nach Spuren jenes ominösen Geschöpfes zu suchen. Doch soweit sollte es nicht mehr kommen. Cousteau starb Ende Juni 1997 – ein unersetzlicher Verlust für die Erforschung jener Bereiche unseres Planeten, die mehr als siebzig Prozent seiner Oberfläche ausmachen. Um so mehr übrigens, als es Cousteau vorzog – anders als viele seiner Kollegen –, seine Arbeit nicht vom Schreibtisch aus zu machen.

Jene »Spezialisten« erwarten wohl allen Ernstes, ein lebendes oder zumindest gut erhaltenes Exemplar eines jener Fabelwesen auf ihren Seziertisch zu bekommen, um sich überhaupt ernsthaft mit dessen Existenz zu befassen. Was genauso »wissenschaftlich« sein dürfte wie die Einstellung mancher sogenannten Astronomen, erst an die Möglichkeit von Leben auf fremden Himmelskörpern zu glauben, wenn ein außerirdisches Raumschiff in ihrem eigenen Garten gelandet ist.

1998
Die »schwebende Nonne«

Eine der faszinierendsten Fähigkeiten, zu denen die menschliche Psyche offenbar fähig ist, wird mit dem Begriff »Levitation« bezeichnet. Darunter versteht man das Schwebenlassen eines Gegenstandes, insbesondere des eigenen Körpers, mit Hilfe psychokinetischer Kräfte.

Obwohl dieses Phänomen zuweilen auch in unserem Kulturkreis auftritt, sollen speziell die tibetischen und mongolischen Lamas regen Gebrauch davon gemacht haben. Buddhistische Pilger sollen Gelegenheit gehabt haben, bis zum vierzehnten Jahrhundert im tibetischen Kloster von Chaldan die unverweste Leiche ihres Reformators Tsong Kaba etwa zwanzig Zentimeter frei über dem Boden schweben zu sehen.

Im Frühjahr 1998 erreichten uns Informationen über ein ähnlich geartetes »Wunder«, das sich im südostasiatischen Königreich Thailand abspielt. Tag für Tag finden sich ungezählte Menschen aus dem ganzen Lande im Tempel *Wat Tham Mongkon Thong* in der westlichen Provinz Kanchanburi ein, um dieses Phänomen zu bestaunen und Heilung zu erbitten. Denn mehrmals am Tag begibt sich die buddhistische Nonne Anong Lanong in ein großes, aus dem Felsen gemeißeltes Schwimmbecken im Tempelinneren, um Meditationsübungen zu machen.

Doch das ungewöhnliche bei ihren Meditationen ist, daß sie während dieser Zeit vollkommen unbeweglich in dem eiskalten Wasser *schwebt*. Ihre Arme sind vor der Brust verschränkt, ihr Gesicht geradewegs dem Himmel zugewandt. Andere Mitglieder des Klosters haben gleichfalls versucht, in dieser allen Gesetzen der Schwerkraft widersprechenden Position im Wasser zu schweben, was ihnen jedoch bestenfalls für wenige Sekunden gelang. Die »schwebende Nonne« Anong Lanong hingegen bleibt jedesmal bis zu fünfundvierzig Minuten in dem Wasserbecken, wobei sie ihre Haltung ohne erkennbare Anstrengung beibehält. Dabei befindet sie sich in Trance und vermag sich hinterher an keinerlei Erfahrungen oder Ereignisse zu erinnern.

Sobald sie aus dem eiskalten Wasser gestiegen ist, wendet sie sich dann den Anwesenden zu, welche oftmals weite Wege und beschwerliche Mühen auf sich genommen haben, um im Kloster von körperlichen und seelischen Leiden geheilt zu werden. Hier und da berührt Anong Lanong die Beine oder den Rücken von Pilgern, deren viele bereits von wunderbaren Heilungen durch die »schwebende Nonne« berichtet haben.

Ihr Ruf hat sich mittlerweile wie ein Lauffeuer in Thailand verbreitet. Und so wird sich der Tempel *Wat Tham Mongkon Thong* seine Reputation als »Ort der Wunder« sicher bis weit über die Jahrtausendwende erhalten.

1999/2000
Überstunden für Propheten

Obschon das genaue Jahr, in dem ich dieses Buch für Sie schreibe, höchst hypothetisch ist – so schreibt man etwa in Israel das Jahr 5760, die Moslems zählen seit dem Weggang Mohammeds aus Mekka das Jahr 1377, und sogar unsere Zeitrechnung basiert auf einem Ereignis, das mit einer Toleranz von plus/minus sieben Jahren gehandelt wird –, haftet jenem kalendarischen Übergang von 1999 auf 2000 doch etwas zutiefst Unheilvolles an. Propheten und all jene, die sich hierfür halten, haben zur Jahrtausendwende Hochkonjunktur!

So sagen zahlreiche Sekten wie die *Zeugen Jehovas* oder die *Adventisten vom Siebenten Tag* das Ende der Welt voraus, und in der (bisher unveröffentlichten) *Dritten Prophezeiung von Fátima* wird angeblich ein weltweites Armageddon in den schrecklichsten Farben ausgemalt. Die Wahrsagerin Alica A. Bailey orakelt davon, daß sich »am Übergang des Fische- zum Wassermann-Zeitalter alle Kräfte des Bösen und des Materialismus auf der Erde sammeln«, und der große Mystiker und Seher *Nostradamus* (Michel de Notre-Dame, 1503–1566) sah die »Ankunft des Großen Schreckensherrschers« voraus. Die Flüsse würden durch Blut und Pest rot gefärbt, und Seuchen, Hungersnöte sowie Naturkatastrophen würden schließlich gleichfalls in ein gewaltiges, finales Armageddon münden. All dies soll sich im August 1999 erfüllen.

Steht uns also ein schon seit dem Ende des Zweiten Weltkriegs so penetrant vorhergesagtes drittes Völkergemetzel bevor? Oder noch eher ein Meteoriten-Impakt mit unvorstellbaren Zerstörungen, welchen ein österreichischer Naturwissenschaftler mit Hang zum Obskuren für Mitteleuropa prophezeit?

Nun, aus dem auf dem Balkan tobenden Konflikt, der immerhin den ersten Kriegseinsatz der Deutschen Bundeswehr auslöste, hätte sich durchaus noch ein größerer Krieg entwickeln können; glücklicherweise blieb uns das erspart. Viel mehr Aussicht auf »Erfolg«

hat da schon ein weiteres Menetekel, welches über uns schwebt: Die Amerikaner umschreiben es mit dem Kürzel *Y2K* – »The Millenium Bug«. Gemeint sind damit die Spätfolgen von Programmiersünden in den Jugendjahren unserer Computerisierung. Durch eine nur zweistellige Eingabe des Jahreszahl wissen viele Computersysteme am Übergang vom 31. Dezember 1999 auf den 1. Januar 2000 nicht, ob jetzt das Jahr 2000 oder 1900 angebrochen ist. Dies kann zu einem Ausfall großer Teile unserer Infrastruktur führen, welche auf Gedeih und Verderb Anlagen ausgeliefert ist, die nur so genau oder so perfekt sein können wie jene Menschen, von denen sie programmiert wurden. Rien ne va plus …

Doch zurück zu den gar gruseligen Endzeit-Visionen etlicher Propheten, die uns für den Sommer 1999 geradezu apokalyptische Strafgerichte avisiert haben. Der Monat August des Jahres 1999 ist verstrichen, und noch immer zieht die Erde souverän ihre Bahn um die Sonne. Einem gigantischen Raumschiff gleich, dessen mittlerweile an die sechs Milliarden Häupter zählende menschliche Besatzung genauso weitermacht wie in den Jahren zuvor: Krieg und Umweltsünden, Kriminalität und Korruption, Leid und Unrecht. Aber auch Freude, Hoffnung und ein paar Lichtblicke für eine bessere und lebenswertere Zukunft, sollte ich hier gerechterweise hinzufügen.

> »Allein mit des Geschickes Mächten
> ist kein ewiger Bund zu flechten.«
> (Friedrich v. Schiller, 1759–1805)

Obgleich dieses geflügelte Wort des großen deutschen Dichterfürsten nach wie vor ungebrochene Gültigkeit besitzt, wage ich an dieser Stelle zu guter Letzt noch eine *ganz persönliche* Prophezeiung: Trotz all unserer menschlichen Unzulänglichkeiten, Krisen und Kriege, Umweltsünden und Computercrashs wird sich die Erde auch im Jahr 2000 und natürlich darüber hinaus unbeirrt um unser Zentralgestirn drehen. Und dies mit all ihren Rätseln und Phänomenen, denen wir auch zu Beginn des dritten Jahrtausends wohl kaum so schnell den Schleier des Rätselhaften und Geheimnisvollen zu entreißen vermögen. Die menschliche Neugier, der Drang zu »neuen Ufern«, wird auch in Zukunft unser stärkster Motor sein. Und das ist gut so.

Sehen wir dem neuen Jahrtausend also mit einer gesunden Portion Optimismus entgegen!

Danksagung

Es gibt eine Reihe von Personen, ohne deren Hilfe und Unterstützung dieses Buch wohl nicht zustande gekommen wäre. Ihnen allen möchte ich hier meinen Dank ausdrücken.

Da wären Erich von Däniken, Rainer Holbe, Peter Krassa, Reinhard Habeck, Viktor Farkas, Brad Steiger, Lucy Guzman de Plá und Valerij Ouvarov, denen ich für diverse Bilder und Themen danke. Gleiches gilt für Dr. Johannes Fiebag, der all seine Kraft in die spannende Erforschung der UFO-Thematik einbringt, sowie für Terry O'Neill vom FATE Magazine – jener weltoffenen Zeitschrift, die sich bereits seit einem halben Jahrhundert in bewundernswerter Weise der größten Rätsel und Phänomene dieses Planeten annimmt.

Ein ganz besonderer Dank geht hier an Peter Kaschel, in unseren Breiten der profundeste Spezialist zum Thema Beatles und John Lennon. Er brachte mein Wissen über höchst mysteriöse Aspekte des Mordes an einem der genialsten Musiker unseres Jahrhunderts auf den Punkt.

Last, but not least möchte ich Lektorat und Herstellung des Knaur-Verlags danken, sowie meinen immer zahlreicher werdenden Lesern in aller Welt.

Hartwig Hausdorf

Quellenverzeichnis

Bauval, Robert und Gilbert, Adrian, *The Orion Mystery*, New York 1994

Bender, Hans, *Parapsychologie. Ihre Ergebnisse und Probleme*, Bremen 1970

ders.; *Unser sechster Sinn*, Stuttgart 1971

Berlitz, Charles, *Das Bermuda-Dreieck*, Hamburg und Wien 1975

ders., *Spurlos*, Hamburg und Wien 1977

Berlitz, Charles und Moore, William, *Das Philadelphia-Experiment*, Hamburg und Wien 1979

Bord, Janet und Colin, *Beweise: Der Yeti*, München 1988

dies., *Unheimliche Phänomene des 20. Jahrhunderts*, Rastatt 1990

Brookesmith, Peter (Hrsg.), *Lost and Found*, London 1984

ders., *Incredible Phenomena*, London 1984

ders., *Creatures of Fear and Fable*, London 1987

Buttlar, Johannes von, *Reisen in die Ewigkeit*, Frankfurt am Main 1976

ders., *Das UFO-Phänomen*, Berg.-Gladbach 1980

ders., *Drachenwege*, München 1990

Charroux, Robert, *Phantastische Vergangenheit*, München 1966

Clarke, Arthur C./Welfare, S./Fairley, J., *Geheimnisvolle Welten – An den Grenzen unserer Wirklichkeit*, München 1990

Costello, Peter, *In Search of Lake Monsters*, London 1975

Däniken, Erich von, *Erinnerungen an die Zukunft*, Düsseldorf 1968

ders., *Erscheinungen*, Düsseldorf 1974

ders., *Der Götter-Schock*, München 1992

David-Néel, Alexandra, *With Mystics and Magicians in Tibet*, London 1936

dies., *Unsterblichkeit und Wiedergeburt*, Wiesbaden 1962

Dinsdale, Tim, *The Leviathans*, London 1966 und 1976

Edwards, Frank, *Flying Saucers – Serious Business*, New York 1966

Eisenbud, Jule, *The World of Ted Serios*, New York 1967

Evans, Hilary, *Beweise: UFOs*, München 1988

Farkas, Viktor, *Unerklärliche Phänomene*, Frankfurt/Main 1988

ders., *Rätselhafte Wirklichkeiten*, München 1998

Fawcett, Percy, *Geheimnisse im brasilianischen Urwald*, Zürich 1953

Fiebag, Johannes, *Die geheime Botschaft von Fatima*, Tübingen 1986

ders., *Die Anderen*, München 1993

ders., *Von Aliens entführt*, Düsseldorf 1997

Fiebag, Johannes und Peter, *Himmelszeichen*, München 1992

Fort, Charles H., *Wild Talents*, New York 1932

ders., *The Book of the Damned*, New York 1941

ders., *New Lands*, New York 1941

Gaddis, Vincent, *Invisible Horizons*, New York 1965

ders., *Mysterious Fires and Lights*, New York 1967

Good, Timothy, *Jenseits von Top Secret*, Frankfurt/Main 1991

Gossler, Marcus, *Lexikon Grenzwissenschaften*, Landsberg 1988

Green, C., *Out of the Body Experiences*, London 1968

Group, David, *Beweise: Das Bermuda-Dreieck*, München 1987

Habeck, Reinhard, *Das Unerklärliche*, Wien 1997

Hausdorf, Hartwig, *Die weiße Pyramide*, München 1994

ders., *Wenn Götter Gott spielen*, München 1997

ders., *Rückkehr aus dem Jenseits*, München 1998

ders., *UFO-Begegnungen der tödlichen Art*, München 1998

ders., *X-Reisen*, München 1998

Hausdorf, Hartwig und Krassa, Peter, *Satelliten der Götter*, München 1995

Holbe, Rainer, *Unglaubliche Geschichten*, München 1985

ders., *Phantastische Phänomene*, München 1993

ders., *Neue Phantastische Phänomene*, München 1994

Homet, Marcel, *Die Söhne der Sonne*, Olten/Schweiz 1958

Hopkins, Budd, *Intruders – The Incredible Visitations at Copley Woods*, New York 1987

Hutin, Serge; *Hommes et Civilisations fantastiques*, Paris 1970

Hynek, J. Allen, *The UFO Experience*, New York 1974

ders., *The Hynek UFO Report*, London 1978

Jessup, Morris K., *The Case for the UFO*, New York 1957

Jung, Carl G., *Ein moderner Mythos*, Zürich/Stuttgart 1958

Keel, John, *Strange Creatures from Time and Space*, Greenwich/CT 1970

Keller, Werner, *Was gestern noch als Wunder galt*, München und Zürich 1973

Keyhoe, Donald, *The Flying Saucer Conspiracy*, London 1957

Kolosimo, Peter, *Sie kamen von einem anderen Stern*, Wiesbaden 1969

ders., *Viele Dinge zwischen Himmel und Erde,* Wiesbaden 1970

ders., *Woher kommen wir*, Wiesbaden 1972

Krassa, Peter, *Phantome des Schreckens*, Wien 1980

ders., *... und kamen auf feurigen Drachen*, Wien 1984

ders., *Tunguska*, Berlin 1995

ders., *Der Wiedergänger*, München 1998

Krassa, Peter und Habeck, Reinhard, *Die Palmblatt-Bibliothek*, München 1993

Langelaan, Georges, *Die unheimlichen Wirklichkeiten*, München 1975

Leslie, Desmond und Adamski, George, *Flying Saucers have landed*, London 1953

Lewis, L. M., *Footprints on the Sands of Time*, New York 1975

Lunan, Duncan, *Man and Stars*, London 1974

Mackal, Roy P., *A living Dinosaur? In Search of Mokele-Mbembe*, Leiden 1987

Meckelburg, Ernst, *Besucher aus der Zukunft*, München 1980

ders., *Zeittunnel*, München 1991

ders., *Die Titanic wird sinken*, München 1998

Mehner, Thomas, *Das UFO-Thema in der DDR*, in: Fiebag, Johannes (Hrsg.), *Das UFO-Syndrom*, München 1996

Michell, J. und Rickard R. J. M., *Phenomena – A Book of Wonders*, London 1977

Ostrander, Sheila und Schroeder, Lynn, *PSI*, München 1971

o. V., *Weltalmanach des Übersinnlichen*, München 1987

o. V., *Phänomene*, Erlangen 1993

Pauwels, Louis und Bergier, Jacques, *Aufbruch ins dritte Jahrtausend*, Bern und München 1962

Randles, Jenny, *Abduction*, London 1988

Sanderson, Ivan T., *Abominable Snowmen: Legend come to Life*, Philadelphia/PA 1961

Schneider, Adolf, *Besucher aus dem All*, Freiburg i. Br. 1974

Schuhmacher, Jack, *Das Wunder Mirin Dajo*, Zürich 1947

Shuker, Dr. Karl, *Mystery Cats of the World*, London 1989

Spencer, John, *Geheimnisvolle Welt der UFOs*, Wien 1992

Spencer, William F., *Das war John Lennon*, München 1981

Steiger, Brad, *Mysteries of Time and Space*, West Chester/PA 1989

ders., *The Philadelphia Experiment & other UFO Conspiracies*, New Brunswick 1990

Stemman, Roy, *Die Welt der Seelen und Geister*, Frankfurt a. Main und Berlin 1979

Stevenson, Ian, *Twenty Cases Suggestive of Reincarnation*, New York 1966

Stoneley, Jack, *Is anyone out there?*, London 1975

ders., *Tunguska. Cauldron of Hell*, London 1977

Studer, Paul, *Mirin Dajo und seine Wunder*, Zürich 1947

Tart, C. T., *Altered States of Consciousness*, New York 1969

Webster, Ken, *The Vertical Plane*, London 1989

Yallop, David A., *Im Namen Gottes*, München 1994

Allgemeines

Allen, Robert L. und Vogel, Peter, »America's dark Secret – The Port Chicago Disaster«, in: *NEXUS*, Juni/Juli 1996

Hausdorf, Hartwig, »Der Mann, der in 15 Minuten um fünf Tage gealtert war«, in: *UFO-Nachrichten*, Mai/Juni 1996 ders., »Kriegsveteran aus dem Streckverband heraus verschwunden«, in: *UFO-Kurier*, August 1996

Kerska, Joseph, »The Fresno Mystery«, in: *FATE*, Januar 1961

o. V., »Mystery Lines on the Nullarbor«, in: *NEXUS*, Okt. 1994

o. V., »Clyde Tombaugh 1906–1997«, in: *UFO-Kurier*, April 1997

o. V., »Anong, die schwebende Nonne von Kanchanaburi«, in: *Esotera*, April 1998

Plà, Lucy Guzman de und Rodriguez, José Manuel, Interview mit Madelyne Tolentiur und José Agosto vom 20. März 1996

Scarbrough, Steve, »America's Nostradamus«, in: *FATE*, August 1998

Shuker, Dr. Karl, »Freshwater Monsters – The next Generation«, in: *FATE*, Februar 1998

Stripling, Juanita, »Cookie Cutter Excisions of Heifer on L. C. Wyatt Farm near Hope, Arkansas«, in: *Little River News*, 11. März 1989

Bildnachweis

Archiv Autor: 3, 4, 5, 7, 8, 9, 11, 11a, 14, 16, 22, 27, 28, 32, 33; Peter Brookesmith: 2; Erich v. Däniken: 1; Fatima-Edition Barthas: 6; Fortean Picture Library: 10; Ground Saucer Watch: 18; Werner Keller: 15, 19, 23, 24, 25, 26; Peter Krassa/Ernst Wegerer: 12; Valerij Ouvarov: 30, 31; Roger Patterson: 29; Brad Steiger: 20, 21; Paul Trent: 17; Paul Wiesner: 13.

Obwohl sich Verlag und Autor bemüht haben, zu sämtlichen Abbildungen des Buches die erforderliche Nachdruckerlaubnis einzuholen, ist es nicht in allen Fällen gelungen, die jeweiligen Inhaber der Rechte ausfindig zu machen. Sofern diese uns aber in Kenntnis setzen, sind wir selbstverständlich darum bemüht, die Inhaber der betreffenden Bildrechte in künftigen Buchausgaben namentlich zu nennen.